U0482256

智能技术对
政府管理的影响研究

王山◎著

How Intelligent Technology Influences
Government Management

中国社会科学出版社

图书在版编目（CIP）数据

智能技术对政府管理的影响研究／王山著．—北京：中国社会科学出版社，2021.10

ISBN 978-7-5203-9074-3

Ⅰ.①智… Ⅱ.①王… Ⅲ.①智能技术—影响—国家行政机关—行政管理—研究—中国 Ⅳ.①D630.1-39

中国版本图书馆 CIP 数据核字（2021）第 184141 号

出 版 人	赵剑英
责任编辑	喻 苗
责任校对	胡新芳
责任印制	王 超

出　　版	中国社会科学出版社
社　　址	北京鼓楼西大街甲 158 号
邮　　编	100720
网　　址	http://www.csspw.cn
发 行 部	010-84083685
门 市 部	010-84029450
经　　销	新华书店及其他书店
印　　刷	北京明恒达印务有限公司
装　　订	廊坊市广阳区广增装订厂
版　　次	2021 年 10 月第 1 版
印　　次	2021 年 10 月第 1 次印刷
开　　本	710×1000　1/16
印　　张	15.5
插　　页	2
字　　数	216 千字
定　　价	85.00 元

凡购买中国社会科学出版社图书，如有质量问题请与本社营销中心联系调换
电话：010-84083683
版权所有　侵权必究

目 录

第一章 绪论 …………………………………………………… （1）
  第一节 研究背景与问题提出 ………………………………… （1）
  第二节 文献综述 ……………………………………………… （5）
  第三节 研究意义 ……………………………………………… （19）
  第四节 概念界定和研究框架 ………………………………… （23）
  第五节 研究方法与创新点 …………………………………… （32）

第二章 智能技术：缘起、内涵及其特征 …………………… （36）
  第一节 智能技术的缘起与发展阶段 ………………………… （37）
  第二节 智能技术的类型及其综合集成 ……………………… （44）
  第三节 智能技术的特征 ……………………………………… （51）
  第四节 智能技术的价值与现实意义 ………………………… （57）

第三章 智能技术影响政府管理的动力分析 ………………… （60）
  第一节 智能技术影响政府管理的外源驱动力 ……………… （60）
  第二节 智能技术影响政府管理的内生驱动力 ……………… （87）

第四章 智能技术驱动下政府管理的转型 …………………… （96）
  第一节 电子政府：智能技术驱动下政府管理的
          信息化阶段 …………………………………………… （97）

第二节 移动政府：智能技术驱动下政府管理的
　　　　移动化阶段……………………………………（103）
第三节 "云政府"：智能技术驱动下政府管理的
　　　　数据化阶段……………………………………（105）
第四节 智慧政府：智能技术驱动下政府管理的
　　　　智慧化阶段……………………………………（111）

第五章　智能技术嵌入政府管理的过程机制………………（117）
第一节 输入阶段：政府对智能技术的吸纳……………（118）
第二节 转化阶段：政府对智能技术的创新……………（126）
第三节 输出阶段：智能技术创新的内外扩散…………（133）

第六章　智能技术对政府管理影响的 SWOT 分析…………（145）
第一节 智能技术对政府管理影响的优势（S）分析……（146）
第二节 智能技术对政府管理影响的劣势（W）分析…（152）
第三节 智能技术对政府管理影响的机遇（O）分析……（157）
第四节 智能技术对政府管理影响的挑战（T）分析……（165）

第七章　智能技术驱动下政府管理创新策略选择……………（173）
第一节 优势—机遇（S－O）策略………………………（174）
第二节 优势—挑战（S－T）策略………………………（176）
第三节 劣势—机遇（W－O）策略……………………（178）
第四节 弱点—挑战（W－T）策略………………………（180）

第八章　合作管理：智能技术驱动下政府管理发展方向……（183）
第一节 合作管理的缘起及内涵…………………………（183）
第二节 合作管理的要素及其生成………………………（192）
第三节 合作管理的模式…………………………………（202）

第四节　合作管理的必要性和可行性 …………………………（208）

参考文献 …………………………………………………………（214）

后　记 ……………………………………………………………（240）

图表目录

图 1-1　本书的研究逻辑框架 …………………………………（31）
图 4-1　技术发展、社会变迁与政府转型示意图 ……………（97）
图 5-1　政府吸纳智能技术系统 ……………………………（118）
图 5-2　政府吸纳智能技术决策模式 ………………………（121）
表 6-1　智能技术对政府管理影响的 SWOT 矩阵 …………（145）
图 6-1　双边社会空间结构示意图 …………………………（155）
表 8-1　官僚制、新公共管理与合作管理的比较 …………（184）
表 8-2　合作管理的特征、形态及要素 ……………………（189）
图 8-1　合作管理的异质行动者网络及利益联盟 …………（196）
图 8-2　合作管理的异质行动者网络及利益联盟
　　　　示意图 ……………………………………………（198）
图 8-3　开放式合作管理示意图 ……………………………（203）
图 8-4　众包式合作管理示意图 ……………………………（205）
图 8-5　双门式合作管理示意图 ……………………………（207）

第一章

绪 论

第一节 研究背景与问题提出

一 研究背景

互联网、大数据、人工智能等技术是人类社会发展过程中所产生的新的技术形态，新技术的迭代生成将人类社会从农业社会、工业社会、信息社会带入智慧社会。智慧社会的到来使政府管理所处的内、外部环境产生了革命性的变化，也将政府管理推向新时代。这构成了新时期政府管理研究的主要背景。

（一）智能技术主导社会发展的时代已来临

当今世界，技术革命日新月异，互联网、大数据、云计算、人工智能等技术已然融入经济和社会发展的各个方面，开启了人类社会发展重大的时代转型。美国生物学家扎克林奇认为："人类在整个历史过程中经历了农业革命、工业革命、信息革命，信息技术给政治、经济及社会带来了根本性的变革（扎克·林奇，2011）。"1946年，第一台电子计算机诞生，人类历史开始进入一个新的时代——计算机时代。1991年，万维网诞生，将人类从计算机时代带入网络时代。在技术不断升级的驱动下，人类社会也开始从农业社会、工业社会向信息社会转变，信息社会的来临将人类社会带入了一个新的历史阶段。信息社会与农业社会和工业社会相比，人类的活动空间得到拓展，开始在现实物理空间之外基于信息技术构建了一个网络虚拟空间，人们开始在网络虚拟空间中进行虚拟实践，人们通过信息技术在网络虚拟空间中经过"镜像化"形成虚拟人，在虚拟人之间所构成的关系网络的基础上形成了新的社会关系网络，正是基于虚拟人及其所构建的社会关系网络，人类社会开始基于网络虚拟空间形成虚拟社会或网络社会。而随着技术的不断发展，人类社会开始从互联网时代迈入由互联网技术、大数据技术、云计算技术、人工智能技术等多种智能技术共时存在且融合发展的革命性阶段，各种智能设备成为人们生产生活中必不可少的事物。现阶段，物联网的普遍运用和智慧城市建设的不断深入，产生了具备感知的智能主体，如无人驾驶汽车、保姆机器人等，人类社会已经进入"万物互联"的社会空间，这些智能主体的产生丰富了人类社会的实践主体，将人类社会带入多智能体社会。可以说，人类社会已经进入了以"虚拟社会空间—现实社会空间"为架构，以人类主体、智能机器人主体等多智能主体为行动者的智慧社会。

（二）智能技术发展给政府管理带来新挑战

当前，互联网、大数据、云计算、人工智能等智能技术已然改变了人们生产生活，并对人们的思维和理念产生了深刻的影响，而更为重要的则是改变了政府管理生态、政府组织形态及其与非政府主体间的相互关系。伴随着政府内、外部管理生态的变化，政府组织内、外的权力关系及其职能也产生了新的定位。在信息社会中，社会空间是一种双重空间，是虚拟社会与现实社会结合而成的二维空间，在这种双重社会空间中政府组织结构发生变化，在虚拟社会空间中形成了"虚拟政府"，这为政府管理带来了机遇。与此同时，信息社会中的政府结构与所处时代的社会结构类似，也是一种双重的政府结构，即由"虚拟政府"与"实体政府"的结合，故政府在信息社会中构建了"两张面孔"（虚拟面孔和实体面孔），这两张面孔的有效协同直接关乎着信息社会中政府管理的成效。与此同时，信息技术的发展和普遍运用消解了政府与非政府主体间的沟通障碍，为非政府主体参与政府管理提供了新的参与渠道和参与机制，搭建了将虚拟社会空间中的"民意"流向政府的平台，这为政府了解信息社会的发展情况和人们的需求提供了更多的信息渠道。但是，虚拟社会空间中所形成的舆论场域对政府管理形成了新的外部压力，无形中为政府管理形成了新的压力场。同时，随着虚拟人数量的不断递增，虚拟人所构成的"虚拟监督组织"异军突起，人们开始利用自身的虚拟身份对物理空间中的政府及其工作人员进行监督，并且人们开始将线下的公共性事件向网络虚拟空间延伸，形成虚拟群体性事件，这类事件的形成不仅在网络空间中对政府产生压力，对线下现实社会也直接产生深刻的影响。然而，政府虽然对现实社会空间的管理有着丰富的经验，但是对虚拟社会空间的管理无论是在理念方面还是在工具方面均处于探索阶段，政府管理还存在诸多问题，政府对虚拟社会空间的管理能力远远低于对现实社会空间的管理能力。加之，政府管理工具的落后导致政府在虚拟社会空间中不能及时地获取和回复人们的需求信息，导致政府回应性的降低。另外，现实社会空间中的违法行为也开始向虚拟社会空间中蔓延，如盗取个人信息、网络欺诈等，这些行为影响虚拟社会的正常运行秩序，对人们的物质和精神造成损失，影响着现实社会的稳定。

而随着人工智能技术的发展，人类社会逐渐从信息社会迈入智慧社会。在双重社会空间之外，产生了除人类之外的众多智能体，这些智能体是电子技术、信息技术、人工智能技术的汇集，其产生为人们的生产生活提供了便捷，但是，也为政府管理提出了更高的要求。如无人驾驶汽车的产生，作为一次重大的革命，一方面，减轻了人们驾驶汽车的压力，使人们从"驾驶员"转向"乘客"，改变了汽车的驾驶方式，汽车则由"被驾驶"转为"自我驾驶"；另一方面，无人驾驶汽车作为一个智能体其与其他智能体之间存在着一种技术关系网络，政府可以通过这一技术网络对各个智能体进行监管，有助于缓解城市交通压力，同时，提高交通安全。然而，作为一场新的技术革命，其在人类社会不断应用的基础上也产生了诸多问题，如对现有的法律带来诸多挑战，这既体现在法律法规的空白上，又体现在制度的冲突上，给智慧社会中的政府管理带来诸多挑战。可以说，面临着诸多的新的社会问题，政府应该如何解决这些新的社会问题成为当前政府管理的关键问题。

（三）智能技术有助于驱动政府管理创新

智能技术正在改变人们的生活方式及理解世界的方式，为政府管理创新和应对智慧社会中政府所面临的挑战提供了新的技术、手段、方法。智能技术革命推动下的政府再造和管理变革已成为全球性的发展趋势，世界各个国家政府都十分重视智能技术在政府管理中的应用研发与深度融合，借助智能技术推动政府管理的改革和创新性发展，进而实现政府管理体系和管理能力的现代化，最终实现国家治理的现代化发展。因而，为推动政府管理的现代化发展，各个国家政府开始通过智能技术推动政府转型以适应智慧社会的发展需求。随着智能技术的迭代升级衍生出了诸如淘宝、京东等新的经济形态，催生出了微博、微信、智慧城市建设等新的技术应用，传统的仅以公示信息为核心的电子政务已难以适应政府推进政府管理能力现代化目标的需要，政府开始不断地将这些智能技术产品吸纳到政府管理中，并不断地通过技术转化将其不断地应用于政府管理实践中，创造出了政务微博、政务微信、政府论坛等众多新的政府管理工具。这些新的政府管理工具的产生是政府为适应智慧社会中的新环境和新对象而进行的创新性发展，同时，在智能技术推动下，政府管理也面临着创新发展的机遇。

二　问题提出

智能技术主导社会发展的时代已经来临，在智能技术驱动下，人类社会呈现出新的特征，新的社会格局正在形成，人类社会的转型发展对政府管理的现代化转型提出了新要求。智能技术的普及与发展为提升政府管理能力和现代化转型提供了坚实的技术支撑。面对着智能技术发展对政府管理所带来的挑战，在智慧社会中政府管理的发展目标是什么？应该在哪些方面进行改革创新？要想回答这些问题，迫切需要对智能技术驱动下人类社会的转型发展进行研究，就必须研究智能技术驱动下人类社会发展的趋势及特征，深刻把握智能技术驱动下智慧社会建设的本质内涵。通过研究政府管理所处的内、外部环境，对智能技术驱动下政府管理发展变化的一般规律进行分析和归纳，并从政府吸纳智能技术的过程入手，分析智能技术是如何嵌入政府管理过程的，通过 SWOT 分析探讨智能技术对政府管理的影响。另外，在智慧社会中，智能技术如何影响政府管理过程中政府主体与非政府主体间的关系？政府与非政府主体之间所形成的合作管理作为一种政府管理形态，它需要具备什么基本条件？如何构建政府主体与非政府主体之间合作管理的良性互动机制？对于这些问题，学术界尚未进行具体的探讨。

第二节　文献综述

每一次技术革命都重塑着人类社会中的政治关系。计算机和互联网的出现，使人们可以跨越时空的限制与不同区域的人们在网络空间中进行沟通和交流，基于计算机和互联网所形成的网络虚拟空间，人们的行动空间得到拓展，而网络虚拟空间中自由、平等的网络文化也深刻地影响着现实空间中人们的实践行为，在人类社会中形成了掌握计算机技术和互联网技术的"特权者"。而移动互联网的产生更是将去中心化、自由平等的文化理念推向深处，加深了现实社会空间的民主化浪潮。大数据和云计算技术的普及和运用，打破了政府对数据信息的垄断，促进了政府与非政府主体间的深入合作。人工智能技术的不断成熟及其在人们生产生活中的不断运用在解放人类劳动力的同时，也对政府管理提出了新的挑战。可见，每一次技术革命都在不断重塑着政府管理的内、外部生态，给政府管理带来新的机遇和挑战，并将持续不断地重构着国家治理模式。伴随着互联网、大数据、云计算、人工智能等技术的产生和发展，学术界对政府管理的研究也开始形成一种新的研究视角:"技术视角",并从该视角对"技术与政府管理"进行深入的分析且取得了诸多的成果。通过梳理以往的研究发现,学术界对于技术对政府管理影响的研究主要从两个逻辑展开,一是技术变革视角下的政府管理,二是技术嵌入视角下的政府管理。

一 技术变革视角下的政府管理

20世纪后期以来,以互联网为代表的信息技术推动了人类社会的变革,将人类社会带入互联网时代。互联网的出现,作为一种技术革命,不仅引发了政治、经济、社会、文化等领域的重大变化,而且也改变了人们的生产生活方式以及思维方式,从而也为政府管理带来新的问题。互联网自产生起便受到社会各界的广泛关注,学者们从多个视角对其进行了深入的研究,而关于互联网与政府管理的研究,学术界主要围绕两个方面进行研究。一方面,互联网作为一种技术如何对政府管理产生影响;另一方面,互联网作为一种技术形态,面对着其所衍生的社会问题,政府如何进行互联网治理。首先,关于互联网作为一种技术如何影响政府管理的研究,学者们在研究初期的关注点主要集中在互联网的本质及其属性上,认为互联网具有自由性、匿名性、泛在性、快捷性、交互性、及时性、虚拟性、开放性、创新性、跨界性、传播性、分享性等特征(李洪雷,2014;朱浩,2016;沈岿,2016),而在此基础上,学者们认为互联网的特性对人类社会产生影响,使人类社会呈现出虚拟化(社会交流的虚拟化、社会生活的虚拟化、社会关系的虚拟化)、离散化(社会结构的离散化、权力体系的离散化)、泛在化的特征(王国华,2015)。正是互联网自身所具备的这些显著特性及其对人类社会所产生的影响,互联网作为一种技术也开始重塑着政府的行政生态,且通过"技术赋权"赋予社会主体以更多的社会管理权,实现了社会主体线上活动与线下行动的联动,正如李良荣所言:"互联网时代的国家治理不是去治理一个虚拟世界,也不是治理一个现实世界,而是治理现实世界和虚拟世界二者融合在一起的'新世界'(李良荣,2015)。"与此同时,互联网技术也在不断与政府管理的过程进行碰撞和融合,不断更新政府管理的价值理念,重塑着政府管理的运行机制,变革政府管理的方式手段(孟庆国,2015)。有的学者认为,互联网的出现对我国公民参与政策制定有着正向效应(马润凤,2012),并有助于提升公众参与政府管理的能力。同时,互联网作为现代社会舆论的聚集平台,缩短了政府与非政府主体间的沟通距离,减少了传统政治参与和政府回应的各级环节,缩减了政府聚合民意的组织和制度成本,使政府能够直接了解民意,进而有针对性地做出回应(陈新,2015)。可以说,互联网既是政府回应力生成的环境,也是政府回应力主要依靠的技术工具(梁新华,2017),为社会主体参政议政提供了新的渠道和政府回应的新平台,通过互联网平台政府与非政府主体可以实施的沟通和交流,促进社会公众参与到政府决策中来(李洁,2016),借助着互联网技术有助于政府发现议题、问计于民、完善决策、促进认同(龚维斌,2008),并在此基础上提升政府的回应意识、回应速度以及回应质量(朱仁显,2017)。有的学者认为,互联网所带来的技术创新为政府监管转型提供了机遇,互联网潜藏着新的政府监管技术与手段,通过互联网技术,政府监管工具得到了创新,政府可以通过互联网技术拓展政府的监管空间,同时,互联网技术作为一种新的技术形态也填补了互联网时代政府监管工具不足的空白(尹少成,2016)。有的学者认为,互联网对政府公信力产生影响。互联网的产生加速了权力的弥散,在虚拟社会空间和现实社会空间中形成了基于技术的权力主体(意见领袖、技术精英)与政府"争夺"社会公众信任,互联网一定程度上改变了权力向权威转化的社会基础,政府权威的维护受到挑战。面对这种新的现象,政府需要在整合政府职能的基础上变革政府结构,建立大部门机制,以政府改革提升社会共治,进而提升政府的公信力(褚松燕,2011)。还有的学者认为,互联网除了自身所蕴含的技术属性和社会属性之外，更多的是一种文化思维，这种思维所蕴含的内容十分丰富，包含用户思维、创新思维、共享思维、社会化思维等，这些文化思维与政府社会管理的思维理念存在契合之处，而将这些思维理念运用到政府管理中，将有助于互联网时代政府管理模式的现代化升级，进而实现政府管理的现代化转型（李春花，2017）。其次，学术界关注较多的是对于互联网治理的研究。学者们最早关注的是互联网治理的内涵，所谓互联网治理，学者们有着不同的看法，有的认为互联网治理是对互联网的内容和行为进行管理和协调的总称，核心是对互联网基础架构和协议的界定和操作（Brousseau，2013）。有的认为互联网治理是政府、企业和社会公众根据各自的角色制定和实施规范互联网发展的共同原则、规范和方案（WGIG，2005）。随着研究的深入，学者们开始围绕"互联网该不该治理？""如何进行治理？"的问题进行了研究。学者们认为，对于互联网的治理并不仅仅是对一种技术的管理，还是对基于这种技术之上所形成的网络虚拟空间的治理，有的学者认为网络虚拟空间应该是一个绝对自由的空间，本质上是没有政府干预的空间，在这里有管理而无政府，有共识而无特权（蔡文之，2007）。而有的学者认为，网络虚拟空间是人类社会向外的拓展，网络虚拟空间与现实社会空间之间存在密切的关系，自由放任和市场导向的网络虚拟空间的管理模式应逐步让位于国家主导的管控（蔡翠红，2013）。正是在这样的争论中，对于互联网的治理模式学术界也进行了深入的研究，有的研究者是从互联网产生和发展的历史性的角度进行分析，认为互联网治理经历了从个人管理、网络化治理到"多利益攸关方"模式的共治（邹军，2016）。有的学者从互联网治理主体的差异化视角入手，认为互联网治理模式存在自我眼花秩序模型、编码模型、跨国机构和国际组织模型、国家管制模型、市场激励模型等，在前两种模型中，主要将互联网看作与法律、国家不相干的场域，互联网是不需监管的；后几种模型则将互联网看作需要有共识的主体管制的场所（孙宇，2017）。随着研究的深入，学者们开始对不同国家互联网治理的现状及困境进行分析。岳爱武通过树立习近平关于互联网治理思想的重要论述，分析了中国互联网管理体制的演变及趋向（岳爱武，2017）。郑志平、童楠楠分析了美国等西方国家互联网治理的经验与误区（童楠楠，2016；郑志平，2016）。

伴随着互联网的发展，互联网技术开始不断地与其他行业融合发展，而互联网与智能手机的融合，更是将人们从互联网时代带入移动互联网时代，人们的生活进一步地移动化和便捷化。在移动互联网的背景下，人们可以在任何地方通过任何移动终端共享资讯、位置等各种信息资源，接受移动医疗、移动支付等各种应用服务，实现了移动办公、移动政务、移动社交等，进而改变了人们的生活方式（孔凡敏，2013）。从互联网时代到移动互联网时代的演化，使网络媒体脱离了对传统媒体的依赖，实现了新闻传播的社会化，新闻媒介不再是专业人士的独享专权，社会公众也不再是信息的被动接收者，而是成为信息的传播者、发布者和创造者（黄祖兵，2015），人们开始进入新媒体时代，可以说，移动互联网时代与新媒体时代是相伴而生的。而在这种双重影响下，政府管理也进入了一个新的历史阶段。自从移动互联网的普遍运用和新媒体产生，学术界便展开了关于二者对政府管理影响的研究。有的学者认为，移动互联网对政府决策产生了巨大影响，一些政府决策在通过移动互联网快速传播及其瑕疵被扩大之后，政府决策极易被社会公众的网络情绪所左右，甚至不得不撤销原有的决策，这不仅降低了政府的公信力而且将政府的前期投入变成了沉没成本。同时，移动互联网赋予社会公众的"自媒体权力"，将政府置于一个"全景监狱"中，无时无刻不接受着社会的监督（柯伟，2017）。有的学者认为，移动互联网催生出来的"自媒体"，创造了多元的信息传播渠道，形成了多个声音交织在一起的社会网络格局，在这个网络中，价值观念更加多元，政府与非政府主体间的沟通关系更加融合，政府作为网络中的一个主体，一方面，可以提高政府组织传播的广度和效率，增强政府组织传播的个性化和互动性（李卫东，2011）。另一方面，还可以通过捕捉和回应网络中的主体需求，有助于提升政府的形象（蔡雯，2014）。有的学者认为移动互联网可以有效地揭露官场潜规则，使政府更加透明化，并且有助于政府工作人员融入群众，更加"接地气"（王朝举，2013）。因而，政府应提升自身与新媒体之间的沟通能力，应该把握七大原则："第一时间"原则、坦诚原则、第三方原则、情感原则、息事宁人原则、口径一致原则、留有余地原则（谭汪洋，2014）。然而，当前政府工作人员在与新媒体打交道的时候，还存在以下困境："三个不知"（不知是敌还是友、不知是爱还是恨、不知当说不当说），四种心态（排斥心态、畏惧心态、轻视心态、怀旧心态）（顾杰，2010）。还有的学者对政府与新媒体之间的关系进行了研究，认为新媒体的产生改变了政府与媒体的关系，传统的"政府—媒体—社会"关系开始被削弱（孙会岩，2014）。新媒体的迅猛发展，公众的话语权得到进一步的保障，社会公众正在成为移动互联网时代传播格局中的新生力量，社会公众可以利用自媒体维护自身的合法权益，在此基础上，政府与媒体之间的关系已经演变为政府与社会公众之间的关系，"有问题，找媒体"也转变为"自我维护"（庞亮，2014；方雪琴，2009）。除此之外，李杰锋对公共话语空间进行了研究，认为新媒体环境下的政府公共话语空间呈现出话语主体的匿名性和草根性，新媒体交流的包容性和平等性，话语表达的平等性和自主性等特性（李杰锋，2015）。任莺对政府公共关系进行了研究，认为新媒体的开放环境对政府公共关系建构中与非政府主体的沟通渠道得到了有效的补充和完善（任莺，2013）。彭移风对政府信息管理进行了研究，认为新媒体时代的政府信息管理应该少"管"多"理"，以"导"代"禁"，以"诚"取"信"（彭移风，2008）。

  互联网、物联网、移动互联网等技术的迅速发展与集成，其在人们生产生活中的运用日渐深入，不断地与人类社会融为一体，成为人们生活不可缺少的组成部分。而在这一背景下，数据信息呈现出指数级的增长态势，人类社会开始进入大数据时代。在大数据时代，学者们将大数据看作观察人们行为的"显微镜"和"仪表盘"（涂子沛，2015）。基于大数据的政府管理也成为社会各界和多个学科关注的学术热点，与大数据背景下政府管理相关的研究内容如雨后春笋般涌现出来。

当前学术界关于大数据时代的政府管理研究呈现出从易到难、从浅入深的发展阶段。前期，学者们关注较多的是对于大数据的内涵及其对政府管理带来的机遇与挑战。

对于大数据对政府管理带来的机遇的研究。有的学者认为，大数据和能源一样，正在成为一种重要的战略资源，大数据的价值主要体现在数据的开放、共享和有效传达，通过利用大数据技术可以确保社会主体获得更多更好的政府信息，为社会主体提供更为精准的服务，通过数据公开建立了政府与非政府主体间的沟通桥梁，并在此基础上树立服务型政府的形象（于施洋，2013）。有的学者认为，大数据是国家治理现代化的重要推动力，是政府职能转变和机构改革的有效媒介，利用大数据可以提升政府的智慧决策水平、公共服务能力、腐败防治水平以及风险治理能力等（郭建锦，2015）。有的学者认为，大数据技术驱动下的政府管理过程中，公众可以有效地参与进来，超越了政府本位和以自我为中心的传统治理模式，尤其是在大数据时代，技术企业、非政府组织等掌握着大量的数据信息，政府若想科学地制定公共政策则必须与非政府主体或相关的技术专家合作，政府与非政府主体间的共治文化日益成型，进而实现社会正义价值（周博文，2017；耿亚东，2016）。还有的学者认为，大数据具有描述性和解释性的功能，但更重要的是大数据具备的预测功能，政府可以通过海量的数据信息对政府所关注的问题进行针对性的数据分析，进而揭示出潜藏在数据背后的不被人们轻易察觉的相关关系和规律，并在一定程度上预见事态的发展趋势，进而减少风险社会中的不确定性，增强了风险社会中各种危机事件发生及其演变的可"计算"能力，进而维护社会的安全（陈菲，2016；陈道银，2007）。

对于大数据对政府管理带来的挑战的研究。有的学者认为，现有的政府管理体系呈现出与大数据时代的不适应性，政府的大数据处理能力还有待提高，同时，技术企业所具备的大数据技术极易产生其使用数据信息的随意性，极易对个体隐私造成严重侵害，还易为了市场利益或者政治格局篡改数据信息，造成假象的形成和结果控制（郭建锦，2015）。有的学者认为，诈骗成为大数据时代所特有的社会弊端，诈骗手段和形式也呈现出隔空、隐形、面广、精准的特征（黄欣荣，2017），这为政府进行社会管理提出了新的挑战。有的学者认为，大数据时代政府管理过程中缺乏数据意识以及具备大数据技术的管理人才，还易因为数据崇拜问题导致政府决策的失误（唐皇凤，2014）。还有的学者认为，当前关于大数据的相关专项法律法规缺失，政府在大数据监管方面存在短板（政府监管措施相对滞后、政府自我监管体系有待完善、政府网站自身安全令人担忧）（肖成俊，2017）。

而随着研究的深入，学者们对大数据驱动下的政府管理结构进行了深入的研究，认为传统的政府管理结构已不再适应大数据时代的需求，逐渐形成适应大数据分布的平权性治理结构，开始由政府一元的管理结构转向多元共治，由封闭性管理结构转向开放性结构，由官僚科层制转向扁平化结构，由"各自为政"转向"协同管理"，由"行政控制"转向"普遍合作"（王向民，2014；宋立楠，2016；陈潭，2016）。另外，学者们还对大数据时代的国家意识形态管理进行了深入的研究，认为大数据的理念、技术和方法应用于网络意识形态管理全过程将推动政府网络意识形态管理各个环节的全面优化，大数据信息的无限性使得政府对于意识形态管理更具有针对性，同时，大数据来源的多样性也拓展了意识形态管理的参与性，有利于政府通过大数据技术把握"互联网民意"以维护人民的利益需求，推进和实现主流意识形态的安全（付安玲，2016；郑元景，2016；肖唤元，2016）。

当前，学术界基于大数据的政府管理开始朝着不同领域纵深发展。既有基于大数据治理对气候变化背景下城市可持续发展的对策研究（郭少青，2018）、大数据助力智慧城市科学治理研究（明仲，2013）、大数据时代民族事务治理创新研究（石亚洲，2015）、大数据时代基层治理研究（松泽，2016；王华华，2017），还有对于大数据与全球治理模式的创新、挑战以及出路的研究（沈本秋，2016）、大数据与信访治理研究（张海波，2017）、大数据驱动下的反贫困治理模式创新研究（季飞，2017）等。

二 技术嵌入视角下的政府管理

互联网、移动互联网、大数据、云计算、人工智能等智能技术的不断产生，在改变政府管理内、外部环境的同时，政府为了适应行政环境的变化也开始不断地吸纳智能技术以提升政府管理能力，适应政府管理内、外部环境的需求。若将技术变革视角下的政府管理这一研究脉搏看作政府外部变化对政府管理的影响的话，那么，技术嵌入视角下的政府管理则是政府为了适应外部变化而吸纳智能技术所带来的政府管理创新。

学术界关于技术嵌入视角下的政府管理研究起始于政府信息化方面的研究。对于政府信息化，学者们认为，政府信息化是信息时代政府管理的革命，是提高行政效率和增强政府管理透明度的有效方法，通过信息化建设可以推动政府行政流程的再造和创新，提高政府的反应能力和社会回应力，推动政府由单向管理转向互动管理（李超平，2002；杨莉，2008）。

早期学术界对于政府信息化的研究主要集中在对其内涵方面的探讨，有的学者认为，政府信息化是政府为了适应信息时代的到来，运用信息技术等现代技术手段，对传统的政府管理模式和公共服务方式进行改造，进而提升政府管理的有效性，满足社会的期望，促进社会发展的动态过程（冀峰，2006）。有的学者认为，政府信息化的目标是电子政务，是政府在政务活动中全面应用现代技术进行管理的一种全新的管理方式，对政府而言，既可以有效地利用政府内、外部资源，提高政府效率，也可以降低行政成本（吴新博，2005）。政府信息化具有四种功能：政府网络信息化、政务公开、电子政务、政府采购电子化（郑志龙，2003）。

而后，学者们对如何进行政府信息化建设进行了研究，认为政府信息化建设不仅仅是吸纳信息技术，更重要的是要进行行政管理的变革，只有将行政管理改革与信息化建设融合发展才能真正地发挥政府信息化的潜力，因而，政府信息化的建设要素包括软环境建设、信息网建设和队伍建设（杨莉，2008；侯宝柱，2011）。随着研究的深入，学者们开始围绕政府信息化进行多角度多领域的研究，有的学者关于政府信息化对行政组织的影响进行了研究，认为政府信息化建设将有助于行政组织功能的多元化（服务功能、管理功能、消费功能）、组织结构形态的扁平化、运行程序的开放化、运作内涵的智能化、运作方式的民主化、运作结果的高效化（敖军章，2003）。同时，政府信息化将促进政府内、外部组织间的合作（陶文昭，2003）。唐斌对政府信息化过程中的"柠檬"问题与抵消机制进行了研究（唐斌，2009）。还有的学者对国外政府信息化建设进行了分析，孙硕依据政府和市场发挥作用的程度区分，将国外政府信息化建设模式分为三种，即北美模式、亚洲模式和欧洲模式（孙硕，2013）。而后，不同的学者对英国、美国、印度、日本的政府信息化建设现状、政策及影响进行了深入的分析（姚乐野，2002；郭少友，2003；杨绍兰，2005；麦侨生，2008；方爱乡，2003）。

政府信息化进程的不断深入，在不断吸纳计算机技术和互联网技术的基础上开始形成一种新的政府形态，学术界将这种新的政府形态称为网络政府或者虚拟政府。进而，学者们将研究的重点由政府信息化研究转向虚拟政府与网络政府研究。虚拟政府最早出现于简·芳汀所著的《构建虚拟政府：信息技术与制度创新》一书中，在该书中，作者认为虚拟政府是这样一种政府，它的信息流动和传播流动依靠的是网络而不是官僚渠道……其组织结构逐渐存在于网络空间中或者是虚拟的计算机系统内，而不再是各自独立的官僚机构内部。虚拟政府是建立在多个正式的官僚组织通过计算机或者互联网系统连接起来的虚拟部门（简·E. 芳汀，2004）。有的学者认为，虚拟政府是政府建立在相关现代技术基础之上的，从现实平台走向虚拟平台的新的政府管理模式，是现实政府在网络虚拟空间的延伸，是政府价值理念和行为方式的重塑，是利用现代技术，通过不同的技术设施，对政府、企业、社会公众等多元主体，在更方便的时间、地点及方式下，提供自动化的服务的组织形态（牛华，2007）。而有的学者则将虚拟政府看作政府通过契约合作方式将自身某些职能的全部或部分委托给企业或其他社会组织完成，由此而形成的新型政府组织模式（贾旭东，2013）。除了对虚拟政府与网络政府的内涵研究之外，还有学者对虚拟政府的成因进行了研究，认为政府的虚拟化是社会虚拟化的一个操作领域，是政府在推动社会信息化的基础上所进行的自身虚拟化过程（刘祖云，2010）。还有学者基于经典扎根理论对虚拟政府的组织模型进行了研究，认为虚拟政府是一种星形的组织形式，由外围层和核心层构成，而核心层主要是指构建虚拟政府的政府实体机构，负责虚拟政府的设计与组件，由中心部门、虚拟管理部门和实体部门构成。而外围层则主要是虚拟政府的参与主体（贾旭东，2013）。除此之外，还有学者从价值理性的视角对网络政府进行了分析，认为在构建网络政府基础设施的基础上，应该将公平、民主、参与等价值理念嵌入网络政府的建设理念中和具体的运行过程中，进而从价值层面推动网络政府的建设（纪丽萍，2007）。而移动互联网的出现和发展，为虚拟政府或网络政府注入了新的移动互联网的基因，移动端的虚拟政府或网络政府建设成为学术界关注的重点。移动互联网对于政府管理的嵌入衍生出了政务微博和政务微信两种新的网络政府形式，至此，虚拟政府或网络政府进入了"指尖政府"建设阶段。

在此背景下，学术界对于移动互联网嵌入政府管理的研究相应地也主要围绕政务微博和政务微信，对于这方面的研究，学术界主要集中在以下几方面。一是，关于政务微博和政务微信的意义价值及存在问题的分析。学者们认为，政务微博和政务微信的产生，政府可以通过智能手机发布信息与民众沟通，丰富了政社之间的沟通渠道，成为一种扩大网络民主的有效形式（孟洁，2012）。然而，政务微博和政务微信在运营管理过程中存在五类风险，即信息泄密、意见失序、言语攻击、"个性"尴尬、"碎片"传播等（瞿旭晟，2011）。二是，关于政务微博和政务微信的评价研究。有的学者以 SERVQUAL 为评估模型，在结合政务微信自身的特征的基础上，构建了政务微信服务质量评估模型，从便捷性、响应性、可靠性等方面评估了政务微信的服务质量（施锦凤，2015）。有的学者则从规范力、运营力、服务力等指标出发，构建了政务微信的影响力评估框架（曹政，2016）。三是，关于政务微博和政务微信的信息传播研究。学者们分别从政务微信的功能定位、信息生态视角等维度对政务微博和政务微信的信息传播进行了深入的分析，并提出了相关建议（王玥，2016；李宗富，2016；段尧清，2016）。四是，关于政务微博和政务微信的治理问题研究。研究者认为，政务微博和政务微信的出现有助于政府在网络虚拟空间中培养自身的意见领袖，通过官员个人的微博和微信、政府服务类的微博和微信等平台，掌握微博和微信两个舆论场域中的主导权，以更好地推动政府在网络虚拟空间的管理（谢一奇，2016）。

随着研究的深入，学者们在对互联网、移动互联网、云计算、大数据等技术在政府部门中的应用及其对政府管理的作用进行研究之外，学者们不仅对政府采纳这些技术的影响因素进行了深入的分析，也对社会公众对政府技术产品的接受与采纳进行了深入的研究。首先，关于政府采纳相关技术的行为研究。学者们认为，政府对相关技术的采纳是技术自身特征与政府任务目标相匹配的结果（Welch，2007）。技术因素、组织因素、环境因素决定着相关技术在多大程度上能够被政府所采纳（Reddick，2009）。而政府对相关技术的采纳将有助于提高政府的公共服务效率和公民参与政府管理的能力（Lim，2008）。有的学者从技术的视角探讨了政府对相关技术的采纳问题，认为技术的更新速度、技术的相对优势、复杂性、可实验性和可观察性决定着其被政府采纳的可能性（Reddick，2004；Jun，2011）。有的学者从组织的视角对政府采纳相关技术进行了研究，认为政府组织的资源要素、制度安排、人力资源等因素决定着政府的技术采纳，同时，政府部门规模和范围（Reddick，2009）、政府类型和形式（Welch，2007）、政府所在位置（Norris，2005）、组织沟通关系（Coursey，2008）以及 IT 部门或者机构（Reddick，2004）等也是影响政府技术采纳的主要因素。而组织成员特征也会影响政府部门技术采纳，如领导者支持（Ahn，2011）和员工态度等。还有学者从组织环境的视角对其进行了分析，认为，政府的技术采纳还会受到政府间竞争（Ma，2013）、上级压力（Ma，2013）、社会需求（Li，2014）等因素影响，同时，社会经济发展水平和技术的普遍使用状况等宏观环境也是影响政府采纳相关技术的潜在因素（Ma，2013）。其次，关于社会公众对政府技术产品的接受与采纳问题的研究。学者们认为，政府采纳相关技术的目的是增强政府管理能力和公共服务能力，政府在采纳相关技术的基础上会衍生出相关的技术产品以更好地适应社会的需求，但是，这些面向社会公众的技术产品的接受程度则是相关技术在政府部门中应用成败的关键。在具体实践中，政府衍生出的技术产品并没有产生理想的效果，社会公众对这些技术产品的态度并不乐观，社会公众对这些技术产品接受度较低，直接影响着政府吸纳技术的有效性（蒋骁，2011；陈晓春，2016）。

进而，学者们开始围绕社会公众对政府技术产品的接受进行了深入的分析。有的学者考察了社会公众对政府技术产品采纳的信任因素，认为信任是影响社会公众采纳政府技术产品的关键因素（陈晓春，2016；Horst，2007）。社会公众对于政府技术产品的信任主要包括社会公众对安全和隐私两个方面的感知（Belanger，2002）。同时，社会公众对政府技术产品的信任不仅会受到对技术信任的影响，还会受到其对实体政府信任的影响（蒋骁，2010）。还有的学者基于技术接受模型的视角对政务微信的沟通机制进行研究，认为政务微信具有互动性、精准性、抗干扰性、亲密性的特征，这些特征对社会公众的感知有用性、感知易用性及满意度水平存在正相关的影响，即政务微信的特性越强，社会公众感知政务微信的有用性、易用性、满意度就越强，而当社会公众在受到权威等社会因素影响时，政务微信的特性越强，社会公众对政务微信满意度水平就越高（夏保国，2014）。有学者从相同的视角对政府网站的社会公众满意度进行了分析，认为社会公众对政府门户网站预期质量存在三个层次，即理想的服务预期质量（Ideal Service Expectancy Quality，ISEQ）、适当的服务预期质量（Appropriate Service Expectancy Quality，ASEQ）以及应当的服务预期质量（Basic Service Expectancy Quality，BSEQ），这三种层次的预期质量对于政府门户网站公众满意的影响程度由大及小（李海涛，2012）。还有的研究显示社会公众对政府网站的感知有用性能成为驱动其利用政府网站的动力，而感知有用性则能提高社会公众对政府网站的忠诚度。影响政府网站感知有用性的因素则包括宣传培训、网站构建、主观规范和互动反馈；影响政府网站感知易用性的因素则包括宣传培训、网站构建和人口因素等（曹培培，2008）。还有学者从该视角对政务微博和微信的危机沟通机制进行比较研究，认为在危机沟通中社会公众更倾向于采用微博与政府进行互动，然而，社会公众更倾向于采用政务微信获取精准信息，但是，在危机过程中，社会公众对政务微博和政务微信的关注度相差不多（谢起慧，2017）。还有学者认为，社会公众对政府技术产品的采纳过程分为三个阶段：采纳前阶段、初始接受阶段、采纳后阶段。其中，采纳前阶段主要是社会公众从思想上接受政府技术产品，进而才为初始接受阶段奠定基础。采纳前阶段有助于研究社会公众对政府技术产品采纳意向的影响因素，而采纳后阶段则可以探查社会公众对政府技术产品的可持续使用的意向及其影响因素（蒋骁，2010）。

总体来看，按照技术变革下的政府管理和技术嵌入下的政府管理的视角对前人围绕"技术与政府管理"的相关研究发现，当前技术的变革与政府管理的创新发展密切相关，不仅有助于提升政府的管理能力，而且有助于适应技术变革下所产生的新的社会需求。关于技术变革下的政府管理研究，研究者主要遵循的研究逻辑是"技术变革—社会变迁—政府管理创新"，关注更多的是技术变革对政府管理所带来的机遇与挑战的研究。关于技术嵌入下的政府管理，研究者主要遵循的研究逻辑是"技术嵌入—政府管理创新—社会需求"，关注更多的是政府相关技术后的技术产出及其适应性的研究。而按照这两种逻辑梳理前人的文献后发现，学术界对于"技术与政府管理"的研究成果丰硕，不过，对于现阶段技术变革驱动下的社会形态缺乏有效的分析；而在技术嵌入视角下的政府管理研究中，研究较多的是政府技术产品的接受和采纳问题，主要是从社会公众的角度思考该问题，而鲜有研究从政府的视角对政府对相关技术的采纳和接受行为进行分析和探讨。另外，以往的研究较少地从多技术的角度对政府管理进行探讨，随着技术的发展及其在人类社会中的不断应用，在现阶段，已经不再是单一技术存在的社会空间，而是多种技术共存的社会空间，进而从多技术共存的视角分析其对政府管理的影响的研究还需要进一步丰富。

第三节　研究意义

一　理论意义

（一）对技术驱动下的社会形态进行新的认识

从技术的视角来看，人类社会形态经历了农业社会、工业社会、信息社会，并逐渐向智慧社会转型发展，如果说信息社会是以互联网为代表的信息技术驱动下所形成的人类社会形态，那么智慧社会则是由互联网技术、大数据技术、云计算技术等多种技术形态融合发展过程中所形成的新的人类社会形态，是在信息社会基础上所产生的新的社会形态。

随着智能技术不断与人类社会的融合，国内学术界对"技术与社会变革"的有关研究逐渐增多，但研究领域多停留在互联网驱动下的"虚拟社会"和"网络社会"、大数据驱动下的"信息社会"等方面，对互联网、大数据、云计算、人工智能等多种技术协同驱动下的智慧社会的内涵、特征等方面的系统研究较少。因而，迫切需要研究新时期新形势下智慧社会的本质及其特征，为技术驱动下的社会形态变迁提供理论上的支撑。

（二）进一步丰富和完善政府管理理论

近年来，互联网、大数据、人工智能等技术不断地融入政府管理过程中，并不断地催生出诸如"政府2.0""虚拟政府""移动政府"等多种政府管理理念，这些新理念的产生，是政府管理理论在智慧社会中的创新，对智能技术驱动下的政府管理实践起到了一定的推动和指导作用。

随着智能技术的不断发展和日益完善，智能技术与人类生产生活的融合日益深入，国内外学术界对"智能技术与政府管理"的相关研究日益增多，但研究多分布在不同智能技术形态给政府管理所带来的机遇及困境等方面，对智能技术对政府管理的吸纳及嵌入、智能技术所驱动下的政府管理创新等方面的系统研究比较少。因此，迫切需要研究智慧社会中政府管理应如何转型，从理论上阐释智能技术嵌入后的政府管理的新内涵，进一步丰富和完善政府管理理论，为新时代政府管理转型升级与创新提供理论支撑。

（三）促进对智慧社会中"政府—社会"之间关系的新认识

随着智慧社会的到来，互联网、大数据技术等多种智能技术成为社会发展的重要因素，也日益成为人们生活不可或缺的重要组成部分，拥有这些技术手段的社会主体成为智慧社会的"权力主体"，他们基于技术能力在智慧社会中拥有更多的"话语权"，重塑了传统社会中政府与其他社会主体间的权力关系。从信息社会到智慧社会的发展，政府与非政府主体开始呈现出更加多元的合作关系。当前，学术界相继提出了一些比较具有共性的观点，如：协同管理、合作管理等。研究这些问题，归根结底是要清楚地了解智慧社会中不同社会主体间存在什么样的关系，社会管理权力如何通过技术流在不同的社会主体间进行新的配置。

那么，智慧社会中政府与非政府主体间的关系发生了什么变化？出现了什么新特征？在智慧社会的背景下，政府该如何调整和优化其与非政府主体间的关系？这些问题，在现有的研究中得不到相应的回答，有必要做进一步的理论研究。

（四）构建基于智能技术的"政府—社会"合作管理理论

目前，国内对于智慧社会中"政府—社会"合作管理内涵、机制等方面的研究还不多，而针对基于智能技术的"政府—社会"合作管理模式研究则更为稀少。因而，当前最为需要的便是从理论上回答政府与非政府主体之间是如何通过智能技术进行合作管理的机制建设？政府如何维护和保障合作管理的长效性和有效性？本书解决以下两个方面的问题。

第一，从理论上分析政府与非政府主体间的合作机制设计和构建的原则，使之符合智慧社会的基本规律，并根据智慧社会的基本特征，使政府可以有针对性地基于智能技术解决特定的社会问题。

第二，设计系统性的"政府—社会"合作管理的系统机制框架，通过智能技术平台的搭建和运用，制定适应智慧社会规则的合作规则和机制，增强智慧社会中不同社会主体间的合作、参与、协调和反馈，进而实现智慧社会的创新和谐发展。

二 实践意义

（一）促进政府管理的现代化

近年来，面对智能技术所带来的机遇和挑战，世界各国都不断地深化改革，运用智能技术来提升自身的管理能力。政府管理作为国家治理体系的重要组成部分，如何运用智能技术提升政府管理能力现代化升级的同时，推进国家治理体系与治理能力现代化同步发展，是一个具有重大意义的改革实践。因而，深入研究智能技术对政府管理的嵌入，对政府管理的具体实践具有重要的指导意义。可以说，随着智慧社会的来临，政府管理面临着转型之势，政府管理现代化建设也迫在眉睫。如何理解智能技术驱动下政府管理的新内涵，认识智慧社会背景下政府管理现代化建设的机制，从而在制度上、政策上、机制上推动智慧社会政府管理创新发展和深化，对实现政府管理能力现代化建设和创新性发展具有重要的现实意义。

（二）促进智慧社会管理的现代化

当前，人类社会已经从信息社会进入智慧社会。在智慧社会中开始出现诸多新的社会现象，世界各国政府在不断地深化改革以适应智慧社会发展的需求。在党的十九大报告中，习近平总书记在论述加快建设创新型国家时，提出了"智慧社会"的新概念，智慧社会是对智慧城市概念的发展，是在智慧城市建设基础上所形成的人类社会新阶段，建设智慧社会对于推进国家现代化发展指明了方向，也为国家的可持续发展提供了动力支撑。然而，进入智慧社会阶段后，社会管理面临着诸多的问题和挑战，如共享经济的产生对传统政策法规的影响，人工智能的产生对社会伦理的影响，大数据技术的产生对个人隐私的影响等都对社会管理提出新的挑战。在智慧社会背景下，政府对智慧社会管理面临着现代化转型升级的趋势。因而，政府如何理解智慧社会的内涵，通过智慧社会管理创新以适应智慧社会的需求，对实现智慧社会的发展和现代化转型有着重要意义。

（三）促进政府职能的优化转型

互联网等智能技术的出现则为转变政府职能提供了新的机遇。当前，"智能技术＋政务服务"已成为政府职能转变的动力和重要抓手。然而，在"智能技术＋政务服务"推进过程中，面临着线上线下融合困难、政府体系与技术系统合作不完善等问题。同时，在政府业务流程、技术管理等方面也存在一些问题需要解决。因而，通过研究智能技术从外部对政府的嵌入和政府从内部对智能技术的吸纳，将有助于政府职能的转变，进而优化政府管理职能，推动政府职能科学化配置。

第四节 概念界定和研究框架

一 概念界定

（一）智能技术

"智慧"是高等生物，特别是人所具有的一种特征。创造性的智慧行为更是人所特有的，是人与动物根本性区分的标志。智慧是人类自身思维和活动所表现出来的能力，人类的思维活动是通过大脑进行的，因而，思维是人们运用大脑对事物的本质及其内在联系的概括反映（靳藩，2000）。所谓"智慧"，通常是指人们在认识与改造客观世界的活动中，由思维过程和脑力劳动所体现的能力。人的智慧的核心在于知识，智慧表现为人们对于知识的获取能力、处理能力和运用能力。而制造一种产品的系统知识，我们将它称为技术。因而，从广义上看，智能技术是人们在认识和改造客观世界的过程中，为了有效地达到某种预期的目的，对知识的获取、处理和运用的各种方法和手段的总和。

20世纪中叶，计算机的出现改变了人们获取和处理数据信息的方式，特别是在21世纪初期互联网的产生及普遍运用，将人们获取知识、处理知识和运用知识的方法进行了重塑。随之，智能技术的形式和外延也呈现出新的变化，人们开始基于具体的技术手段对智能技术进行界定。从狭义上看，有的人认为，智能技术是一种综合技术，是互联网、计算机、人工智能、物联网、云计算等技术融合在一起所形成的"智慧"的技术综合体。智能技术的核心是运用计算机技术模拟人类在各种活动过程中的智力活动，这些活动包括分析、推理、决策等，进而扩大、延伸和替代人们的脑力劳动，实现决策自动化。基于此，将智能技术分成两大类：符号智慧和计算智慧（张永民，2010）。[①] 而有的学者

[①] 符号智慧是以知识为基础，通过推理进行问题求解，也即所谓传统人工智慧。计算智慧是以数据为基础，通过训练建立联系，进行问题求解。人工神经网络、遗传算法、模糊系统、进化程序设计、人工生命、云计算等都可以包括在计算智慧之中。

认为，智能技术包含了运算技术、软件技术、应用技术等，其具有高效、精细、智能化的特征（李仁刚，2014）。

虽然，学术界对于智能技术的内涵还没有形成共识，但是有以下两点相通之处：（1）智能技术是一束技术集合体或者说是一套技术体系，包含着众多的技术形式；（2）智能技术之间存在技术融合的特征，一种技术的形成是以另一种技术为基础，不同技术之间并不是隔绝的，是多种技术的无缝隙衔接。另外，笔者发现，现有的对于智能技术的定义仅仅是从技术属性方面进行了界定，而没有考量智能技术的社会属性，而其社会属性恰恰是智能技术的核心。因而，笔者认为智能技术除了具备技术属性之外，还包含着社会属性的内涵。故智能技术是一个包含了技术属性和社会属性的技术生态。首先，从技术属性来看，智能技术包含着众多的技术，是多种技术的集合体，而这个技术集合体不仅承载着不同技术间的融合，更为新技术的衍生提供了土壤，这就为智能技术的发展及外延的拓展提供了动力。其次，从社会属性来看，智能技术中所包含的多种技术所形成的技术网络不断地与现实社会融合的过程，其实也就是智能技术向现实物理空间嵌入的过程，即智能技术所推动的社会变革，最终的结果是对现实社会的再造。最后，智能技术的社会属性是在技术属性的基础上形成的，技术属性是社会属性的前提，社会属性是技术属性在人类社会运用所产生的社会效应。因而，要想全面地认识智能技术，必须从技术属性和社会属性两个方面考量。需要注意的是，智能技术的技术属性与社会属性不是共生的。也就是说，智能技术的技术属性的形成早于社会属性，社会属性是技术属性与人类社会融合发展到一定程度后所形成的，是技术属性向现实物理社会嵌入的结果。而其技术属性在其产生之初便已具备，但是在智能技术发展的不同阶段，其技术属性也在不断地变化。智能技术不是一项单一的技术，而是计算机技术、互联网技术（互联网、移动互联网、物联网）、大数据和云计算技术、人工智能技术融合发展并运用到人类社会，以形成机器"智慧"和"智慧社会"的技术集合。

(二) 智慧社会

近年来,随着智能技术的发展和智慧城市建设的不断深入,一个约定俗称的概念——"智慧社会",成为各国政府和众多学者关注的关键词。各个组织机构和个人似乎达成某种共识,纷纷将智慧社会看作人类社会未来的发展方向。"智慧社会"是近年来社会各界引用较多的一个词语,作为一个新生概念,它指向何种事物?学者们从不同的维度给出了其看法,有的学者认为智慧社会是在物联网、大数据、云计算、人工智能基础上所形成的新的社会形态,智能技术是建设智慧社会的基础技术支撑(贾平凡,2017);有的学者认为伴随技术应用范围的扩大,社会生产力和生产关系发生重大变化,公共服务与社会管理也越来越多地采用"智慧"的技术,导致整个社会的运行变得日趋智慧化,是为智慧社会。智慧社会是"智慧型经济"充分发展的必然结果,是智慧城市发展的未来方向(赵刚,2017)。汪玉凯认为,智慧社会是数字化、网络化、智能化深度融合的社会。数字化是前提,网络化是路径,智能化是手段,智慧化是目标。智慧社会在数字化基础上实现网无感知,网络化基础上实现万物互联,智能化基础上使社会更加智慧。故感知、融合、共享、协同、智能是智慧社会最基本的特征(汪玉凯,2018)。本研究认为,智慧社会包括以下要点。

(1) 智慧社会并不是突然出现的,而是在智能技术发展到一定阶段,并不断与人类社会深度融合的基础上所产生的新的社会形态。如果说信息技术将人类由工业社会带入了信息社会,那么智慧社会的来临便是在信息技术、人工智能技术等融合而成的智能技术集合影响下所形成的社会形态。信息技术的产生在人类的现实物理社会空间之外构建了一个新的社会空间:虚拟社会空间,将人类社会空间划分为现实与虚拟两个维度,而随着智能技术的发展,每一个物体都披上了技术的外衣,都成为具备感知的智能体,这些智能体可以与人进行交互,而人们则将智能体看作"朋友",在虚拟社会空间之外又划分出一个新的空间维度：智能体间的社会空间。如果将虚拟社会空间看作现实社会空间的延伸的话，那么，智能体间的社会空间则是在智能技术驱动下所形成的类似于人类现实社会空间的类社会空间。可见，智慧社会是一种多维度的社会空间，是在智能技术驱动下所形成的新的社会形态。

（2）智慧社会是对现实社会的拓展。一方面，智慧社会是社会公众以其自身在网络虚拟空间中的数字身份在该空间通过资源共享、信息交流而产生的一种社会互动，是在智能技术基础上由人、机器、技术等相互连接而成的一种新的交往空间，是社会主体交互关系虚拟化的结果。另一方面，智慧社会是社会公众在现实物理空间中与智能技术所富旦感知的智能体之间的合作交流的一种"人机"的社会互动，是智能技术赋能于机器后机器类人化行为与社会公众互动所形成的一种交往空间。由此可见，智慧社会从其构成要素上看，无论是人、机器，还是网络软件和硬件等都是真实的，而非虚构的。因而，智慧社会具有现实性，与现实社会脱离不开，它来源于现实社会并依赖于现实社会而存在，智慧社会的发展需要依靠社会公众借助计算机、互联网、人工智能等智能技术不断地创造和拓展其社会空间。

（3）智慧社会反映并作用于现实社会。智慧社会开辟了人类活动和发展的空间，丰富了人类社会交往的主体，使单一的现实社会分化为现实社会和虚拟社会，并将人类交往的主体在人类自身之外又增加了智能体，将人类社会空间重构为二维的多主体空间。在智能技术基础上所形成的网络虚拟空间中的数字居民的交流而成的社会关系，本身是现实社会的一部分，虚拟社会在一定程度上可以反映出现实社会的情况，是现实社会在网络虚拟空间中的镜像反映，当然，虚拟社会并不是现实社会的简单重复，而是对现实社会的缩小或放大，是现实社会的一种折射。另外，虚拟社会中的行动者在以数字身份交流的同时，往往将数字身份中的意识带入现实社会中，进而对现实社会产生影响，不仅改变着人们的行为方式，也对人类社会的发展产生影响。而智能技术赋予物体感知后所产生的智能体，人们更是将其看作自己的伙伴，将对现实社会中同伴的精神寄托转嫁于智能体，人类与智能体之间的类社会关系也在一定程度上折射出现实社会的具体情境，而在这种类社会关系中，人们的情感与智能体相交融，并最终在现实社会中付诸实践，进而对现实社会产生影响。

总之，本书认为对智慧社会的含义的认识和理解的关键在于，不能将智慧社会看作与人类社会无关的社会形态。智慧社会首先是人类社会在智能技术不断发展的基础上所形成的新的社会发展阶段，是人类社会的组成部分，而其之所以独特主要是在于新的技术作用于人类社会后所产生的众多的反映，这些反映使得智慧社会呈现出与传统的人类社会发展阶段所不同的特征。如果单独地将智慧社会看作与人类社会毫不相干的一种社会形态，便会将智慧社会与人类社会割裂，这极易导致我们无法对智慧社会进行管理。

（三）虚拟人

渴望成为另一个人，不满意当前的生活而追求更加完美的另一个人生，是人们一种普遍的社会心理。这种渴望是人们在自己的精神世界中勾画出一个虚拟自我，即理想的自我、想象的自我。这种虚拟自我没有成为独立的存在而被人们忽略。然而，信息技术的出现，人们运用信息技术在网络虚拟空间中建造"一个与现实世界类似的虚拟世界"，这个被营造的虚拟世界是一个"充满体验的数字大陆"（刘畅，2008）。虚拟世界的隐身性、平等性、自由性等特征，为人们摆脱现实世界的限制提供了可能，为人们在虚拟世界中构建想象的、理想的虚拟自我提供了空间和技术条件。人们在进入虚拟世界时，物理上的身体不需要跟着移动，故在虚拟世界中呈现出"身体缺场"但"精神在场"的情境，从而在虚拟世界中衍生出一种基于想象中的以自我为基础依靠技术手段所构建的虚拟自我。值得注意的是，虚拟自我并不是虚拟世界诞生才开始出现的，因而，我们应该区分虚拟世界出现之前的虚拟自我与进入虚拟世界后的虚拟自我的差异。前者是人们主观虚构的，在人脑中想象的理想中的自我；后者则是通过技术手段在虚拟世界中构建的，以 ID 身份为标志的从现实自我向虚拟自我的角色转换。而两者之间的最大差异便是，在进入虚拟世界前的虚拟自我并不能与他人进行沟通和交流，只是停留在人们意识中的自我意识。而进入虚拟世界后的虚拟自我便是依托于技术工具可以与他人进行交流，在虚拟世界中，人们可以自由地切换和选择自己想象的角色，这个角色可以与现实自我相差甚远，可以尝试各种各样的角色认同，甚至同一现实自我可以在不同的虚拟世界空间中扮演多种不同的角色，利用自设的身份和角色与其他虚拟自我进行沟通。虚拟世界突破了现实社会与心理空间之间的界限，满足了人们多重自我身份塑造的愿望（赵惜群，2011）。这种多元的、碎片化的身份建构，是现实自我个体来规定的，更多地体现的是自我界定，这种个体创造出来的在虚拟世界中呈现的多个新的"自我"，其虚拟身份难以捉摸（侯岩，2013）。而当虚拟自我在虚拟世界的自主性增强，在虚拟世界中可以进行自由的选择、行动时，虚拟自我便成为现实自我的补充，成为虚拟世界中的居民。这种虚拟自我不会受现实社会环境的影响，成为虚拟世界中自主的虚拟自我（徐琳琳，2011）。

由此，我们可以看出，虚拟自我是人们想象中的自我在虚拟世界中的呈现，是现实自我在虚拟世界中的镜像或者拓展和转换。"虚拟自我"是与"现实自我"相对应的概念，后者主要是指现实社会里作为实体存在的人，是一个有机的能动的生命统一体（刘国永，2001）；前者主要是现实自我运用技术手段在虚拟世界中的存在方式、状态及体验（马忠君，2011）。因而，本书将虚拟人或者虚拟自我看作人们以信息技术为手段在虚拟世界中以多重身份所建构的自我，是人们在虚拟世界中与他人进行沟通和交流的身份。虚拟人产生的根本原因是与人的本质欲望和内心的需求息息相关的（马忠君，2011）。

(四) 智能体

智能体（Agent），是计算机科学与人工智能学发展中所形成的前沿领域。目前，智能体已经成为许多领域通用的概念（Nils, 2000）。对于其定义，学者们有着不同的看法。有的学者认为，智能体是一个自主地可以在动态环境中运行的实体（可以是人、系统、机器、软件程序等），其目的是接受另一个实体（用户、软件程序、系统等）的委托并为之提供服务，并且能够在目标任务的驱动下通过学习、沟通等手段感知适应外部环境的动态变化并做出相应的反应（赵龙文，2001）。而有的学者认为，智能体是在感知、思考和行动的周期中往返运行，通过传感器来感知外部环境，然后进行思考（计算），继而使用各种各样的机器来执行操作（Gupta, 2017）。通过学者们对于智能体的定义可以发现，智能体是在技术发展一定阶段后所形成的实体，这个实体既可以是硬件智能体（机器人），也可以是软件智能体（系统软件），并且智能体是人们创造的技术产品，其具备一定的自我感知和自我行动的能力，是一种类人化的物体。

因而，本书认为，所谓的智能体，是一种物理或抽象的，是可以在一定的环境中运行的实体，其可以作用于自身和环境，并根据环境的要求和变化做出相应的反应。从广义上看，智能体是指能在一定的环境下灵活、自主地活动的具有自主性和智能性的实体，包括人类、物理世界中的移动机器人和虚拟世界中的软件机器人；狭义上看，智能体则是指虚拟社会空间中的软件机器人，即软智能体（郦全民，2002）。智能体具有以下特征：一是，交互和协作性；二是，目标和任务驱动性；三是，自主和可控性（Wooldridge, 1999）。

二 研究主题

本书要研究的主要问题有以下几个。

智能技术驱动下人类社会面临着什么样的新变化？人类社会产生什么样的转型？

智能技术驱动下政府管理面临着什么样的机遇与挑战？政府如

何吸纳智能技术及影响因素是什么？

智能技术驱动下政府管理呈现哪些新的特征？面对新的政府管理生态，如何通过机制建设，促进政府管理的常态化和长效化？

三 研究内容

为全面、深入地研究"智能技术对政府管理的影响"，应从宏观层面和微观层面进行考察。一是，对技术驱动下的社会转型进行分析，特别是对智慧社会的生成和特征进行全面考察。二是，考察智慧社会中政府管理转型的趋势下，政府管理面临的新机遇和新挑战是什么？三是，考察智能技术驱动下政府管理具体面临什么新的变化，或者说，将产生什么样的政府管理形态？以上三点是从宏观视角对智能技术对政府管理的影响进行的考察，即从研究技术驱动下人类社会转型后所形成的智慧社会的基本特征入手，分析智能技术的生成及其特征，并在此基础上分析政府管理面临的机遇与挑战，从而进一步分析政府管理的转型方向，并由此考察政府管理的新趋势。对于上述问题的微观层面的考察，可以从三个方面入手，一是，分析智能技术的缘起、内涵及特征，并对智能技术的价值及现实意义进行探讨，对智能技术的分析是进一步分析和研究其对政府管理影响的基础。二是，考察智能技术影响政府管理的动力、智能技术驱动下政府管理的转型、智能技术嵌入政府管理的过程机制，包括智能技术影响政府管理的外源驱动力与内源驱动力；智能技术驱动下政府管理的信息化阶段、移动化阶段、数据化阶段、智慧化阶段；智能技术嵌入政府管理的输入阶段、转化阶段、输出阶段等，研究这些具体内容有助于从微观层面把握智能技术对政府管理的影响。三是，考察智能技术对政府管理影响的SWOT分析，包括智能技术对政府管理影响的优势（S）分析、智能技术对政府管理影响的劣势（W）分析、智能技术对政府管理影响的机遇（O）分析、智能技术对政府管理影响的挑战（T）分析，在进行SWOT分析后对智能技术驱动下政府管理创新策略选择进行研究，并提出优势—机遇（S-O）策略、优势—挑战（S-T）策略、劣势—机遇（W-O）策略、弱点—挑战（W-T）策略。

通过以上分析，本书认为智能技术驱动下政府将构建一种合作管理的形式，并对智能技术驱动下的合作管理进行了探讨，包括合作管理的生成、管理主体、组织形式、管理模式等，研究这些基本要素将有助于把握智能技术驱动下政府管理的发展方向，并对进一步分析和研究智慧社会管理提供基础。另一个问题是对合作管理的机制构建，即通过合作管理的结构设计、合作管理的主体间关系设计、合作管理的平台设计等确立智慧社会中的政府管理的良好形态。

四　研究框架

以上所述研究思路，可以进一步在更简明的逻辑框架中清晰概括出来，如图1-1所示。

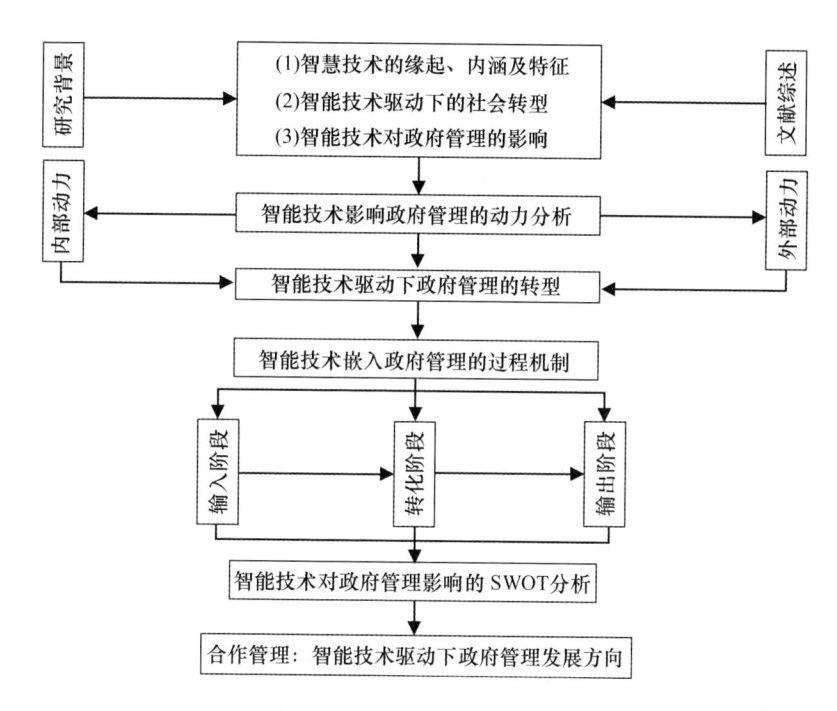

图1-1　本书的研究逻辑框架

第五节　研究方法与创新点

一　研究方法

（一）文献研究法

社会科学知识的获得是一个不断积累、不断发展的过程，通过梳理前人已有的文献，可以对研究主体的现存研究进行宏观上的把握与微观上的了解，将有助于对研究现状的全面掌握，并对下一步研究进行调整。文献研究既包括中文文献和英文文献，也包括书本文献和电子文献。其中，书本文献主要来源于国家图书馆、北京大学图书馆、中国农业大学图书馆、自购书物等相关图书资源；电子文献主要来源于中国知网、万方数据库、维普期刊资源整合服务平台、政府网站电子材料、Web of Science 系列数据库、Wiley Online Library 电子期刊全文库、Springer Link 全文电子期刊、Emerald（爱墨瑞得）管理学数据库、Science Direct 全文电子期刊数据库等。除此之外，还通过学术搜索引擎获取学术性博客及相关时政信息等。通过对国内外文献的获取、梳理、分析和总结，归纳了互联网、大数据、云计算等智能技术对政府管理提出的新要求，并在此基础上对智慧社会的内涵及特征进行研究，梳理政府管理的内涵、基本要素等，为论文后半部分政府与非政府主体的合作管理模式和机制构建的探讨提供理论支撑。

（二）交叉学科研究

智能技术对政府管理的影响研究所涉及的学科较为广泛，既涉及政治学、管理学、社会学，还涉及哲学等众多学科。因而，应从政治学、社会学、传媒学、管理学、哲学等诸多方面进行广度视野的交叉分析，尤其是将政治学、管理学与社会学融合起来，对技术驱动下的社会变革和政府管理转型进行理论分析并做深层次的综合性思考，在此基础上，对智慧社会的本质内涵及其特征进行分析，进而对智慧社会中的政府管理进行分析。并通过多角度对智能技术的生成及其在人类生产生活的诸多方面的融合和影响进行考察和分析，进而对其在政府管理中的影响作用做出理论回应。

（三）系统分析法

系统分析法主要是用来解释政治生活和政治行为的运行过程和发展规律。智能技术对政府管理的影响，智能技术所构建的智慧社会改变了政府管理的外部环境，从政府系统外部对政府管理产生影响。同时，政府对智能技术的吸纳，不仅从技术的层面对传统政府进行再造，为政府提供了一个新的技术架构，也从政府内部对政府管理产生影响，在提升政府管理能力的同时对智慧社会进行科学的管理，以更好地适应智慧社会的需求。因而，系统分析法可以从系统的视角对智能技术对政府管理的内、外部影响进行全面的分析。同时，还可以回答智能技术如何对政府内部系统和外部系统产生影响，如何改变政府、非政府主体在智慧社会的权力地位，如何使政府管理系统从一个系统转向另一个管理系统等问题。

二 创新点

本书创新点体现于以下三个方面。

（一）对智能技术驱动下的社会转型进行了深入分析

全面深入地认识和了解智能技术驱动下的人类社会转型，智能技术的产生，人类社会开始从信息社会迈入智慧社会，在智慧社会中形成了诸多新的社会现象，与此同时，政府管理也面临着诸多新的机遇与挑战。而要对智能技术驱动下的政府管理进行深入剖析，就需要对智能技术驱动下的社会转型进行研究，为此，需要系统地对智慧社会进行全面深入的分析。对于智慧社会这一具有理论性和实践性的前沿课题，本书从两条主线展开研究，一是理论分析，二是实践分析。一方面，技术的不断发展将人类社会从农业社会、工业社会、信息社会带入智慧社会，本书从经济形态、社会关系、组织结构等方面分析了智慧社会与农业社会、工业社会、信息社会的区别，同时，也从技术基础、文化伦理、权力结构等方面分析了智慧社会的显著特征。这些研究，构成了智慧社会研究的理论基础。另一方面，本书从智慧社会中的政府管理改革实践出发，从理论到实践具体分析智慧社会中政府管理改革的动因，并从实践到理论进一步完善智慧社会中政府管理理论，进而探究智能技术驱动下的智慧社会管理问题。

（二）探讨了智能技术驱动下的政府管理发展方向

随着智能技术的快速发展，人类社会日渐进入智慧化阶段，并逐渐走入智慧社会，智慧社会代表了人类社会发展的新阶段。智慧社会的来临，使政府面对着计算机技术、互联网技术、云计算技术等智能技术的发展和变革，日益强调智能技术在其管理中的作用，将这些先进和革新的技术形态广泛运用到政府管理中，可以依托智能技术创新公共物品提供方式，更好地为社会公众提供服务。与此同时，面对着智慧社会中复杂的社会问题，政府管理需要更为开放的管理体系，不能仅局限于政府自身，需要政府、企业、非政府组织、社会企业、社会公众等多元主体以合作管理的模式共同参与到智慧社会的管理过程中。加之，智能技术提供了一个"虚拟—现实"交互型和双边型的社会空间，在这里，非政府主体的话语权日益增大，参与社会管理的意识不断提升，为非政府主体参与社会管理提供了新的形式和实践方式。可以说，智能技术掀起的智慧革命不仅推动了人类社会的转型，更在政府管理层面掀开了智慧社会政府社会管理的新篇章，政府与非政府主体的合作管理成为未来政府管理的发展方向。

（三）总结和归纳了智能技术驱动下的政府合作管理模式

探讨智能技术驱动下的政府合作管理模式的首要前提是基于确定政府与非政府主体间的一个什么样的合作模式。当前，学术界对于政府与非政府主体间的合作管理进行了一些比较有价值的学术研究。然而，一个亟须解决的理论问题是，智能技术驱动下的政府与非政府主体间的合作管理究竟有哪些合作管理模式，且各种模式能否从理论上进行更加全面的总结和概括？本书基于行动者网络理论对智能技术驱动下的政府合作管理中的政府主体与非政府主体间的合作机制进行了分析，政府主体与非政府主体通过问题呈现、利益赋予、征召和动员等环节，最终形成多元主体的合作管理网络，这个网络的核心理念是开放、参与、协作，目标是通过异质行动者的合作创新公共价值生成方式，有效地、可持续地为社会提供服务。合作管理作为政府与非政府主体合作共治的一种社会管理形态，有着其独特的管理模式，主要包含"开放式""众包式"和"双门式"等。

第二章

智能技术：缘起、内涵及其特征

　　工业革命时期，人类制造了各种机器，解放了人类的四肢，用机器替代了人们繁重的体力劳动，极大地促进了人类社会的进步和经济发展。而人类在利用机器完成体力劳动的同时，也希望用机器代替人思考并替代人从事脑力劳动。以互联网、大数据、云技术和人工智能为代表的"智慧革命"解放的则是人类的大脑，这些"智能技术"将人类从重复的机械工作中解放了出来，使人们获得了更大的自由。但是，我们认为智能技术的产生并不只有将人类从复杂的脑力劳动中解放出来这一点，更大的意义在于通过智能技术与人类社会的全面融合，推动人类社会的智慧化发展，实现人类社会向"智慧社会"的转型。如果说，20世纪中叶至21世纪初期十年，计算机的广泛使用和互联网的普及为纽带，线上虚拟空间的产生并与线下物理空间的融合为标志，开启了互联网时代，2010年左右，传感设备的大量使用、大数据技术和现代通信技术的广泛应用，数据规模大幅增长，人类社会进入大数据时代，在21世纪第二个十年的下半段，在大数据技术快速发展，人工智能不断与人类社会深入融合，人类社会走向智能时代（何哲，2016）；那么，未来人类社会在智能技术的推动下将走向混合多智能主体的智慧社会。

第一节 智能技术的缘起与发展阶段

一 智能技术的缘起

20世纪末期，人们逐渐意识到地球生态环境正在受到严重破坏，一系列全球性和区域性的重大资源环境问题严重地威胁着人类的生存和可持续发展。伴随着信息技术的发展，人们认为，通过信息管理将有助于人们认识和解决所面临的诸多难题。1992年，美国副总统戈尔在《濒临失衡的地球》一书中，从全球生态环境和气候变化的角度提出了"数字地球"（Digital Earth）的概念，但限于当时的经济、技术基础和发展状况，数字地球并没有得到大家的响应。1998年，他在加利福尼亚科学中心做了题为《数字地球——认识21世纪的我们这个星球》（The Digital Earth: Understanding Our Planet in the 21st Century）的演讲，第一次比较系统地阐述了数字地球的概念，勾勒出了数字地球的构建方向与远景蓝图（陶然，1998）。他认为，"数字地球"是一种可以嵌入海量地学数据的、多分辨率的、三维的地球表达。"数字地球"的核心思想是最大限度地利用信息资源，用数字化手段统一地处理地球信息。[①] "数字地球"使真实地球作为一个"虚拟地球"进入了互联网，使公众能方便地运用一定的科学手段了解自己所想了解的有关地球的现状和历史（孙小礼，2000）。这个虚拟的数字地球以空间位置为关联点，整合相关资源（以地理信息系统和虚拟现实技术集成各类数据资源），实现了"秀才不出门，能知天下事"（see everything on Web）（李德仁，2010）。"数字地球"的产生将人类社会的可持续发展推向了信息化阶段。

随着计算机技术与现代通信技术融合进程的不断加快，以互联

---

① 戈尔在他的演讲中提出了"数字地球"所需的6项技术，即科学计算、海量存储、卫星影像、宽带网络、互操作和元数据。其可归纳为数据系统、操作平台系统和应用模型系统。

网为代表的信息技术飞速发展，特别是物联网、云计算、人工智能等技术的不断成熟，为人与人、人与物、物与物之间的互联互通提供了可能，并在此基础上人们能够通过大数据分析做出更加智慧的决策。2008年，IBM为了充分发挥信息技术的潜力，进一步促进各个产业或人类社会生态系统的紧密互动，进而形成新的人类社会运行模式，并在此基础上推动人类社会的创新发展。基于这样的理念，IBM构建了"智慧地球"（Smarter Planet）的发展计划，即通过运用先进的技术手段构建世界运行的发展愿景，以改善人类社会的商业运作模式和公共服务方式。IBM"智慧地球"的计划本质上就是将新一代的信息技术深入地融入人类社会的各个方面，形成所谓的"万物联网"，进而使人类社会以更加智慧化、便捷化的方式运行，实现全球的智慧化状态，最终实现"智能技术+地球=智慧地球"（吴勇毅，2009）。因而，智慧地球存在三个方面的特征。一是，感知性。通过智能技术对人类社会的不断嵌入，各种感知设备在人类社会中不断运用，任何事物都披上了技术的外衣，在智能技术的赋权下，事物都具备感知能力，人们可以通过智能技术工具随时观察、感知、捕捉事物的相关发展态势和数据信息。二是，互通性。自人类社会披上技术的外衣之后，每个事物都具备感知和交互能力，事物之间可以通过技术神经网络进行沟通和交流，并通过技术神经中枢进行协同工作。三是，智能性。在感知性和互通性的基础上，人们便可以利用智能技术洞察人类社会，并根据所获得的信息创造新的价值（许晔，2010）。"智慧地球"的生成对人类社会产生了深远的影响，将人类社会带入一个新的阶段，为人们认识世界和改造世界提供了新的视角和工具，人们可以运用新的技术工具增强人们的自我发展和对社会的综合管理能力。继"智慧地球"的概念提出之后，"智慧城市""智慧乡村""智慧医疗""智慧政府"等众多新的理念层出不穷，并不断地在人类社会中进行着诸多实践。

从"数字地球"到"智慧地球"，不仅仅是技术融合发展的产物,也是人们思维理念和价值观念转变的结果。在这一背景下,中国也实现了从"数字中国"(Digital China)到"智慧中国"(Smarter China)的转型。1985年,邓小平同志为新华社写了这样的题词:"开发信息资源,服务四化建设。"1995年我国学者钟义信、叶培大曾联名发表题为《信息时代的发展战略》,认为信息化已成为当今世界发展的时代潮流,我国应抓住时代机遇,实施"超越战略"。1998年10月,我国科学技术界的各有关部门连续召开了多次研讨会,对"中国究竟要不要搞数字地球问题"达成了共识,呼吁全社会都来关注数字地球,从国家发展战略高度来理解实施数字地球的必要性和紧迫性。至此,一批国家的地理数据库已经建立,包括国家基础地理信息系统1:100万数据库和1:25万数据库,海洋信息(资源、环境、灾害等)数据库,气候气象数据库、环境信息(监测)数据库、矿产资源数据库、1:50万土地利用数据库等。这些数据库覆盖全国范围,是数字中国的重要框架和组成部分。随后诸如"数字上海""数字北京""数字海南"等数字城市计划逐步展开。

2009年,在《智慧地球赢在中国》计划书中,IBM为中国量身打造了六大智慧解决方案:"智慧电力""智慧医疗""智慧城市""智慧交通""智慧供应链"和"智慧银行"。这些智慧理念的核心是智慧城市,其他内容的发展都依赖于智慧城市的建设。IBM认为"智慧城市"定义为:能够充分运用信息和通信技术手段感测、分析、整合城市运行核心系统的各项关键信息,从而对包括民生、环保、公共安全、城市服务、工商业活动在内的各种需求做出智能的响应,为人类创造更美好的城市生活。借助于新一代的物联网、云计算、决策分析优化等智能技术,通过感知化、物联化、智能化的方式,可以将城市中各领域、各子系统之间的关系更加协调地整合起来,就好像给城市装上网络神经系统,使整个城市像一个有智慧的人那样,具有较为完善的感知、认知、学习、成长、创新、决策、调控能力和行为意识,使之成为可以指挥决策、实时反应、协调运作的"系统之系统"（郑立明，2011）。

2017 年，"智慧社会"首次写入党的十九大报告，成为我国未来国家发展的重要举措。近年来，中国已有超过 600 个城市大力发展智慧环境、智慧交通、智慧水务、智慧旅游、智慧电网、智慧医疗等领域，在此基础上推动智慧城市建设。智慧城市的不断发展，使得企业、社会组织、政府等不同主体越来越多地采用"智慧"技术进行组织管理和服务提供，导致整个社会日益变得智慧化，并最终推动社会由"非智慧社会"向"智慧社会"转变。可以说，智慧社会是智能技术驱动下智慧城市发展的必然结果，使人类社会的发展呈现出由工业社会、信息社会最终转向智慧社会的发展逻辑。在这个过程中，智能技术扮演着重要的角色，是推动人类社会向智慧社会发展的关键。可以说，智能技术的产生为智慧社会的逐步形成奠定了坚实的技术基础。

二 智能技术的发展阶段

智能技术正在对人类社会产生重大的影响，其在对机器不断赋能的过程中，人和机器的关系被重塑，人与机器不再是使用者和工具的关系，而成为一种"伙伴"的关系，在此基础上，人类社会也开始从网络虚拟社会、感知社会向智能社会转变。而要认识这种影响，就必须从智能技术不同的发展过程中窥视。我们认为，从智能技术的技术属性和社会属性的视角出发，智能技术的发展存在三个阶段，即"机网合一""网—物—人合一""人机合一"三个阶段。

（一）智能技术 1.0 时期："机网合一"

互联网是计算机与现代通信技术融合的产物，其形成和发展，所带来的不仅仅是一场信息技术革命，在信息技术发展的背后折射出的是一场前所未有的社会变革，开始将人类社会由工业社会带入信息社会。正如威尔曼和海森斯威特在《日常生活中的因特网》所指出的，互联网已经从一个神奇的具有魔力的事物变成了普通人日常生活中的一个部分（姬志刚，2006）。互联网产生之初并不具备社会属性，而是以其技术属性存在，只是人们交流和沟通的工具，而当其作为工具的技术属性退居幕后，人们的生存和发展空间的社会属性才显现出来，互联网的社会属性才凸显出来。互联网社会属性的凸显起始于电子布告栏系统（Bulletin Board System，BBS）的兴起。起初互联网只是依托其技术属性存在，通过互联网收发信息（Email）、交流信息，此时，人与人之间仅仅是个体间的交流活动，还没有在网络空间中形成群居的状态（曾令辉，2009）。而随着BBS论坛的兴起，人们不再是单个的交流状态，逐渐形成了一种基于论坛的"群居生活"，在这里围绕某个主题进行思想的交流，并形成了不同的BBS主题群，这也是人类社会向网络空间的首次"迁徙"，在网络空间中形成了不同的"原始部落"，互联网的社会属性开始显现，逐渐形成一种"网络虚拟社会"（Virtual Society），又称"赛博社会"（Cyber Society）。互联网作为一种新的信息技术，不仅将各个计算机进行了衔接，也拉近了人们的距离，将人与人之间进行连接，运用其技术属性构筑了技术网络和社会网络。另外，互联网也展现了其"智慧"的一面，在一定程度上将人们从脑力劳动中解放出来，为社会的发展增添了新的活力。互联网凭借着其技术属性，将人类社会向虚拟社会迁徙，勾画了21世纪初期信息技术发展下人类社会变迁的壮丽图景。

（二）智能技术2.0时期："网—物—人合一"

自20世纪90年代以来，互联网高速发展，对人类的生产生活、科技创新、社会服务和文化传播产生了深远影响。在此基础上互联网开始朝着两个方向发展：一是移动互联网；二是物联网。移动手机的使用改变了传统网络终端与电脑相连的状态，网络终端开始呈现出移动性和便携性的特征，而移动设备与电脑相比可以长时间地伴随在主人身边，并且使用时间要远比电脑长，并且通过移动网络终端人们可以随时随地地接入互联网。而移动互联网的发展，将人们更深入地吸纳到了网络中，逐渐形成了"网人合一"的现象。移动互联网扩展了人们生活空间，形成了基于移动互联网的

"半熟社会",与此同时,移动互联网也挤占了人们的时间,占据了人们原本在社会生活中不同的活动空间。而互联网的发展以及移动互联网的普及不仅实现了人与人之间的"网络连接",也实现了物与物之间的"网络连接",逐渐形成了"网物合一",这也就是我们所称的物联网(Internet of Things, IOT)。伴随着物联网驱动下的"事物网络"日趋社会化,物联网技术与社交网络技术的融合产生了一种新的物联网形态——社会物联网(Social Internet of Things, SIOT)。社会物联网的兴起使各种事物暴露在网络虚拟社会中,并通过向物理空间中的事物进行赋能,让其可以在虚拟社会中以"虚拟人"的身份与人们进行沟通交流,在虚拟空间中实现了"物—人"间的对话。社会物联网就像一个"创世者",在虚拟空间中赋予物理空间中事物以生命,让人们在网络空间中产生个性化的体验。另外,这些被赋予生命的智能物体在物理空间中也开始不断地渗透到人类的日常生活中,并与人们的日常生活相融合,帮助人们完成日常的事务。物联网凭借着其自身独特的技术属性将信息空间与物理空间融合,将一切事物数字化、网络化,实现物与物之间,物与人之间,人与现实环境之间高效的信息交互方式,并通过新的服务模式,使各种信息技术融入人类社会,实现了信息化在人类社会综合应用达到更高境界(孙其博,2010)。

物联网在人类社会的不断运用,其社会属性也日益显现,开始将人类社会从虚拟社会推向感知社会,即物联网通过无线网络技术、视频识别技术、传感技术和嵌入设备系统等技术的应用,借助广义物联网或下一代互联网,将人与物纳入一个可以相互感知的泛在网络之中,处在这一泛在感知网络中的人与人、人与物、物与物之间的交互活动构成的社会。在感知社会中,人和物体被披上了泛在感知网络的"电子皮肤"。通过计算机技术、互联网技术以及嵌入式芯片和软件技术赋能于物体使之成为"智能物体",物体之间开始以交谈、共享信息和协调决策的方式来观察、倾听、思考和执行任务(Al‐Fuqaha,2015)。感知社会中的网络受体,无论是人抑或是物，一经联入网络，将实时被网络所感知，同时，感知范围从人对人的感知扩展到人对物和物对物的感知，感知场地限制也从终端与终端感知向无处不在的实时感知转变，其感知内容的范围更广（张宇，2013）。

（三）智能技术 3.0 时期：人机合一

正像蒸汽机的能量革命魔术般地创造出工业社会一样，人工智能所带来的智能革命也奇迹般地创造出智能社会。智能机、智能机器人和智能网络推动社会智能化，一个全面智能化的社会随之形成。智能社会是信息社会发展的高级阶段，是社会信息化的 A3 逐步向社会智能化的 I3 转变。① 然而，这只是社会智能化的一个重要方面，要实现智能社会，还必须使社会各个方面都向智能化转型（童天湘，2003）。可以说，智能社会是智能技术所引发的智能"核爆炸"的产物，是多种智能技术融合发展的结果。目前，智能机器人开始走出实验室，出现了"白领"机器人、"蓝领"机器人。虽然，人工智能的发展还处在婴幼时期，但是，随着人工智能技术的不断发展，将会把智能革命推向一个又一个新阶段，并最终将人类社会推向智能社会，即人机共生的社会，也是人机竞争的社会（童天湘，1988）。我们认为，智能社会是在"一机三网"（计算机、互联网、移动互联网、物联网）的基础上形成了智能化的网络系统，在这里"系统即社会"。而在这个网络系统中，充斥着大量的数据信息，如何有效地利用这些数据信息成为网络系统智慧化的主要路径，而数据信息的筛选、运输和处理便成为这个网络系统的核心。可以说，在这个网络系统中的各个节点（信息主体）是通过信息链条所连接的，数据信息处理中心是这个网络系统的关键。

总之，从智能技术的技术属性来看，智能技术的发展代表着计

---

① A3，即三 A（A 是英文单词自动化的第一个字母）表示三个自动化，即工厂自动化、办公室自动化和家庭自动化；所谓 I3，即三 I（I 是英文单词智能化的第一个字母）表示三个智能化，即工厂智能化、办公室智能化和家庭智能化。

算机、互联网、物联网、大数据、云计算、人工智能等新兴技术的产生;而从智能技术的社会属性来看,智能技术的发展过程其实就是实现"机网合一""网—物—人合一""人机合一"的过程,也是人类社会从网络虚拟社会、感知社会到智能社会过程,是技术和社会一起发展,共同进化的过程。

第二节 智能技术的类型及其综合集成

根据不同的技术表现形式,智能技术可分为两种类型,一是物化的硬技术,二是非物化的软技术。前者包含不同类型的智能设备以及所表现出相应的智能功能,诸如电脑、传感设备等;后者主要是以形成和增强事物和人类社会智慧化发展的各种技术手段总和,诸如深度学习技术、计算机技术等。根据人们日常生活中所使用的智慧设备类型,可以将信息技术划分为互联网技术、物联网技术、机器人技术等。而根据智能技术自身的技术功能属性及其所引发的社会效应来看,智能技术所包含的支撑技术主要有网络信息技术、云计算和大数据技术、人工智能技术。下面我们分别进行简要介绍。

一 网络信息技术

网络信息技术(简称IT),是指主要用于管理和处理数据信息所采用的各种技术的总称。一切与信息的获取、加工、表达、交流、管理和评价等有关的技术都可以称为网络信息技术。它主要是应用计算机科学和通信技术来设计、开发、安装和实施信息系统及应用软件。它也常被称为信息和通信技术(ICT),主要包括计算机技术、通信技术和传感技术。

计算机技术是一种通过高速计算的机器,是可以进行数值计算和逻辑计算,且具有记忆功能的一种技术集合。计算机技术的本质是对人的大脑功能延伸与拓展,使高速计算的电子计算机器承担对信息进行处理的功能，以进行数值计算、逻辑计算以及存储记忆。1946 年，为了导弹的弹道计算，第一套计算机在美国宾夕法尼亚大学诞生，名为肯尼亚可。从计算机的产生到 20 世纪 50 年代，计算机主要用于军事应用。60 年代以后，计算机成本下降，很多政府部门和科研机构开始慢慢地使用计算机进行科学研究和事务管理。80 年代后，随着计算机技术的不断发展，英特尔四位 CPU 微处理器产生，个人计算机诞生，计算机的使用开始向全社会铺展开来。进入 21 世纪，计算机和计算机技术发生了日新月异的变化，计算机开始具备更多的智能成分，具备更多的感知能力、思考能力、判断能力以及语言能力，量子计算机、光子计算机、生物计算机、纳米计算机等新的计算机和计算机技术层出不穷。

通信技术是电子工程的重要分支，是通信过程中的信息传输和信号处理的技术总称。其中最具代表的就是互联网技术和物联网技术。1968 年美国国防部高级研究计划署 DARPA（Defence Advanced Research Projects Agency）启动了一个发展可靠的计算机网络系统项目，其目的是确保在核灾难情况下国家重要计算机之间的联系。从 20 世纪 60 年代起，由 ARPA 提供经费，联合计算机公司和大学共同研制和发展 ARPAnet 网络。最初，ARPAnet 主要是用于军事研究目的，但其在技术方面推动了 TCP/IP 协议簇的开发和利用，为互联网（Internet）的形成和发展奠定了基础，较好地解决了异种机网络互联的一系列理论和技术问题。1983 年，ARPAnet 分裂为两部分，即 ARPAnet 和 MILNET（纯军事使用）。这种分裂推动了局域网和广域网的产生和发展。基于此，美国国家科学基金会 ASF（National Science Foundation）建立了 NSFnet。而 NSFnet 与之前的网络不同，不像以前的那样仅供计算机研究人员和政府机构使用，而是面向全社会开放的。至此，这种基于计算机基础上的网络互相连接所形成的"网络互联"的互联网诞生，即广域网、局域网及单机按照一定的通信协议组成的国际计算机网络。

随着手机的日益普及，改变了传统网络终端与电脑相连的状态，网络终端开始呈现出移动性和便携性的特征，而移动设备与电脑相比可以长时间地伴随在主人身边，并且使用时间要远比电脑长，并且通过移动网络终端人们可以随时随地接入互联网，形成了基于移动设备的移动互联网，即将移动通信和互联网二者结合起来，是互联网的技术、平台、应用与移动通信技术结合并实践的活动的总称。与此同时，传感技术的发展，为人与物、物与物之间架起了桥梁，在人类社会中除了人与人所结的网络之外，构建了另一张网络——物联网（Internet of Things，IOT）。物联网最早是美国麻省理工学院（MIT）建立的自动识别中心（Auto-ID Labs）在1999年所提出的网络无线射频识别（RFID）系统。从字面上看，物联网有两个层面的含义，一是物联网的网络属性；二是物联网的"对象"（物）。我们可以从"网络"和"对象"（事物）的角度出发，来认识物联网。从网络的层面看，物联网是链接多种事物的网络（INFSO，2008）。从对象的层面看，物联网中涉及大量的事物。因而，物联网作为一种新的技术形态，是指普遍存在于我们周围的各种事物或对象，如射频识别标签、传感器、执行器、手机等，通过独特的解决方案，不同事物之间能够相互作用和合作，以达到共同的目标的智能技术（Giusto，2010）。物联网集成了各种各样的传感器、对象和智能节点，它们可以自动地与其他事物进行连接，并在无须人工干预的情况下相互通信。物联网产生之初，主要是通过传感器，使物体之间在互联网中进行广泛链接。如果说互联网的产生使各个计算机连接起来，那么，物联网的产生则将我们周围的一切事物进行连接。伴随着物联网驱动下的"事物网络"日趋社会化，物联网技术与社交网络技术的融合产生了一种新的物联网形态——社会物联网（Social Internet of Things，SIOT），它不仅更"聪明"，而且使社会开始具有"意识"。SIOT是一个新技术形式，它是物联网技术和社交网络技术融合的产物，是一个由智能对象相互连接所形成的社交网络（Nitti，2014）。

二 大数据和云计算技术

大数据（Big Data）是指数据集合，其大小已经超出了典型数据库在获取、存储、管理和分析的能力（Manyika，2011）。其具有数据体量大（Volume）、数据类型多（Variety）、处理速度快（Velocity）、应用价值大（Value）的特征（牛正光，2017）。然而，数据集合达到多大可以称为大数据，目前还没有一个统一的定义，一般认为，大数据的量级应该是"太字节"，即 2^{40}。与大数据相伴的是云计算技术。"云计算技术"（Cloud Computing）是一个全新的概念，是一种新的数据信息手段，迄今为止还没有一个严格统一的定义。2006 年，美国谷歌公司最早提出云计算的概念，认为云计算是为了让互联网成为每个网络居民的数据和计算中心，其将云计算看作以互联网为核心，以公开标准和服务为原则，向社会公众提供安全、边界的数据存储和计算的服务（蒙克，2008）。随后，IBM 也对云计算进行了相关界定，认为，云计算是一种方法论，是一种计算方法，是将互联网看作一种虚拟资源池，这个虚拟资源池由互联网中存在的所有应用、数据等自愿组成，社会公众可以随意地运用虚拟资源池中的相关资源进行数据计算和处理（IBM，2017）。而美国国家标准与技术研究院 NIST（National Institute of Standards and Technology）则将云计算看作一种泛在的、便捷的、根据人们需求所配置而成的数据计算资源的虚拟共享池，这个虚拟池既可以快速地对人们所需要的网络资源进行配置，也可以使搜集管理资源的工作量减到最低的限度（Mell，2009）。通过对不同学者或者组织机构对云计算的定义可以发现，虽然各自对云计算的看法不尽相同，但是，都认为云计算技术是数据分析技术、计算机技术、网络技术融合发展的产物，是对互联网中的数据信息搜集、处理、共享的数据处理方式，也是对于数据存储、挖掘、分析的数据计算方式。简言之，云计算是人们可以通过计算机和互联网可以使用的资源（云），这些资源会自动地达到人们所需要的最优配置而无须人们的干预（刘剑波，2012）。云计算的基本结构主要有三层：基础设施层、作业平台层、应用服务层。其中，基础设施层主要是由大量的计算机通过光纤连接而成的海量数据储存空间也就是我们所称的"云"；作业平台层主要是指人们用于程序开发和作业的系统平台，在这个层面，程序开发人员可以通过程序编排为人们提供服务；应用服务层则是社会公众对数据进行浏览和使用的层面，社会公众可以在这一层面对所开发的程序进行运用（黄红，2010）。

三 人工智能技术

从计算机、互联网、移动互联网、物联网的产生过程我们可以发现，计算机科学是贯穿始终的主干，焦点是对于数据信息的处理和运用，通过运用信息技术将物与物、人与物、人与人进行连接，并在此基础上实现数据信息的传输，而后运用计算机科学的算法对数据信息进行处理。这四者之间是紧密相连、不可分割的，计算机为互联网的产生提供了平台，而互联网的形成又推动了计算机科学的进步，这反映了它们之间的技术逻辑。而在技术发展的背后，我们可以发现，推动技术不断发展的有其社会逻辑，即人类自我解放的逻辑。通过计算机、互联网、移动互联网等的发展，人们将现代计算机系统作为人类信息加工处理的工具，实现了"数据—信息—知识—智慧—顿悟"信息处理的智能化晋级管道（陈钟，2017）。而这一过程的本质就是人们通过计算机系统来求解，以代替之前人们自身的脑力劳动。这种代替产生了新的技术形式——人工智能。计算机产生之初只具备简单的运算功能，还不具备选择和学习等智能，还不能算是智能计算机。1947年，图灵发表了《智能型机器》，并在此基础上又发表了《计算机与智能》，提出判定人脑与电脑"行为等价"标准的"图灵实验模式"。不同的学者对人工智能存有不同的理解。蔡自兴认为人工智能是计算机科学中涉及研究、创造和应用智能机器的一个分支，主要目标在于研究如何使机器可以模仿和执行人脑的某些智能功能。他认为人工智能主要是指一种智能机器,是能够在各类环境中自主地或交换地执行各种拟人任务的机器。人工智能的智能性主要体现于机器可以执行诸如判断、推理、识别、感知等与人类相关的智能活动(刘毅,2004)。可以说,人工智能是一种技术,确切地讲,是一种赋予机器以智能的技术,主要是通过生产创造出一种新的机器,这种机器可以具备类人化的智能,并且可以根据外部环境的变化自动地做出反应的智能机器。一方面,从外在层面看,人工智能技术作为一种技术工具,将作为外在工具的机器赋予人类的智能,使其可以作为人们各种功能器官的延伸,通过人工智能技术,机器可以通过模仿学习走向自我深度学习,并不断地具备把握人类相当复杂的行为活动,进而以类人化的形态与人类进行互动沟通。另一方面,从内在层面来看,人们可以运用人工智能技术不断地弥补和修复人类自身的不足乃至更换,如人们可以通过基因修复工程选择最佳的基因繁衍后代,从这个层面看,传统的人类也开始成为"人+智能体=新智能体"。当前,人工智能正在通过机器学习、深度学习等技术"学以成人"(何怀宏,2017)。

综上所述,智能技术是网络信息技术、大数据和云计算技术、人工智能技术等多种技术螺旋式融合发展的过程,其发展并不只是朝着一个方向发展,而是朝着多个方向旋转式前进,新的智能技术的产生,旧的智能技术并不消失,而是在螺旋式的轨道中支撑并推进新的智能技术的发展。在这个过程中,智能技术的内涵和外延不断地拓展,如果将智能技术看作枝繁叶茂的大树,计算机技术、通信技术、传感技术、互联网技术等只是其一个树干而已,而其主干主要包含三个方面:人、机器和数据信息。人,是智能技术发展的目标。智能技术的产生是为了人类更好地发展,是为人类全面发展提供技术支持,也为人类社会的科学发展提供有力支撑;机器,是智能技术所依靠的工具。智能技术作为一种技术形态,是通过机器来展现其生命力和创造力,机器也是被物化的智能技术,通过智能技术,机器逐渐向类人化方向发展,并逐渐与人相融合,是智慧社会形成的基础。信息,是智能技术的重要资源。智能技术所创造的最大的资源就是数据信息,数据信息是智能技术时代宝藏。可以说,计算机是智能技术的基础,互联网、移动互联网、物联网是其框架,人工智能技术是智能技术的核心,云计算、大数据技术是智能技术运行的保障。

四 智能技术的综合集成

智能技术作为网络信息技术、大数据和云计算技术、人工智能技术的集合体,是人们在使用过程中所形成的技术集成。智能技术本身是多种技术融合发展的产物,是多种技术融合后的结果。技术融合是指将先前分离且多种功能不同的技术装置围绕某一个特定的目标合并成一个单一的装置,或以其中某一项技术为主导,聚集其他几种相近或目标需求的技术知识和装置的过程。技术融合的目的是产生新的技术系统,并且通过新系统衍生出之前单一系统不具备的功能,也是通过集成拓展之前技术的功能边界。技术融合不是一个简单的技术叠加的过程,而是为了某一目标通过将具备不同功能的技术进行继承创新,创造出一个新的技术系统,以创造更丰富的功能。同时,技术的融合本质上是两个技术体系的集成过程,是原本分离的技术体系融合发展最终创造新的技术系统的过程,而这个新的技术系统的产生也为后续技术融合和技术系统的衍生做铺垫。因而,技术融合既包含技术方面的融合发展,也包含功能方面的创新衍生。当前,单一的技术已难以满足社会经济的多元化发展和人们的多样化需求,需要通过技术融合实现技术间的集成,生成满足人类社会发展和人们需求的技术产品。加之,社会中可获得的技术来源日益丰富,人们所需的技术系统不再局限于某一个技术领域或行业之内,这必然需要将多个技术单项有机地结合起来进行系统集成。如电话和无线电通信技术的融合发展成为电信技术,最终形成了个人的手机市场。而网络技术和计算机技术融合才形成我们平时所用的电脑。可以说,智能技术本身是不同类型的智能技术所集合而成的统称，在现实应用中，单个的智能技术也单独存在，但在大多数现实应用和操作中是由多种不同类型的智能技术集成的。

第三节 智能技术的特征

智能技术作为多种技术融合的产物，不仅具备技术属性还包含其社会属性，其特征不仅体现在技术的生成过程中，也表现在智能技术在物理世界的运用后所产生的社会效应。因而，我们依据智能技术的技术属性和社会属性两个维度，认为智能技术具有精准化、智能化、交互性、开放性以及透明性等特征。

一 智能技术的精准化

智能技术作为由多种技术融合而成的技术生态，其本质也是由多种技术所构成的"智慧网络"。在这个网络中，每一个人和物体都是可以被感知的，人和物体都是这个网络中的不同节点，这些节点会产生大量的数据信息，在一定程度上，这张网也可以被看作由数据信息所充斥的网络，每个节点与节点之间的连接线都是一个信息运输通道，数据信息成为这张网络的核心资源，人和物都通过数据信息进行着"数字化生存"。在人们的数字化生存和事物的数字化呈现中，智能技术从技术属性层面和社会属性层面呈现出其精准化的特征。首先，从技术属性层面来看。智能技术是一种感知技术，通过精准地采集人和事物所产生的大量数据，将人们的生活通过数据信息建构起来，人们可以通过智能技术对这些数据信息进行筛选、分析和处理，实现对人类社会全面精准地把握。同时，智能技术通过赋能于物，事物开始像人类一样可以感知周围环境的变化，通过其自身的"意识"知晓人们的需求，为人类提供精准化的服务。另外，智能技术也是一种精准的"画像技术"，智能技术可以将物理空间中的人或物进行精准画像，使人和物在网络空间精准呈现，也正是由于智能技术的"画像技术"，网络虚拟社会才得以形成，智慧城市建设才成为可能。其次，从智能技术的社会属性来看。在传统互联网时代，人类社会中存在着巨大的"数字鸿沟"，即鸿沟的一边是那些拥有信息时代工具的人，而另一边则是那些未曾拥有的人（Milner，2006）。然而，在移动互联网时代，这种数字鸿沟被打破。智能技术通过移动互联网等将原本处于数字鸿沟另一边不曾拥有信息时代工具的人带到另一端，实现人们对于信息需求的精准化查询和利用。智能技术通过其所创造出来的各种传感设备，在实时采集事物和人们的数据信息的同时，对数据进行处理获得数据信息的价值，实现社会的精细化管理。可以说，智能技术成为人与人、人与物以及物与物精准对接的技术桥梁。

二 智能技术的智能化

何谓"智能"？早期控制论代表人物艾什比，首次给出了"智能"的定义。他认为，智能是进行正确（合适）选择的能力，智能行为包含着符号的选择、编码、传输和解码，以及上述过程的自我迭代。而选择的过程一旦实现自动化，则可以认为是有智能的（艾什比，1965）。斯洛曼将智能分为"自然的智能"和"人工的智能"。他认为，"自然的智能"是指人或其他动物所具有的智能，是自然进化所造就的智能；"人工的智能"是指设计出来的智能，由人类所制造的智能，也就是机器的智能。斯洛曼认为，"人工的智能"有三种：一是，试图让机器做你所做的事；二是，通过接受科学训练，使机器具有可以理解不同种类的行为的能力；三是，使机器具有动机、情感、情绪等能力（赵玉鹏，2009）。在云计算、大数据、深度学习算法等智能技术的催化下，机器模拟和表现了人类的智能，并以高于人类的工作速度、优于人类的工作精度、胜于人类的工作态度，协助人类解决各种各样的问题，从而形成人类智慧的创造力优势与机器的操作性优势之间的强强合作（钟义信，2016）。对于人类活动目的来说，智能技术可以被看作一种工具，通过智能技术人们可以将机器看作人的器官的外部延伸，可以赋能于机器，使其为人类的活动目的服务。而在智能技术推动下所产生的智能革命，其智能性得以体现。智能技术逐渐将人类社会带入多智能体社会（Multi-agent Society，MAS），即由在某一环境中持续自主发挥作用、有生命周期的计算实体所组成的集合（赵辉，2007）。也就是具备人工的智能的机器所组成的集合体。而若将人类也看作社会中的智能体，那么广义的多智能体社会则是包含人类在内的智能体的集合，也可称为泛主体或混合主体社会，在这个社会中，人类主体与人工的智能体相交互（段伟文，2017）。

三 智能技术的互动性

人类社会不仅是一个开放的社会，而且也是一个互动的社会，许多问题甚至只能靠社会的互动所产生的整体智慧才能解决。因而，当这类问题出现时，即便是高明的个体也会力不从心。互动，或者称为交互性，在人类社会的发展过程中扮演着重要的角色，不仅是人类社会存在的形式，即人与人介乎所结成的网络，也是人们解决问题的一种方法。智能技术的产生增强了人类社会的交互性，并且在本质上，智能技术也是一种交互的技术，即不用技术融合的产物。而对其交互性的理解，可以从两个方面来理解。首先，从智能技术产生的技术层面来看。智能技术本身就是一个技术融合的产物，强调不同技术间的交互，是多种技术交互后的产物，而不是一种单一的技术形态，如智能技术之一的人工智能，其所依靠的支撑技术既包含计算机技术，也包含信息技术，还包含深度学习技术等，而这些支撑技术反过来自身也是多种技术融合的产物，也是不同技术交互后的产物。其次，从智能技术驱动的社会层面来看。传统社会中，人们所认为社会是人与人相联系所形成的网络，这是我们对于人类社会的理解，按照这样的观点，除人之外的生物体（动物、植物）其实也有其自己的社会，不同物体间也存在着一定的联系网络，但是，这种网络或自然物体的社会不同于人类社会，人类社会的网络中包含着众多的价值观。而在智能技术的推动下，人类的社会与自然物的社会开始交互融合，形成了一种新的"人—物""物—物""人—人"交互网络，这种新的交互网络的形成便是智能技术交互性在人类社会应用的产物。智能技术强调互动在提升智能过程中的作用，认为应该从互动的协调中获得集体智慧的能力。特别是在智能技术基础上所形成的各种智能体，由于其自身智能的有限，必须通过交互，使其可以凝聚成一个"智慧体"，这种多个智能体交互而成的"智慧体"则可以弥补单一智能体的不足，通过交互协商、协同行动、整体协作，突破单个智能体的片面性及局部性，从而发挥集思广益的社会智能。这样，"智慧体"对单个智能体的扬弃和对社会整体智能的追求，在合作中进化，逐步演化为整个社会的智能化状态，而在这一过程中，交互性至关重要。智能技术的交互性不仅将单个主体的智能转向社会的整体智能，而且通过交互将人类社会转换成了一个基于智能技术的"人—物"网络系统。

四 智能技术的透明性

透明，在自然科学中就是接近于无色的一种颜色，意味着物质的性状或状态可以让光线从中顺利传播。透明性，是指物质透过光线的能力，即可见光在其介质中的传播能力。物理上是它的可见性；哲学上是它的可知性；引申到社会生活中，则指某事物让人们知道的程度（赵婧，2012）。对于智能技术的透明性，其包含两个层面的含义：一是，作为一种技术的透明性，即透明的技术；二是，作为一种社会的透明性，即透明社会。首先，智能技术作为透明的技术，主要是指智能技术对于数据信息访问及处理的透明性，其中，数据信息的访问透明性是指智能技术使个人可以访问不同计算机上和不同类型数据库上的数据信息，同时，还可以跨越多个组织实现数据信息的跨组织访问；而数据信息处理的透明性则主要体现在可以客观地反映数据信息的本质内涵，而不带有机器的"偏见"，可以真实客观地还原数据信息所包含的价值。其次，进入21

世纪，人类社会产生了巨大的变化，出现了多智能主体、数字文化、智慧生活等一系列智慧化现象，而产生这一现象的主要原因就是智能技术发展下人类社会的数据化转型。智能技术正逐渐将人类社会系统转变为一个基于数据库的智慧社会系统，人们在物理空间生活的同时，也在数据库中以数字化的个体生活，在这里，每一个主体在数据库中都被重新地刻画，任何人和事物都被构建了一个数字化身份。在这个充斥着各种传感设备的智慧社会系统中，人和物的数据信息开始从隐性的黑箱空间向显性的透明空间流动，"社会黑箱"逐渐被智能技术打开，开始转变为一个透明的箱子。在这个透明的箱子中，每一个信息节点（人或事物）的数据信息都可以被另一个节点捕获，节点之间不存在数据信息壁垒，是透明的，是可以被感知的。可以说，智能技术的透明性既保证了人和事物在数据库中的可穿透性，又使各个数据信息节点在被可获取的同时，各自的独立性不被破坏，这在一定程度上反映了智能技术的透明性是对其所构成的智慧社会系统空间秩序的拓展，意味着不同主体间可以进行无缝隙的感知。

五 智能技术的开放性

无论是大数据技术催生下的数据开放运动，还是互联网技术发展下的开源软件运动，都折射出了智能技术的开放性特征。智能技术的开放性既是一种技术理念，也是一种社会价值理念，不仅体现在其技术生成的过程中，也体现在智能技术在物理社会中的运用所产生的社会效应上。单从智能技术的发展角度来看，智能技术产生之初其开发基本上是在封闭的空间内由单个主体所进行的专有开发，相关的技术流程外界无法查看，即使在执行技术过程中，也必须经得技术拥有人的同意，不能转让或者公开。然而，人们很快认识到这种封闭式的技术生产方式局限了技术的发展和创新，需要一种开放的方式进行多主体协同创造，这种理念在软件开发过程中得到实践，形成了一种基于网络社区的社区开放式开发模式，即在技术开发过程中任何人都可以参与其中，并发表自身对于技术开发的意见，开发出来的成果依据开放的原则与他人共享。智能技术的开放性从技术层面描述了智能技术生成的开源性，更好地聚集了大众的智慧，提高了智能技术的质量，增强了智能技术的稳定性和安全性。除了在智能技术开发过程中具备开放性之外，在智能技术的使用过程中也具备开放性的特征。智能技术在物理社会中的应用过程，不仅是简单的智能技术与物理社会的融合过程，更是智能技术理念与物理社会规则相融合的过程，互联网、大数据、人工智能等智能技术所蕴含的"参与、共享、协同"理念，也不断地打破传统物理社会"旁观、独享、分工"的理念，将物理社会由封闭社会向开放社会推进。然而，智能技术的开放性不是要求全面开放，而是有选择地开放，这种选择的标准不是基于个人的意愿，而是在尊重个人权利和责任的基础上所进行的一种开放，是一种有限度的开放。

六　智能技术的泛在化

"泛在"（Ubiquitous），源于拉丁文，原意是指天神，英文意思是指无处不在、普遍存在，也有的人将其看作"普遍适用"的意思，如同空气、水那样自然存在。当前，人们将泛在看作由互联网技术、物联网技术等智能技术所构建的一种环境系统，在这个系统中可以实现全面互联互通的态势（杨勇诚，2012）。智能技术作为互联网、计算机、云计算等多种技术的集合体，旨在通过运用多种技术构建超越传统单一技术的人机交互模式，将智能技术系统嵌入人类生产生活的方方面面，全面地、协同地、不可见地为人们提供优质的服务。智能技术的发展将人类社会变成一个智能技术充斥其中，且人与人、人与物、物与物之间广泛连接的社会。智能技术的泛在性主要包括以下含义。一是，技术连接的泛在。智能技术广泛地存在于人类社会的每个角落，连接着人类生产生活的各个方面，人类社会中所有的人、物、组织等都被智能技术所串联，并且这种连接在时间上是即时、动态、连续的。二是，技术活动的泛在。智能技术活动已成为人类社会活动的重要内容。随着芯片制造、信息传感、移动互联网等技术的发展，智能技术更加全面深入，强化了人与人、人与物、物与物之间的关系，并不断地将物理空间和虚拟空间相融合，并向无处不在的泛在网络方向演进。而在这一泛在网络中，每一个主体都在虚拟空间中存在一个数字化的个体，每一个主体在物理空间中的限时活动，都被刻画在虚拟空间中呈现出一种技术活动，而随着智能技术与人类社会融合进程的深入，这种技术活动也日渐频繁，并广泛地存在于人类社会中，对技术活动的捕捉便可以有效地分析出物理空间的行动情况，这极大地超越了既往人类感官的局限、时间空间的局限和对象内容的局限，可以获得一切事物的信息（包括那些看似最简单、最寻常的信息），并基于技术活动挖掘出有价值的信息。三是，技术控制的泛在。智能技术的发展和普遍运用，赋予原本无感的物"有感"，使其在一定程度上能够感觉环境，并根据外部环境的变化做出相应的反馈。换言之，智能技术使物能以类人化的活动方式行动，这在一定程度上使物具备了感知，而成为智能体。一方面，智能体的产生逐渐将人类从脑力劳动中解放出来，可以让人类有更多的时间和精力做其他的事情；另一方面，人类发展智能体是为了更精细、科学和智慧地管理社会，通过随之感知社会所有实体的信息，判断和制定更为有力的应对方案。从某种意义上说，智能技术的产生和应用，意味着对人、物、环境等控制程度的加深，智能技术运用到哪里，技术控制的神经末梢就伸展到哪里。

第四节　智能技术的价值与现实意义

　　智能技术的属性是二维的，既包含技术属性也包含社会属性，而依据其属性其又具有两个方面的价值：社会价值和技术价值。技术价值是智能技术与主体发生作用的过程中，主要通过智能技术设计和发明，由其作为技术工具所展现出来的价值。社会价值是指智能技术与主体发生作用的过程中，通过智能技术的应用和普及，由其所带来的社会影响所表现出来的价值。社会价值是在技术价值的基础上实现的，具体包含经济价值、政治价值、文化价值。首先，智能技术的技术价值。智能技术作为一种技术形态，是技术自身迭代发展基础上所产生的新技术，是在为了适应社会发展和人们社会需求的基础上所创造出来的技术工具，人们通过智能技术满足人们和社会发展的特定需求。智能技术在没有投入使用之前，智能技术的某些潜在价值被技术设计之初的规则所限且被内在地规定着，而一旦技术投入使用，被内在规定的价值就转化为现实价值，也就是我们说的社会价值。从宏观层面看，智能技术的社会价值主要体现于其推动人类社会进入智慧社会，智慧社会作为一种新的社会形态，推动了人类社会的转型升级。从微观层面看，智能技术的社会价值体现在以下三个方面。一是经济价值。智能技术将经济增长方式由粗放型向集约型转变，并且通过技术平台将社会闲置资源进行合理的再利用，节省了经济运行的成本，并且基于智能技术产生了诸如电子商务、共享经济等新的经济形态，并日益成为当今世界的潮流。以网络经济为代表的智慧经济将在未来的社会中扮演重要的角色。而这些新经济的发展都需要智能技术作为支撑，智能技术为人类社会经济的运行提供了新的可能。同时，智能技术的发展，也开始将人类社会带入智慧社会，在智慧社会传统的社会关系网络外延不断地拓展，特别是智能技术使物体类人化发展形成智能体，并逐渐成为人类社会中的一员，将人类社会推向智慧化阶段。智能体的产生不仅进一步将人们从体力劳动和脑力劳动中解放出来，还为人类社会的发展提供了新的动力。二是政治价值。智慧社会的形成使智能技术成为政府管理和创新的重要工具，智能技术手段在政府管理领域广泛应用，政府的透明度和民主化水平提高，政府组织的决策和管理走向科学化、规范化、智慧化。同时，智能技术也为政府提供了运用智能技术进行社会管理的工具，并通过智能技术创新了政府管理的模式。另外，在智能技术的驱动下社会公众有了参与社会管理的新渠道，并且可以通过智能技术实现对政府的技术监督和问责。智能技术在公民参与、政府公开等方面，都达到了现代政府发展的需求，并为政治的现代化发展提供了动力。随着智能技术的发展，越来越多的政府和社会公众认识到，在智慧社会中，谁能及时地掌握和运用智能技术，谁就可以在社会管理中获得更多的发言权和主动权。三是文化价值。每一种技术的产生不仅是人们需求的技术呈现，而且直接反映着技术产生当下社会文化价值观。在这个维度，技术本质上是人们文化价值的具体呈现，技术反映的是人们具体需求背后的文化观念。如互联网的产生，不仅仅是为了传递数据信息，本质上反映的是人们自由、开放、共享的文化理念，正是这种文化理念造就了技术的主要功能。智能技术作为多种技术的集合，自然凝聚着多种技术的文化观念，既包含大数据技术的精确化、人工智能的智能化，还包含着人们对自由、平等等文化价值的追求。

第三章

智能技术影响政府管理的动力分析

当今世界新的科技革命正在引起人们生产生活方式、社会经济结构、政府行政生态等方面重大的变化，深刻改变着人类社会的面貌。在各种科学技术中，由计算机技术、互联网技术、大数据和云计算技术以及人工智能技术融合而成的智能技术，是当前发展最快、影响最大的技术。智能技术以其独特的技术属性和社会属性给社会、经济、文化等带来了巨大的变化，人类社会开始由网络虚拟社会、感知社会向智慧社会转型。智慧化已经成为世界经济和社会发展的大趋势，智能技术的应用已经成为加快政府职能转变、规范政府行为、降低行政成本、提高行政效率、增强政府监管能力和服务能力、促进社会监督和创新政府管理的有效手段。然而，智能技术作为一种技术形态为何会对政府管理产生影响，以及智能技术影响政府管理的动力是什么？本书从智能技术影响政府管理的外源驱动力和内生驱动力两个方面进行深入分析。

第一节 智能技术影响政府管理的外源驱动力

一 社会驱动

伴随着互联网、大数据、人工智能等智能技术的发展和应用，"智慧社会"已经成为人类社会未来的发展方向，许多组织或个人正在运用智能技术重构自身，许多国家也正在绘制自己的智慧社会蓝图。那么，什么是"智慧社会"呢？智慧社会（Smart Society），是与农业社会、工业社会、信息社会等相对而言的一种技术社会形态。它是信息社会之后，以智能技术的发展和应用为核心的高技术社会，是以"物—人—机"为主体，智能技术起主导作用的智慧经济社会。

从社会的技术形态划分，人类社会经历了狩猎社会、游牧社会、农业社会、工业社会、信息社会等。18世纪60年代，工业革命的产生，实现了从工场手工业向机器大工业的过渡，将人类社会从农业社会带入工业社会。20世纪70年代，计算机的产生和互联网的普遍运用，又将人类社会从工业社会推向信息社会。近几十年来，以互联网为代表的信息技术得到了快速发展，并广泛地应用于经济、政治、文化、社会等各个领域，使得人类社会的信息化程度日渐加深，任何一个组织和个人都以数字化的"自我"生存在信息社会中。近年来，随着云计算、物联网、人工智能技术等智能技术的发展，特别是随着智慧城市、智慧社区、智慧乡村进程的不断加快，人类社会日趋变得智慧化，人类社会开始进入新的阶段——智慧社会。智慧社会与农业社会、工业社会、信息社会相比，在经济形态、社会关系和组织结构等方面呈现出显著的差异。

（一）经济形态

农业社会是一种以农业生产为核心，以小农经济为主导的自给自足的社会经济形态。在农业社会中，人们依靠牲畜和人自身为劳动力，通过种植农作物和养殖牲畜，满足人们基本的衣食需求。农业社会中，人们对自然的依附程度较大，所生产产品的增加完全来自劳动力和自然资源数量的增加，且受自然环境的影响，对自然灾害的抵抗能力薄弱。工业社会则是一种依靠资本和机器，以工业生产为核心，通过对自然资源的加工生产，创造出差异化的工业产品，以满足市场多元化的物质需求的工业经济形态。在工业社会人们不再仅仅依靠牲畜和人自身的劳动力，开始使用大规模的机器进行产品生产。在这一时期，机器生产开始代替人们的手工制作，在一定程度上将人们从体力劳动中解放出来。所生产产品产量的增加开始依靠大规模、批量化、标准化的机器生产。而在信息社会中,由于其建立在信息技术基础之上,信息和技术则成为这一时期最重要的生产资料,开始形成以信息生产为核心,通过对信息的传播、挖掘和使用,创造性地实现信息生产的信息经济。在信息经济中,生产力的发展开始由依靠机器转向依靠信息的搜集、处理,知识和信息成为这一时期的生产力发展的关键因素。伴随着信息技术的不断发展,物联网、大数据、云计算、人工智能等智能技术开始出现,在此基础上推动着人类社会由信息社会向智慧社会发展。而在智慧社会,开始形成一种以智能技术为基础的创新型经济——智慧经济,即智能技术驱动下经济发展模式。在智慧经济中,人们开始依托于智能技术创新经济模式,形成了网络经济、分享经济等新的经济模式。同时,在智能技术驱动下,机器开始向智能化方向发展,进行智能化生产,生产者可以通过大数据技术和云计算技术分析消费者的不同偏好,并在此基础上有针对性地对其需求进行个性化满足。另外,智慧经济中,"智能体"开始将人从脑力劳动中解放出来,并替代了人在生产过程中的作用,这一点是智慧社会区别于其他社会形态最显著的特征。

(二) 社会关系

在农业社会中,由于受自然因素的控制,人们很难大范围地活动,社会活动被局限于某一特定的地域空间,在此基础上所形成的社会关系较为简单,主要表现为地缘关系、血缘关系、婚姻关系等。在工业社会中,由于进行机械化大生产的需要,使得农民参与到工业生产过程中,开始由农民转变为工人,在这一过程中,农民的数量不断减少,工人不断增加。而伴随着物质财富的增加和活动范围的扩大,人们开始逐渐地从封建的依附关系中脱离出来,成为具有一定自主性的"自由人",但是,由于工业社会中资本的强制力,人们除了具有农业社会中基本的社会关系外,还增加了雇佣关系、合同关系等社会关系。

在信息社会中，信息技术的普遍运用和与人类生活的不断融合，其凭借着自身独特的技术属性和社会属性，为人类社会开拓了新的活动空间——网络虚拟空间。在这一空间，人们进行着虚拟的数字化活动，开始在网络空间进行数字化生存。现实物理社会中人的社会身份在网络虚拟空间中被重构，形成一种基于"虚拟身份"的虚拟人。虚拟人与现实人的不同在于，网络空间中虚拟人对现实人作为主体的解构。现实人在网络空间中的虚拟化呈现所形成的虚拟人，既可以是现实人在网络虚拟空间中以自己的"本真"身份所构成，也可以是现实人在网络虚拟空间中以自身期望的"虚假"身份所构成。而正是在网络虚拟空间中虚拟人的形成，在虚拟空间中开始产生新的虚拟的社会关系——准社会关系，即个体为了满足自己人际沟通和内心需求的需要，以其自身在网络虚拟空间中的数字身份所构成的虚拟人与其他虚拟人之间在网络虚拟空间中发生的具有明确导向的行为，虚拟人与虚拟人之间形成很强的关系纽带，这个关系纽带既可以指停留在网络空间中的关系纽带，也可以指通过网络空间所拓展的社会关系网络而形成的关系纽带。准社会关系主要有三个属性。一是关系的双边性。准社会关系是一个在物理现实空间和网络虚拟空间中形成的二维社会关系，网络虚拟空间中形成的准社会关系会影响到物理现实社会空间中的社会关系，而现实社会中的社会关系也将会影响准社会关系的形成和发展。二是关系发生的中介性。准社会关系的形成和发展以互联网等技术为中介，并依靠其存在。三是与社会关系的相似性。准社会关系与社会关系相比，准社会关系可以与社会关系一样能够形成很强的关系纽带。准社会关系在网络空间中具体表现为虚拟的地域关系（论坛部落关系、群组好友关系等）、婚姻关系（网络游戏中的夫妻关系等）、雇佣关系（众包形式等）等一系列的"虚拟—现实"关系，这种关系的形成，改变了传统社会关系仅存在物理社会的一维空间，开始形成"物理社会—虚拟社会"二维的双边社会关系网络。

伴随着网络技术的进一步发展，加之云计算、人工智能等智能技术的成熟和运用，在"虚拟—现实"二维空间的基础上，开拓了第三个维度空间，即"人—物"交互的社会关系网络。在这一社会关系网络中，机器开始拟人化，成为智能体，并且开始像人一样具有交往沟通能力，然而，由于智能体本身与人的构造不同，因而还属于"物的范畴"（由人生产和创造），但是，其开始与人进行广泛的社会交往，形成人与智能体的类社会关系。在类社会关系中，人们对智能体的形象做出各种反应，好像人与智能体之间存在直接和真实的互动关系。但是，事实上这种社会关系只是一种幻想，在类社会关系中，很多时候智能体好像是在和人们进行直接互动，在很多情境下，智能体会根据人们的反应调节自己的行为以迎合人们的需求，好像它们之间进行的是真实的社会互动。但是，这种互动中，智能体只是根据自身的特定"规则"（算法、程序设计等）扮演其所预设好的功能角色，在与人们的互动中所呈现的是由"规则"所涉及的一个拟人化的"人"而非真实的人，它们代表的只是一种预先设定好的形象，所以这种社会互动不是真正意义上的社会互动，只是与真实社会互动相类似的类社会互动。类社会关系的显著特征是，一方（人）对另一方（智能体）了如指掌，他们认为对方跟自己之间存在很密切的关系，但是智能体对人们则是根据自身设定的规则了解人们的行为，若规则没有预先设定则不能对人们的行为进行理解，无法与人们进行有效的互动，因而，从智能体的视角看，其与人们之间的关系则显得较为薄弱甚至毫不关心。事实上，智能体只是存在于这种类社会关系中的虚拟形象。但是，人们对智能体则可以产生非常亲密的关系，人们对这些智能体的了解，就像是了解自己最熟悉的朋友一样，而且开始融入人们的日常生活中。这些智能体往往被人们看作朋友、伴侣等。然而，人们与智能体之间的亲密关系是虚幻的，二者之间的关系也是单向的。类社会关系与正常的社会关系相比较，其存在以下两个方面的特征。一是，参与度及互惠性。在类社会关系中，人和智能体的参与度不同，人们的参与度要远远高于智能体的参与度，人们可以根据个人偏好选择符合自己需求的智能体,但是,智能体则是被动的备选对象,不能主动地选择与多个人进行互动,进而也不能主动地创造新的类社会互动关系。二是,约束力薄弱。在类社会关系中,人们可以随意地选择进入和退出与智能体所构建的类社会关系网络,进入和退出成本较低,且不需要承担任何后果,然而,这在正常的社会关系中是不可想象的。

因而,智慧社会中的社会关系内涵的外延开始拓展,不再仅仅限于人与人之间的一切关系,而且将具备人属性的智能体与人的一切关系囊括在内,并在此基础上形成"人—人""虚拟人—虚拟人""人—智能体"三重交互的社会关系网络系统。其中后两者构成的准社会关系和类社会关系在智能社会中成为正常社会关系的一种补充,三者一同构成了智慧社会中的社会关系网络。

(三)组织结构

在农业社会中,由于小农经济占主导地位,基于小农经济形成了小农意识为主要内容的社会文化,即无约束、无协作、无交换而长期形成的一种思想观念和行为习惯。其具有经济上的平均主义,政治上的皇权主义,人格上的依附性,以及狭隘经验性、保守性等特点(袁银传,2002)。而在小农意识的推动下,在家庭、家族、宗亲等基础上,形成了以皇权为核心的金字塔形的组织结构。在工业社会,资本和机器成为这一时期的关键要素,二者的融合形成了以资本为内核的社会文化,即"金钱至上"、自由竞争等社会文化价值观。而在资本的推动下和机器生产规范化、标准化影响下形成了以效率和效能为核心,代表资本力量的权力等级结构。进入信息社会后,信息技术的互动性、跨域性、去中心化等特征,在网络空间中形成了更加自由开放的虚拟社会文化,在这一社会文化的影响下,人与人之间、组织与组织之间开始跳脱出地域空间的限制,在网络空间中形成一种虚拟化组织关系——虚拟组织。虚拟组织打破了传统以地域为边界的组织结构,开始形成依托于网络平台,大范围的互补性资源整合的组织结构。而在智慧社会中,智能体作为一个新的社会个体参与到人类社会中,将人类社会组织结构拓展至"多智能体"的社会组织结构,而除人以外的智能体也开始构建起自身的社会规则,"机器的自由化程度越高,就越需要道德标准"(Picard,1997),这是智慧社会区别于其他社会形态最显著的特征。

智慧社会是一种新的社会模式和社会形态,将处于高速的发展之中。以云计算、人工智能为主的智能技术革命仍在发展,它们构成了社会智慧化发展的动力源泉,成为构建智慧社会的技术基础。虽然,我们不认同技术决定论,认为技术决定一切,但是,我们深知技术的发展受制于人类的社会认知,二者之间存在复杂的互动关系,不能从技术决定论走向另一个极端,无视技术发展对人类社会带来的变化,忽视智能技术发展对社会的再造。智慧社会作为一种新的社会形态,各方面还在发展,没有完全成熟。但立足当代人类社会智慧化进程的不断深入,我们可以大致归纳出智慧社会具备以下特征。

1. 技术基础

智慧社会是建立在高度发达的智能技术基础之上,是智能技术广泛运用于人类社会各个领域后,智能技术与人类社会融合发展的产物。

智能技术是建立在现代科学技术基础上的由计算机技术、互联网技术(互联网、移动互联网、物联网)、大数据和云计算技术、人工智能技术等融合而成的技术集合体。如果将智能技术看作枝繁叶茂的大树,计算机技术、通信技术、传感技术、互联网技术等只是其一个树干而已,而其主干主要包含三个方面:人、智能体和数据信息。人,是智能技术发展的目标。智能技术的产生是为了人类更好地发展,是为人类全面发展提供技术支持,也为人类社会的科学发展提供有力支撑。智能体,是智能技术所创造出来的产物。智能技术作为一种技术形态,是通过创造智能体来展现其生命力和创造力,智能体也是被物化的智能技术,通过智能技术,智能体逐渐向类人化方向发展,并逐渐与人相融合,是智慧社会形成的基础。

数据信息，是智能技术的重要资源。智能技术所创造的最大资源就是数据信息，数据信息是智能技术时代宝藏。智慧社会的产生和发展与智能技术的发展和运用密切相关。正如卡斯特所言："存在某一社会时期的决定性技术，将会塑造社会的命运，技术虽然并没有决定社会的变迁，但是，技术体现了社会的转化能力，并且，社会总是在冲突的过程中决定运用技术潜能的方式（曼纽尔·卡斯特，2003）。"

智能技术对人类社会的各个方面都有着极强的渗透力，对经济的渗透推动着新的经济形态的产生，对政治的渗透推动着民主自由理念的不断深化，对社会的渗透将人类社会带入一个新的历史阶段。智能技术已然成为人类社会发展的强大推动力，成为人类社会存在和发展的基础，更成为人类社会变革的动力源泉。正如麦克卢汉所言："任何技术都逐渐创造出一种全新的人的环境，环境并非消极的包装用品，而是积极的作用过程（马歇尔·麦克卢汉，2000）。"智能技术的产生，将机器转换成智能体成为人的延伸，智能技术更像一个"开疆拓土"的工具，创造并衍生出人类社会的另一个维度——人机融合的空间，深刻地改变着人们的社会生活，推动经济的发展。如人们运用智能技术推动城市转型升级，在泛在信息全面感知和智能设备普遍运用的基础上，实现人、物、城市功能系统之间无缝隙的链接，通过智能技术的自我感知、自我适应、自我优化的特性推动城市功能的智慧化升级，使传统的"无感城市"向"感知城市"转变，更好地促进人类社会的长久发展。而在智能技术为人们提供智慧化生活的同时，也在推动着政府向智慧政府发展，即政府依托智能技术，在政府的权力和责任范围内，运用云计算、人工智能等技术，向社会公众提供优质化、个性化和智能化的公共物品和服务，实现"智慧化"的决策服务的政府治理模式（费军，2015）。可以说，智能技术本身的意义大于智能技术内容的意义，智能技术通过改变人类的社会生活、政府创新，进而推动社会的变迁。在这一过程中，智能技术便成为社会转型升级不可或缺的工具。当然，智能技术还在不断的发展和完善的过程中，它将把人类社会改造成什么样子，还得依靠智能技术自身发展的可能性和人类社会自身的选择性应用。

2. 文化伦理

智能技术的发展，将人类从繁重的体力劳动中解放出来，劳动力逐渐被科技装置的机器所替代，人们依靠物化的智能技术，将不必直接参与生产过程。智能技术的发展将从解放人的体力向开发人的智能体的智力转变。同时，智能技术的发展也对传统的社会文化和伦理道德产生了影响。正如舒尔曼所说："技术在文化中占据重要的位置，现在技术是现代文化建立的基础。在很大程度上，人类未来的文化将被技术决定。"（舒尔曼，1997）智慧社会是智能技术与人类社会融合的产物，智能技术的精准性、智能性、共享性、开放性、互动性以及泛在性正在成为智慧社会的运行规则，也在一定程度上形成了智慧社会的文化内涵。而每一种技术的产生，都与其所处的社会文化背景密切相关，也就是我们所讲的技术的社会建构。如智能技术的共享性，产生了以共享单车、共享旅馆等为代表的分享经济形态，这在一定程度上也表达了智慧社会中的共享文化。

伴随着智能技术逐渐向社会生活各个层面的渗透，不断地嵌入社会系统中，形成了技术系统与社会系统错综复杂的复合系统，而随着技术革命之社会效应的不断累积，其伦理问题也越发显明（Moor，2005）。首先，在智慧社会中，数据信息成为主要的内容，若将智慧社会比作版图，那么大数据则是流淌在这块版图上的河流。每一个生活在物理空间中的人在网络虚拟空间中存在着一个具有数字身份的虚拟人，即为一组独一无二地描述一个人的数据，是有关一个人的所有在数字上可得的信息的总和（Stahl，2016）。数字身份与物理空间中的人的身份相比，是其在网络空间中使用的身份，故又称为"在线身份"（online identity）。但是，与线下身份相比，一个人可有不止一个有效的在线身份，其可以根据情境、应用的目的或所获服务种类而有不同。另外，在线身份不是固定的而是流动的，它可随时间流逝而变化。因此，数字身份不是唯一的、静态的或永久的（邱仁宗，2014）。人的这种双重网络身份结构，是智慧社会中的特点，是智能技术建构出来的，虽然丰富了人们的生活，但是，也使得人这一主体经常地游离于线上与线下，导致人这一主体人格的不统一。其次，智慧社会中，由于智能技术独特的技术属性和社会属性，每一个物体和个人都是可被感知的，越来越多的信息、数据被收集和传输，突破了物理世界和虚拟世界的壁垒，实现了二维空间的互动。然而在这一过程中，人们的信息则存在泄露的可能，隐私成为这一时期被关注的重点。最后，在智能社会，人和机器的关系将被重塑。智能社会中，拟人化的机器人娃娃、机器人宠物、家庭用机器人、伙伴机器人、性玩具等逐步替代传统的人际关系（王东浩，2014）。

3. 权力结构

在智能技术驱动下，智慧社会中的权力关系产生了巨大的变化。当前，人类社会最大的变化就是数字主体、数字文化、数字生活等一系列数字化现象。电子数字使人们以前关于时间和空间、身体与心灵、人与机器、性别、种族和阶级等看法都发生了巨大的改变。波斯特认为电子计算机为人们以不同身份进行游戏提供了种种新可能，并且消除了性别界限，使交流逐渐非性别化，打破了原有社会关系中的等级制，并利用交流重新等级化。他认为信息技术带来的最重要的变化是将主体进行了消解，"使它从时间和空间上脱离了原位"（马克·波斯特，2000）。在此基础上，波斯特认为数据库的存在将人类社会带入"超级全景监狱"。（Superpanopticon）（马润凡，2012），"一套没有围墙、窗子、塔楼和狱卒的监督系统"（梁新华，2017）。在超级全景监狱中，"'囚犯居民'无须关在任何建筑物中居住；他们只需继续进行其刻板的日常生活即可"（陈新，2015）。在"超级全景监狱"中，每一个主体都被重新刻画，对每一个主体都构建了数字化身份，"而且在构建时甚至全然不顾该个体是否意识到这种构建"（李洁，2016）。监控者通过超级全景监狱对囚犯居民的数字化自我进行管控，数字化个体被盗取的不是意识而是被存储在数据库中的自我。"超级全景监狱"中的权力已经延伸到规训社会的整个空间，并且在超级全景监狱将个人与个人、个人与机构间的分界线模糊化，使私人领域与公共领域模糊不清，通过网络个体的隐私被完全显性化，将个体的那一部分纳入公共体中。正如波斯特所说："由于我们的身体已紧密维系着网络数据库和信息高速公路，因此它们不能给我们提供一个不受观察的避难所，或提供一个可以划定一条抵抗界限的堡垒（马克·波斯特，2001）。"

大数据、云计算、人工智能等智能技术的出现，出现了诸如云服务、智能设备等新兴软件和硬件。在智能技术发展背后，带给国家和社会的便是，草根群体的崛起和国家权威的衰弱，社会多元化增强，政府旧有的社会管理机制已经难以有效地对社会进行管理和服务，智能技术在国家社会管理过程中日渐起着重要作用。在这一新的变化下，智能技术催生出一种新型的权力结构——"共景监狱"：是众人对个体展开的凝视和控制（喻国明，2009）。信息技术的发展，特别是新媒体的产生将原来握在监管者手中的信息资源社会化，对信息资源弱势群体赋权，缩小了两者兼得信息不对称的鸿沟，促使管理者在信息资源管理方面的优势不复存在。社会个体也不再像在"全景监狱"和"超级全景监狱"中那样，仅仅被管理者监控。在"共景监狱"中，管理者也被曾经的"囚犯居民"所监控，也就是说，在"共景监狱"中，管理者也变成了"囚犯居民"中的一员。这就使得社会个体不再像以往那样仅仅聆听管理者的声音，他们开始彼此间互相交流和沟通，形成一个"多数力量"，开始主导社会公共议程的发展。而这时，之前的管理者便被孤立在一旁，面对突然出现的"多数力量"他们只好服从。理由在于：数量优势——管理者寡不敌众；道德优势——善良、同情、公正是大众的特质；新的传播技术带来的诸如匿名性、暗示、传染等集合性心理机制（覃征等，2007）。智能技术以其特有的交互性和平等性、个性化和多样性、数字化和隐秘性、即时性和便捷性以及开放性和共享性吸引着大量的社会个体。可以说，智能技术推动着社会智慧化步伐的加快，社会信息化将引起权力结构、政治精英成分、上层权力团体的组成以及管理范式等的变化，从而形成新的阶级关系（张新华，1997）。在此基础上，进一步将政治权力社会化，这一过程便将政治权力主体和客体消解，促使政治权力回归社会和民众。

4. 组织决策

在智慧社会中开放式组织管理结构逐渐形成，智慧决策成为组织决策的主流。马克思在政治经济学批判中指出，经济基础决定上层建筑，或者说，要求与之相适应的上层建筑。因而，在不同时代、不同技术背景、不同经济基础上，与经济、社会、文化发展相适应的必将形成新的社会组织结构，而在新的组织结构中会产生新的决策模式。智慧经济是智慧社会中的经济形态，在智慧经济中人们开始运用智能技术共享资源和整合资源，使得智慧经济中具有分享的特征；同时，由于智慧社会中的物和人都是被感知的，在智慧社会中存在着大量的数据信息，依靠这些大量的数据信息进行精准生产和营销成为智慧经济的第二个特征。另外，数据信息除了可以帮助市场了解消费者需求外，也为市场决策提供了依据，使得智慧经济中的决策变得更加科学化和富有预见性。而在智慧经济这些特征的基础上便形成了一种开放的组织结构。开放的组织结构，使得各个参与主体都可以参与到组织的运行中，组织与组织之间的边界变得模糊且可渗透，组织的功能也随着组织边界的模糊具有动态化的特征，与不同的组织融合便形成不同的组织形态和组织功能。与此同时，在智能技术驱动下，组织开始依靠智能技术构建平台型组织，实现组织间资源的共享。平台型的开放组织成为智慧社会中社会组织管理的组织形式。另外，在智慧社会中，数据信息是充斥在其中的重要资源，平台型的开放式组织结构可以通过其构建的平台搜集其所需要的数据信息,并且可以根据其搜集到的大数据信息,通过运用智能技术对其进行挖掘分析便可以做出科学的决策。这样就避免了非智慧社会依靠经验或直觉做出决策所带来的弊端。同时,在智慧社会中,智能技术是一种开源的技术,任何人都可以掌握,这样便提升了社会公众的科学决策能力。

虽然,智慧社会在经济形态、组织结构、社会关系方面与其他几个社会形态存在差异,且其在技术基础、文化伦理、权力结构、组织决策方面存在显著特征。但是,智慧社会与其他社会形态之间存在着密不可分的关系,它们之间是相互交织的,一种社会形态并不以另一种社会形态的结束为开端,而新的社会形态的出现也并不完全将传统社会形态中的机制革除,从传统的社会形态到新的社会形态是一种螺旋式上升的过程,新的社会形态是对传统社会形态的一种扬弃。而以智能技术为核心的智慧社会如何治理,成为智能技术驱动下政府治理创新的重要课题。

二 市场驱动

1973年,丹尼尔·贝尔在《后工业社会的来临》一书中认为,人类社会将由工业社会转向以信息产业为代表的后工业社会(丹尼尔·贝尔,1984)。托夫勒也认为,人类社会将迎来第三次浪潮,即以信息文明为代表的后工业社会。他认为,后工业社会将打破工业社会标准化、专业化、集权化等特征,人类社会将朝着个性化、分散化、差异化的后工业社会迈进(阿尔文·托夫勒,2006)。当前,云计算、大数据、移动互联网、物联网等智能技术的发展,一方面推动社会生产力不断进步,另一方面也驱使着人类社会向智慧社会转型。智慧社会是智能技术与产业融合发展下,人类社会发展的新阶段。在智慧社会中,人们将新理念、新技术、新业态、新经济等要素有机结合,将智能技术的融合发展应用于农业、制造业等各个领域,变革了传统的经济形态,打破了实体经济与虚拟经济的壁垒,实现了实体经济和虚拟经济的融合发展,产生了一种新的经济发展模式——分享经济。虽然分享经济是在智能技术推动下的产物，但是，这个概念古已有之，早在原始社会人类就已经开始通过共同劳动、分享、协作和平均分配的形式维持生活。在不存在私有财产的氏族社会，产品的流通是以使用权的交换进行运转（C. A. 格雷戈里，2001）。私有制出现以后，对于所有权的分享机制开始瓦解，使得对物权的分享从原来对所有权的分享转变为对使用权的分享，如借用、租赁、物物互换都是以使用为目的的分享行为。但这种低级的分享受时间和空间的限制，只能在有限的范围内进行。以互联网、物联网为代表的智能技术的发展，通过网络技术整合线下闲散物品或个人服务并以较低价格提供给使用者，进而打破时空的限制，实现更大范围的"物尽其用"和"按需分配"，分享经济社会化发展成为可能。

虽然"分享"的理念在人类社会初期已经存在，但是"分享经济"概念的提出则是近代的事情，并且经历了从传统化向现代化的转向。传统的分享经济最早是由美国经济学家、麻省理工学院经济学教授马丁·L. 威茨曼在《分享经济》中提出的。他认为，资本主义工资制度的不合理设置是导致资本主义滞涨的主要原因。在现有的工资制度中，利润被资本家拿走，工资与企业的经营状况无关。在经济健康运行的条件下，固定工资制度有助于作为一种有效的手段，促进劳动力的转移，成为合理配置劳动力的工具。但是，在经济发展不景气的情况下，社会需求萎缩，资本家出于利润最大化的考虑，通过裁员的方式降低生产成本，以保证成本和收益的平衡，这反过来加重了社会失业率的提升，并进一步恶化经济运行。因而，他认为应将员工的工资和企业的经营状况相联系，将员工的工资收入水平与企业的利润进行衔接，当企业盈利时，员工的收入增加，反之，下降（马丁·威茨曼，1986）。20 世纪 80 年代末，诺贝尔经济学奖得主詹姆斯·米德发展了分享经济学。他提出了通过职工持股的途径使员工可以分享企业的利润（张孝德，2015）。我国学者李炳炎在其《利益分享经济学》一书中，阐述了社会主义分享经济理论,他认为只有在国家、企业和个人之间,经营者与职工之间,职工与职工之间,不同地区和部门之间实现真正的利益分享,才能有效地促进社会和谐和共同富裕的实现(李炳炎,2017)。传统的分享经济从微观层面看,是指企业员工参与企业股份持有,共同成为企业的所有者,参与企业经营,分享企业收益的经济模式,即"员工持股计划"或"雇员股份制";从宏观上来看,分享经济是以人为本的利益分享理念取代以物为本的利益独占理念,更加注重经济主体的利益多元化和经济个体的差异性,从国家层面建立覆盖市场经济的利益分享机制。

现代分享经济是伴随着互联网、大数据、云计算等智能技术的飞速发展而出现的新概念。与传统的分享经济相比,我们现在所提的分享经济更贴切地说是"智能技术 + 分享经济",因为,智能技术在"分享经济"中起着关键作用。正如美国学者切尔·波茨曼(Rachel Botsman)所讲,互联网技术的发展为分享经济注入了新的活力,并基于互联网平台产生一种新的协同消费理念和发展模式。①然而,目前学术界对于分享经济尚无统一定义,存在着不同的认识和理解,除了"分享经济"(Sharing Economy)外,学术界还将其称为"协同消费"(Collaborative Consumption)、"点对点经济"(P2P Economy)、"网格经济"(Mesh Economy)、"零工经济"(Gig Economy)等。对于其内涵,我们认为,分享经济伴随着开源理念、云计算等技术的发展而兴起,重在强调对生产和生活资料的使用而非占有,通过以租代买的方式,在充分利用闲置资源的基础上实现

---

① 第一阶段是代码共享。如 Linux 主要是通过互联网向用户提供信息,但信息流是单向的,用户不能参与其中进行评论和交流。第二阶段是生活共享或是内容共享。如脸书、微博、QQ 空间等。随着互联网 Web2.0 时代的到来,各种网络论坛、社区开始出现,用户通过网络平台向陌生人分享信息、表达观点,但其分享形式局限于内容或信息分享,不涉及实物交易,一般也不存在金钱报酬。第三阶段是离线资源的共享。即线上的分享协作渗透和延伸至线下,并由此改变了我们的文化、经济、政治和消费世界。内容摘自富切尔·博茨曼、路·罗杰斯《共享经济时代:互联网思维下的协同消费商业模式》,唐朝文译,上海交通大学出版社 2015 年版,第70—74 页。

人人参与下的协同消费（姜奇平，2015），是多种参与主体（个人、组织等），以互联网平台为基础，以分享限制资源使用权为内容，以获取收益和降低成本（生活成本、经营成本、行政成本等）为目标的新兴经济形态（王帝钧，2017），也是以共享为机制的经济社会体系（马广奇，2017）。究其本质，我们认为分享经济是智能技术发展到一定阶段的产物，它的实现需要依托一系列现代科学技术包括互联网（尤其是移动互联网）、云计算、大数据、物联网、移动支付、基于位置的服务（LBS）等一系列现代技术及其创新应用的发展，是通过互联网、物联网等智能技术，整合分散化的商品或服务，将其在最优供需方之间进行合理配置和流转，以实现资源共享、物尽其用、各取所需的经济模式（苏跃辉，2017）。从参与要素来看，分享经济是一个由供给方（资源产品提供者）、需求方（资源产品使用者）、交易平台（共享媒介）以及其他保障措施（法律、文化、组织等）所组成的生态系统（Allen，2014）。根据盈利类型可以将分享经济分为营利性分享经济和非营利性分享经济，前者更多的是闲置资源的个性化再使用或再分配，注重的是与需求者之间的供求匹配体验，而非价格因素（郑联盛，2017）。从价值创造看，分享经济不是个人价值或企业价值的创造及再分配，而是扩大经济社会价值的总规模。可以说，现代分享经济是一种更具有效率的经济形态，是依托于互联网、大数据、物联网、人工智能等智能技术发展，不断地将虚拟经济与实体经济融合发展，所形成的由新产业链、价值链、数据信息链所构成的生态系统。

近年来，在智能技术发展下，分享经济在全球快速发展，并取得了诸多成绩。"在欧盟，2015年分享经济公司的收入总额是2014年的两倍，达到了280亿欧元；到2025年可达3350亿美元。目前，三分之一的欧洲人接受过分享平台的服务，而在北美达到了72%（Kristofer，2016）。"2016年，分享经济首次写入中国政府工作报告，报告中指出"支持分享经济发展，提高资源利用效率，让更多人参与进来、富裕起来"，应"以体制机制创新促进分享经济发展"。同年7月,《国家信息化发展战略纲要》发布,认为分享经济成为国家信息化战略的重要组成部分,应建立网络化的协同创新体系,发展分享经济。而分享经济的出现和培育对人类社会的组织结构和分工产生影响,"公司+员工"的模式日渐被"平台+个人"的模式替代。据统计,2017年,中国分享经济市场交易额为49205亿元,分享经济融资规模约为2160亿元,参与分享经济活动的人数超过7亿人,参与提供分享经济的服务者人数约为7000万人,分享经济平台企业员工约为716万人,比2016年增加131万人,约占当年城镇新增就业人数的9.7%,意味着城镇每100个新增就业人员中,就有约10人是平台企业新雇佣的员工。未来分享经济发展将会保持40%的高速增长,而2020年分享经济将会占GDP的比重达到10%以上,到2025年将占20%。到2020年,分享经济提供服务者将会达到1亿人,其中全职参与人员约为2000万人。然而,分享经济作为一种新的经济形态,在推动经济社会发展的同时,分享经济作为一种新的经济发展模式,也在不断地驱动传统政府管理的转型。

(一)政府管理规章制度面临压力

共享经济的形成对现有的政府管理规章制度和政策法规造成了新的压力。如网约车的出现,这种新的租车管理形式改变了以往的传统市场模式,构建了以互联网技术为服务平台,整合消费者需求和服务供给,将符合条件的车辆和驾驶员,提供非巡游的预约车的新的市场经营活动。中国将机动车分为营运机动车和非营运机动车,并对其按照汽车的属性进行严格管理,对于营运车辆,有专门的法律法规进行管理,两种类型的车辆在年检、报废和准驾条件等方面均存在不同的管理方法。比如在《道路交通安全法实施条例》和《关于加强和改进机动车检验工作的意见》中规定,营运车需在5年内检测1次,超过5年须每6个月检验1次,而非营运车则需要满足一定条件后6年内免检。然而,网约车的兴起给传统的机动车营运管理制度带来了挑战。当前,网约车中大多是兼职从业,而非专业的和具有营运执照的司机，其车辆大多是由非营运机动车的私家车承担营运。私家车从事交通营运出行服务，使得原本登记为非营运机动车的私家车具备营运的性质，应不应该对其按照营运车激动管理制度进行管理，是一个亟待解决的问题。政府部门对于非营运的私家车从事网约车的管理也从"非法"逐渐转向"合法"。网约车出现指出，网约车平台及在这些平台上面登录的车辆被认定为非法运营。按照《道路运输条例》第64条的规定："未取得道路运输经营许可，擅自从事道路运输的，应由县级以上道路运输管理部门责令停止经营"，因而，政府相关部门认为"私家车永不允许当营运车辆运营，更不允许当专车使用"（葛江霞，2015），即非营运机动车不能作为营运车从事网约车活动。然而，网约车的出现对于缓解城市交通压力，盘活闲置交通资源起到了积极的作用。网约车的出现，将闲置的非运营的私人汽车看作营运的公共交通，弥补了城市公共交通设施的不足，同时，也不至于增加公共交通设施而导致占用过多的道路资源，避免了占用过多的交通资源（顾大松，2016）。2016年，《网络预约出租汽车经营服务管理暂行办法》的颁布，从国家层面明确了网约车的合法身份，并且对非营运的私家车从事网约车营运活动又提出了准入规则，可以参与网约车服务，使非营运性质的私家车营运性合法化。除了网络约车之外，共享经济的其他形式也从不同的方面对传统的政府管理提出挑战，如网络民宿挑战土地与房屋用途管制、旅馆行业准入行政许可，厨房分享经济挑战能源用途管制、餐饮行业准入规制，人人快递分享经济挑战邮政市场准入管制等（张效羽，2016）。分享经济对于传统政府管理规章的挑战，并非不受法律的控制，只是突破了原有的政府部门的法规，分享经济所产生的大量的"非法行为"只是不符合传统的行政法规所规定的内容，然而这种有智能技术与不同产业所融合的新的市场行为在其形成初期处于灰色地带甚至被视为"非法"这恰恰是创新经济发展方式的必然结果，也是人类社会迈向智慧社会的必经阶段，是市场发展的客观要求，也是不断推动政府管理规章的现代化转型，以适应当前社会智能化发展的不竭动力。

（二）企业、市场与政府间关系面临重塑

一是，分享经济重塑了政府与企业间的关系，通过行政吸纳将市场力量转换为行政监管主体，打破了政府一元的市场监管格局。分享经济是将闲置资源，依托于互联网平台将需求双方衔接在一起所形成的平台型经济。其中包含着大量的平台企业，即是指在双边市场中，为卖方和买方（双边用户，其中买方可为终端消费者，也可为企业）实现交易提供平台和服务并靠此赢利的企业（Rochet，2003；Kaiser，2006）。传统经济中的监管主体主要是政府，而分享经济中的监管主体除了政府之外，这类平台企业也成为市场的监管主体。平台企业在分享经济中不仅运营其所从事的市场还负责监管这一市场，如制定准入规则、市场交易规则等。因此，平台企业肩负了部分传统经济中政府的市场监管职责，平台企业具有对市场的准入权力，类似一个政府的牌照机构（Licensing Authority）（Rochet，2006）。正如 Farrell 指出的"平台企业更像是一个维护'公共利益'的监管者"（Farrell，2000）。这样一来，行政部门开始吸纳市场组织，将其作为市场监管者，打破了政府一元的市场监管格局，在分享经济中形成了"政府—企业"双重的监管体系，即政府作为公共部门对市场进行的公共监管（Public Regulation）和私营部门对市场进行的私人监管（Private Regulation）（Boudreau，2009）。行政部门的公共监管与私营部门的私人监管在监管手段方面存在着差异。前者主要是借助自身所具有的行政权力通过强制性的行政命令、指示、规定等方式，对市场中的经济主体进行直接干预；后者则主要是通过扣除保证金、关闭网店、降低声誉、限制支付、大数据排名等市场行为，对经济主体进行间接干预。二是，分享经济重塑了政府与市场间的关系，通过市场挤压和吸纳促进政府职能的"归位"和"定位"，使政府和市场的关系良性发展。政府与市场关系的本质是资源配置的问题，资源配置的关键，是把有限的资源配置到社会需要的众多领域、部门、企业、产品和劳务生产上去，而且使资源得到有效配置，达到消费者、企业和社会利益的最好、最大的满足（刘国光，2015）。新中国成立以来，我国的经济体制经历了四个阶段，即过渡时期的"政府与市场的并存"、计划体制下的"政府对市场的侵蚀"、探索时期的"计划为主与市场为辅"、新时期"市场与政府的良性互动"（曹文宏，2014）。当前，我国处于市场与政府良性互动的阶段，分享经济在这一阶段形成和发展有着深刻的背景。我国经济体制改革已经进入深水区，党的十八届三中全会《关于全面深化改革若干重大问题的决定》指出，"经济体制改革是全面深化改革的重点，核心问题是处理好政府和市场的关系，使市场在资源配置中起决定性作用和更好发挥政府作用"。市场在资源配置中的决定作用的提出，进一步明确了市场的主体作用，对于盘活私营经济活力起到积极作用，也为分享经济的发展提供了土壤。同时，分享经济的发展也反过来促进了政府与市场二者关系的良性发展。新中国成立后，很长一段时间我国实行计划经济体制，市场不断萎缩甚至消亡，政府日渐成为全能型的政府，经济活动全由政府计划实施。改革开放后，社会主义市场经济体制的实施，政府开始培育市场，刺激私有部门的经济和活力，取得了显著成效，社会经济取得快速发展。然而，在社会经济发展过程中仍然存在政府"占位""越位"的问题，阻碍市场资源配置作用的发挥。分享经济作为依托互联网平台、大数据技术等智能技术的新型经济模式。其产生，对政府和市场的边界进行了动态调整。在分享经济发展不健全的阶段，政府通过构建完善的市场保障机制，弥补市场确实的作用；在分享经济发展完善的过程中，政府主动退出，合理地限定了自己的范围，既不缺位也不越位，最终实现强政府和强市场。

"公共物品"是相对于"私人产品"的一个概念，其来源与英文词汇"Public Goods"，最早是由林达尔在其博士学位论文《公平税收》中提出，他认为两个政治上平等的消费者共同决定公共物品供给并应承担起税后的份额。1954年，萨缪尔森对公共产品进行了定义，认为公共产品是指由社会成员均等消费的物品，每个人对这种物品的消费并不会导致其他人对这种物品消费的减少，这类物品具有消费上具有非竞争性（non-rivalrous consumption）和非排他性（non-excludability）（Samuelson，1954）。所谓"非排他性"，是指在公共产品消费过程中不能将那些未付费的公众排除在外，付费与否在消费公共产品的效用上没有差异；而"非竞争性"是指某一消费者对公共产品的消费不会减少其他消费者对该产品的消费，也就是说，公共产品的边际成本为零。

然而，后续的学者在对公共产品进行深入研究后发现，公共产品的非竞争性和非排他性并非同时存在，萨缪尔森所指的公共产品在现实中也很难找到，现实中的大量产品仅仅是具备其中一个特征的产品。进而，奥斯特罗姆将公共物品区分为两类（文森特·奥斯特罗姆，2000），一类是具有非竞争和排他性的产品，某一消费者对这一类产品的消费不会影响他人的消费，但可以通过技术手段实现排他，进而控制其他消费者的进入。这一类产品也就是我们平时所说的俱乐部类产品（Club Goods），如电话服务等。另一类是具有非排他性和竞争性的产品，只要不断供给这类产品，任何消费者都可以从这一产品中受益，并且对该类产品付费的人并不能将不付费的消费者排除在外，也就是我们所讲的"搭便车"问题，但是，一旦对这类产品的消费者（包含"搭便车"者在内）不断增多，对于该类产品的消费便会出现竞争性。这类产品我们称为公共资源品，如公共牧场。因而，我们可以看出，后两者与萨缪尔森所提的公共物品存在着显著的差异，学者们将这两者称为准公共物品（Quasi Public Goods），将萨缪尔森所提的称为纯公共物品（Pure Public Goods）。然而，将公共物品分为纯公共物品和准公共物品是不科学的。因为，在不同的市场条件下和科学技术发展的过程中，二者的边界将不断发生变化，最终难以区分。因而，按照社会功能可以将公共物品分为非经营性公共物品和经营性公共物品。前者主要包括法律法规、公共安全、社会保障等涉及社会公平、正义、稳定的公共物品；后者主要包括教育、交通、环境等涉及社会发展的公共物品（郭少新，2004）。对于经营性公共物品消费者有着巨大的需求，单靠政府提供难以满足消费者的需求，这就为私营部门提供经营性公共物品提供了空间。正如奥斯特罗姆所言，"每一个公民都不由'一个'政府服务，而是由大量的各不相同的公共服务产业所服务……大多数公共服务产业都有重要的私人成分"（迈克尔·麦金尼斯，2000）。在这里，我们将提供经营性公共物品的私营部门称为"公共企业"①。特别是在智能技术驱动下，产生了诸多提供公共物品的公共企业（OfO、摩拜等）。虽然在共享单车产生之前，地方政府已经向公众提供了公共自行车服务。以北京为例，截至2016年12月底，已建成公共自行车站点2588个，配备82000辆公共自行车（北京市交通委，2016）。社会公众可以凭借身份证到站点办理市政交通一卡通，便可以在有桩的公共自行车站点取、还自行车。然而，由于这种公共自行车站点有桩驻停点，每一个站点占地面积较大，且维修成本较高，不能满足城市公共物品的巨大需求。而摩拜、OfO等无桩共享自行车的出现作为分享经济的一大创新，不需要数量固定的站点，通过移动设备进行实名注册，便可以使用。共享单车作为由私营部门所提供的经营性的公共物品与政府所提供的公共物品相比成本较低，且可以满足公众的需求。

公共企业之所以提供公共物品主要是基于以下三个动机。一

---

① 公共企业是一个边界上不清楚的概念，实践中和学术研究中对其均存在两种看法。一是，从产权的视角看。公共企业（Public Enterprise），又称公营企业或国家参股企业，是指所有权归属政府或者政府在企业中拥有股份，具有企业法人的经济实体。由于其由政府出资因而其活动体现对公共利益的维护。然而，设立公共企业的资金来源有两个方面：政府出资和民间出资。因而，公共企业也可以分为两种：政府独资经营的公共企业和政府—企业混合经营的公共企业。持这种观点的国家主要有日本、英国等。二是，从经营产品的视角看。公共企业是指除了由政府、国有企业拥有或参股的企业外，还包括受到政府特殊管制所制约的，组织化的经济实体，而不论这类企业与政府或国有企业间是否存在股权交易。这一观点突破了传统以产权为标准对公共企业的划分，更符合现实中的企业—政府间关系的现状，也可以更好地解释企业参与公共物品或服务的提供。因而，本书以经营产品的视角界定公共企业。

是，利益诱导下的"经济人"动机。公共企业作为市场主体趋利性是其本质特征，面对消费者对于经营性公共物品的大量需求，在经济人动机的驱动下，通过市场机制向消费者提供经营性公共物品，以获得利润。二是，市场拉动下的"创新者"动机。按照产品属性的不同，可将市场划分为公共市场和私人市场，公共市场主要是指公共物品交易的生态系统，而私人市场则是指私人物品交易的生态系统。而伴随着社会的不断发展，人们的消费水平及消费需求的不断提升，公共市场与私人市场的边界还是模糊，公共市场的市场份额不断增大。面对这种新的市场变化，私营部门开始创新产品形式，向公共市场生产消费者需求的公共物品，并通过技术手段和制度规约进行产品的排他性设计，进而获取利润。但是，在这里，传统的私营部门便转变为提供经营性公共物品的公共企业，在获取利润的同时为社会提供公共物品。特别是伴随着"互联网+公共服务"国家战略的深入开展，互联网企业开始转移至公共市场，推动公共服务供给的转型升级。而在市场拉动下，私营部门实现了向公共企业的转型。三是，社会责任驱动下的"公益者"动机。企业社会责任（Corporate Social Responsibility），是指企业主动致力于有利于社会公共利益的行为（McWilliams，2001）。公司作为一个经济组织，在创造利润的同时也有服务社会的功能（Dodd，1932）。一方面，企业有义务按照社会的目标和价值观的要求，制定政策，做出决定，以及采取行动（Bowen，1953）。另一方面，企业还应该通过创新参与解决社会问题以回应社会需求。可以说，企业除了获取利润的经济责任外，还应具备提升社会价值的社会责任。企业的社会责任可以被看作三个同心圆，内圆是指企业为获取利润所履行具有经济功能的基本责任，中间圆是在履行经济功能时应考虑的社会秩序和价值，外圆是企业促进社会发展的其他责任的总和（Carroll，1999）。在社会责任的驱动下，企业以"公益者"的身份对社会总共物品进行提供，履行其自身所应具备的社会功能。但是，我们这里所讲的"公益者"与非营利性质的公益企业不同，后者不以盈利为目的，而我们所提的"公益者"是在盈利的同时为社会提供公共物品。

（三）政府的市场管理工具亟须创新

分享经济是智能技术与传统经济融合发展的产物，驱动政府利用智能技术规范分享经济的发展。以深圳市网约车管理为例，2016年，《深圳市网络预约出租汽车经营服务管理暂行办法》出台实施后，深圳市网络预约出租汽车监管平台上线。该监管平台以"以网管网"为核心，实现全流程网上办理、部门信息并联审核、营运动态精细监控，从而简化许可申办手续，提升行政审批效率，强化安全监管水平，推动传统行政审批向互联网服务型政务转变，部门独立监管向多部门大数据协调联动监管转变。通过监管平台的建设，使网约车在良性、有序的发展环境下，为深圳市民出行提供更好的差异化、高品质服务。

三 技术驱动

关于技术的形成和发展，存在着两种不同的观点，即"技术决定论"和"社会建构论"。技术决定论认为，技术具有自主性，其形成和发展有着自我动力和规范，不受社会因素的约束和影响。这种观点是一种单向度的思维，认为技术作为一种"有机体"存在着自身的逻辑，将会按照自身所设定的发展目标和轨迹运行，而在技术的生成过程中仅存在技术作用于社会的维度，而不存在社会作用与技术的维度，即"技术→社会"。技术决定论将技术看作人类无法控制的力量，将技术的发展看作不受社会其他因素影响的，自我进化和更迭的过程。然而，技术决定论将技术与社会隔离开来的视角过于片面（Mackenzie，1985），将技术的形成仅仅局限于自身，认为技术发展的主体仅是与技术相关的科学家，而忽视了社会因素对技术形成和发展的作用，无法科学地分析技术形成和发展的全过程。

然而，一项技术的产生，不仅是技术自身发展的需要，而是社会各种因素相互作用的结果，单纯意义上的技术形态是没有价值和意义的，技术本身也是社会因素相互作用的结果，因而脱离社会的技术是不存在的。若要理解一种技术的本质及其生成，则需要对技术进行社会系统的分析。从这个层面来看，技术的创造和发展并不是技术影响社会的单向维度，而是社会对技术影响的单向过程，即"社会→技术"。首先，从技术的生成过程来看，社会因素全面地深入技术内部，打破了技术系统与社会系统的边界，形成了技术系统与社会系统衔接的"无缝之网"（Seamless Web），技术成为社会的技术，是一种社会行动，是人类特定的文化实践（邢怀滨，2004）。其次，从参与技术形成的主体[①]来看，技术作为人们认识世界和改造世界的工具，是人们主体性的展现，技术的生产主体既包含以个人为形式的生产者，也包括对整个技术发展起着制约和促进作用的技术主体群（阴训法，2005），即包括物理人工物（Physical artifacts）、组织机构和立法性质的人工物（Legislative artifacts）等，如制造公司、公用事业公司、投资银行、规章制度。最后，从技术实现角度来看。技术实现是技术发展的一个重要问题，是技术从想法到概念到工具的过程，而能否得到社会实现，决定了技术的发展是否有意义和前景。而根据技术实现的不同指向可以将技术实现划分为经济实现、政治实现、文化实现。技术实现的意义不仅在于实现技术对于推动社会发展的功能，而且也反过来在技术实现的过程中为技术自身的发展提供动力（肖峰，2002）。

  从技术的社会建构论中我们可以发现，技术的形成和发展受到社会系统的影响。但是，也不完全受到社会系统的控制，是社会系统和技术系统二者相互作用的结果。在社会实现过程中，技术为实现其功能根据社会的反馈进行矫正以适应社会的发展。可见，技术决定论与社会建构论二者不是绝对对立的，是相互补充的，即"技

---

① 技术生产主体是指在技术产生、发展、应用和完善过程中，对技术的发展起主导性作用的角色，这个角色可以是个体，也可以是组织。

术↔社会"。正如马克思所言，承认技术对社会的决定作用，并不等于认同技术是决定社会发展的唯一因素，也不认为技术对社会状态起着直接的决定作用，技术对社会发展的影响归根结底是原始意义上最重要的决定作用；然而，社会因素对技术的发展则起着巨大的制约作用，这种制约作用不是限制发展的作用，而是能动的反作用对技术的发展起着延缓或者加速的作用（牟焕森，2000）。

智能技术作为一种技术集合体，不仅给当代社会的生产方式、人际关系、道德规范带来了新的变化，其发展也受着诸如政治、经济、文化等社会因素的影响。而在智能技术系统和社会系统相互作用和挤压下形成了一种新的技术形态——公民技术（Civic Technology），即用于授权公民参与政府管理，并使政府更负责任的技术治理工具（Knight Foundation，2015），主要是指智能技术在政府管理中的社会安排，使公民能够通过公民技术转换角色，实现向社会管理者的转型。我们也可以将其看作智能技术社会实现中的政治实现的结果。公民技术的产生，一方面，是在智能技术自身发展过程中不断影响社会的结果，另一方面，也是社会因素对智能技术形塑的产物。首先，从公民技术的生成过程看，公民技术是社会因素（经济、政治、文化等）全面渗透到智能技术内部后所形成的技术形态，其打破了智能技术系统和社会系统的边界，将二者有机地融合在一起，形成的公民技术网络。公民技术网络通过技术吸纳将公民嵌入政府管理网络中，赋予公民参与政府管理的权力，并将公民身份由被管理者向管理者转变，而通过公民技术网络政府与公民实现充分沟通和协调有助于社会管理的有效运行。如Open311平台，这是一个由计算机技术、互联网技术、大数据技术等智能技术组合创造而成的标准化平台，公民可以通过这个平台将其所处城市毁坏的街面、破碎的街灯、垃圾、被破坏的公物和其他被破坏的公共物品和基础设施的照片，通过智能设备（手机、电脑等）传送给政府部门，政府部门可以根据网络定位知道城市中需要修补和完善的公共物品。换句话说，Open311是一种政府与公民的合作机制，通过这种机制，公民可以将他们的服务请求通过公民技术网络直接发送到政府部门，将公民转换成一个城市管理人员，实现了政府与公民的合作管理。

其次，从参与公民技术形成的主体来看，公民技术作为一种社会安排，是智慧社会人们参与政府管理的工具，因而，参与公民技术生成主体的既包含公民个人，也包括技术实施者（技术人员）、规则制定者（政府部门）等所组成的公民技术主体群。如"交通拍客 App"，以"引领行车安全、减少交通事故"为己任，在支付宝城市服务、微信城市服务开通交通违法有奖举报功能，在驾驶过程中，用户遇到实线变道、加塞、酒驾、毒驾、占用应急车道等危害公共安全的交通违法行为时，可以通过一拍一传，用户便可以作为监督者管理城市交通。在交通拍客 App 的技术生成的过程中，我们发现其具有两个层面的形成逻辑，一方面，其需要网络技术、计算机技术等智能技术作为技术支持；另一方面，在技术设计时还应将法律法规考虑在内，这一点在一定程度上也反映出公民技术可以被看作法律法规和政府管理理念的技术化。而在这一过程中，技术的直接开发者仅仅是推动其形成的一个主体，政府等主体则成为这一技术的另一个技术主体。

最后，从公民技术实现的角度来看。公民技术实现是智能技术与社会发展需要相衔接的过程，而根据公民技术的不同目的可以将其分为公民技术的经济实现、政治实现、文化实现以及社会实现。经济实现，主要体现的是公民技术的产生，一方面是企业创新发展，开拓市场驱动下的产物，另一方面也是智慧社会中政府控制行政成本的一种有效手段；政治实现，主要体现的是公民技术作为一种技术工具也体现了政府管理现代化发展的理念，同时也将平等、民主等政治理念包含在内，通过技术构造推动智慧社会的政治发展；文化实现，是指公民技术不仅仅是一种技术工具，其所包含的更是智慧社会的文化内涵，体现了智慧社会开放、包容、创新的文化理念，也正是这些文化理念推动着公民技术的形成和发展；社会实现，体现的是公民技术改变了人们的生活方式，将人们线上线下的生活空间相衔接，形成了"虚拟—现实"的双边社会景观。而在公民技术的社会实现过程中，社会的经济、政治、文化等因素也在不断地矫正公民技术，使其更好地适应智慧社会发展的需要。

通过智能技术的形成和发展过程，我们可以看出，智能技术在社会因素的影响下，正在丰富其所展现出来的技术面貌，正在从经济、政治、文化等各个方面改变着人类社会。而政府作为社会的管理者，面对如此变化的洪流，必须通过智能技术进行创新性发展，以适应智慧社会的发展需求。

第二节 智能技术影响政府管理的内生驱动力

在智能技术驱动下，人类社会开始进入智慧社会，在新的社会环境中，政府的行政生态发生了显著的变化，政府管理不得不做出相应的改变，而在不同的社会阶段，政府管理体系、组织价值和管理能力都呈现出诸多变化，而这种变化正是政府根据自身所处的环境和社会发展的需求所进行的自我再造。而这一过程主要是政府自我变革的过程，这种政府主动进行的发展机制则成为政府自我发展的内生动力。因而，智能技术影响政府管理的内生动力是由外部驱动力内化为内在驱动力的结果。

一 管理体系

作为一种形式合理性的组织体系，官僚制起源于17世纪工业化初期的西方国家。官僚制，又称科层制，是指一种以分部—分层、集权—统一、命令—服从等为特征的金字塔形组织结构（梁莹，2003）。马克斯·韦伯的官僚制理论是建立在法理型权威基础上的，主张建立以科层结构、非人格化、专业分工为基本特征的行政管理体制，这就是官僚制的基本构想。其所构建的官僚制的管理体制有以下特征。一是，依据组织目标，实现组织专业化分工。韦伯认为，组织的目标为组织的日常工作，应该按照组织的目标对组织的职能进行定位，并在此基础上明确组织的职责，进而不同的组织便存在着不同的组织目标、职能、职责。因而，在管理过程中应根据组织的职能和职责进行合理的专业化分工。二是，通过等级制建立合法权威。在组织内部根据不同的岗位设置不同的等级，且每一个层次的岗位人员都需要接受上一级岗位人员的控制和监督。韦伯认为，岗位设置和等级设置是保证组织有效运行的规则，而在此规则基础上应建立合法化的权威，以保证岗位制和等级制的有效实施和组织的高效运行。三是，组织应按照法制化的规章程序运作。组织行为有着固定的、正式的权限范围，而这一范围是由法律加以规定和设计的，组织中的等级制也有着固定的登记制度，组织的管理有章可循，有法可依。可以说，组织活动是由一些固定不变的抽象规则控制的。四是，组织中的职位占有者的理性化和非人格化特征。这里所指的理性，又称为工具理性或形式合理性，是指手段和程序的可计算性，是一种客观的理性，是与实质合理性或价值理性相对的一个概念。后者是指，关于不同价值之间逻辑关系的判断，是一种主观理性（苏国勋，1988）。韦伯认为，依托于专业的技术知识和规范化的管理程序的形式合理性可以计算现代社会的绩效。而价值理性却常常陷入模糊的理想目标中，对于组织而言时常不具有可操作性。因而，韦伯认为组织应该摒弃价值层面的理性（孔凡敏，2015）。另外，韦伯还认为，拥有岗位职能的员工，应该将私人感情排除在外，以不带有私人感情的精神处理公务，没有憎恨、热爱等人格化特征，这在一定程度上将人看作组织这台大机器有效运行的零件。五是，根据技术能力选拔员工。在官僚制组织中，员工的选拔，应根据其技术能力为标准进行筛选，员工必须在技术上符合组织的要求，一经选拔组织便不可以随便地解雇。这一原则就为官僚制组织形成了一个组织原则，即职务晋升取决于候选人的资格或者做出的成绩（韦伯，2004）。

官僚制主张组织结构的科学化和法律规章的制度化，不仅适应工业社会机器大生产和行政管理的客观需要，又以制度化的方式得到了理性时代的文化认同，促进政府管理水平的提高，并以高效率履行政府职能（张康之，2002）。理性官僚制作为一种治理模式，适应了工业社会的发展要求，以其稳定、技术和效率优势得到了充分发展，较之于以血缘关系为核心的世袭制等传统的管理体制，官僚制无疑是高效的。官僚制的出现破除了封建官僚的陋习，打破了传统官僚体系中的门阀制度、血缘、地缘、亲缘的文化根基，特别是官僚制中所强调的非人格化特性在一定程度上遏止了官僚体系内的人情主义（祝灵君，2010）。另外，官僚制还突破了门第等级为标准的家长制管理模式，消除了组织管理中的非理性因素，对官员决策的任意性和不可预测性进行了有效的纠正（彭新武，2010）。然而，官僚制自身存在三个"自反功能"，一是，规则和规范运用中的过分刚性；二是，保守主义和对革新的抵制；三是，官僚制能够固化甚至强调社会阶级裂痕的倾向（彼得布劳·马歇尔梅耶，2001）。官僚制所具有的三个自反功能导致官僚制面临着专业化和服从危机、民主危机（黄宏伟，2004）。其中专业化和服从危机是指组织分工导致官僚体系内部不同职责的组织之间分化，而对于个人而言，不仅要服从非人格化的组织规则还应服从其所在组织的内部利益规则，导致对人性的泯灭，使人片面化发展。民主危机是指官僚制将规则看作组织运行的核心，但是，规制严密的官僚制极易导致组织走向极端，过分强调规则使组织行为成为仪式而干扰组织的目标。可以说，官僚制是一把"双刃剑"，官僚制的产生弥补了传统管理体系的弊端，但也存在诸多问题。官僚制作为工业社会的产物，面对信息社会的诸多新的社会问题，显得乏力。尽管互联网技术还没有完全否定官僚制的价值，但是信息社会所需要的组织灵活性和弹性已经超出了官僚制的合法性和合理性的范围。在信息社会中，互联网等信息技术的开放性和去中心化打破了官僚制等级制的信息传递模式，实现了信息的快速和无缝隙的传递，互联网技术将世界连接成一个网络，并在这个网络中人与人可以自组织的形式进行活动，这些都与官僚制的理念不容（臧乃康，2004）。

伴随着以互联网为代表的信息技术的发展，政府通过信息技术进行政府管理体系的创新，构建了一种新的政府管理体系——电子政府。电子政府与工业社会中的官僚制体系不同，是对官僚制体系下政府管理方式的深刻变革，打破了原有的权力关系，削弱了传统官僚制体系的根基。正如工业革命造就了官僚制政府一样，电子政府是信息革命所创造出的新的政府架构，从技术层面来看，电子政府是政府利用信息技术，通过政府管理的硬件建设和软件建设，通过数字化的方式对政府管理模式进行再造，从而通过信息技术为社会提供大量的公共服务。电子政府的本质内涵是通过信息技术构建"虚拟政府"（Virtual Government）（张成福，2000）。而对于虚拟政府不能仅仅从技术层面进行理解，关键在于理解其组织文化内涵。信息技术对于虚拟政府的构建起着关键的作用，信息技术作为一种手段与工具必然服务于组织文化。虚拟政府的核心价值在于借助以互联网为代表的信息技术的能量，打开传统政府管理系统的黑箱，提高政府的透明度，形成政府与公众的良性互动，使政府朝着无缝隙、透明化、全息化的方向发展。而在互联网基础上所形成的物联网、云计算、人工智能等智能技术的发展，将人类社会由信息社会推向智慧社会，而在智慧社会中，智慧城市、智慧乡村、智慧社区等相继产生。面临着智慧社会所带来的管理生态的变化，政府也开始积极地运用智能技术，实现由电子政府向智慧政府的转型。所谓的智慧政府是指运用智能技术，构建政府跨领域、跨部门、跨系统的政府综合管理体系，提升政府的管理能力的政府形态（张锐昕，2016）。由此，我们可以发现，从官僚制政府、电子政府到智慧政府的转型，是政府在面临外部管理环境变迁的基础上，积极运用新兴技术对政府进行再造的过程，这一过程也是政府管理体系自我发展和自我变革的产物，是政府管理创新发展内生驱动力的结果。

二 组织价值

价值作为一种哲学的范畴，是对各个领域中特殊的、具体的价值形态的总概括。而人们对于价值的理解主要有三种：一是，从经济层面理解价值，认为价值是指人们劳动生产的产品和商品，也可称为物化价值；二是，从社会层面理解价值，认为价值是指有用或有效；三是，从意识层面理解价值，认为价值是指包括功利、道德、审美等在内的所有具体价值的概括，也可称为精神价值（杨伍栓，2004）。然而，从价值的生成角度来看，价值是主体和客体之间的关系，即客体以自身的属性满足主体的需要或者说主体的需要被客体满足的一种效益关系，主体的现实需要是判断客体有无价值、具备何种价值以及价值大小的尺度（余敏江，2004）。而我们在这里所指的价值，是指在不同社会文化背景下组织所具备的精神内核，也可以称为人们对组织的期望及组织的行为准则。管理作为极其复杂的工程，管理价值是管理过程中的主导思想，是组织管理行为的指南。对于政府而言，政府管理价值在政府管理过程中具有十分重要的位置。政府管理价值观和管理理念是密切联系的，二者是指导政府决策和其他管理活动的思想基础。政府管理价值观主要职能是作为政府管理行为的指导方针，指导政府的管理行为。由于政府所处的社会背景不同，不同的社会背景下的社会文化存在着差异化，而建立在不同社会文化中的政府管理价值也存在差异。

20世纪90年代，面对官僚制的危机，各个国家开启了政府改革的运动，认为应该在政府内部建立企业家精神，将政府塑造为一个具有企业家精神的政府，进而提高政府管理能力。企业家政府是指政府管理的价值应是企业家精神，政府部门应该由一群具备企业家精神的管理者组成，能够在企业家精神的指导下，运用各种创新性的策略使僵化的官僚制恢复活力，并通过整合资源提升政府的管理效率。企业家政府中所指的企业家不是私营部门的从业人员，而是公共部门的从业人员应按照企业家的精神理念，运用最少的投入获得最大的社会产出的理念。企业家政府认为政府应该掌舵而非划桨，政府管理应该重视效率与效益间的关系，以最小的投入获得最大的效益，强调政府管理的顾客导向，政府应该像企业为顾客提供商品一样为公民提供服务。同时，强调引入市场机制，改善公共服务的提供方式，重视公共服务供给领域的竞争（张成福，2001）。企业家政府的提出为政府管理带来了一套来源于私营部门的价值观，主张政府不仅应该采用私营部门管理的技术还应采纳私营部门管理的价值观念。21世纪初期，有学者认为企业家政府过分强调企业家精神在政府部门中的作用，特别注重效率与效益，在一定程度上掩盖了政府公共性的本质属性，导致政府公共责任心的削弱，极易违反机会平等和公众监督原则（Green，1996）。各国政府应该构建一套以公民为中心的政府管理价值系统，即服务型政府（丁煌，1999）。服务型政府认为政府应该服务而非掌舵，政府应该协助社会公众表达和实现公共利益，不止于引导方向。同时，应该超越企业家身份，重视公民身份，服务与公民而不是顾客，并且主张采取民主行动，通过集体协同，实现满足公众需要的公共政策。另外，还强调政府应该重视人而不能仅仅重视效率（罗伯特·B.登哈特，2003）。服务型政府将公民置于政府管理的核心，强调政府管理的本质是服务，政府应该树立公共服务的政府管理价值（罗伯特·B.丹哈特，2002）。

伴随着信息技术的发展，在服务型政府理念的指引下，政府开始思考如何通过运用信息技术构建服务型政府，从最初的办公自动化到政民互动的电子政府，再到一站式服务整合的政府理念。信息技术的发展已经成为服务型政府构建的技术基础。然而，由信息社会向智慧社会的发展，信息技术的泛在化，使得政府所处的外部环境发生改变，政府可以通过信息技术感知公民的潜在需求并且可以通过大数据挖掘和分析，预测公民的需求，政府管理开始朝着信息共享化、机制开放化、用户中心化的管理价值转变，强调开放互动和用户参与在政府管理中的重要性，主张通过智能技术创新政府公共服务提供模式，改变政府与公众之间的沟通方式，通过构建开放政府提升政府的管理能力（朱春奎，2014）。从企业家政府、服务型政府到开放型政府的转变，是政府管理价值转变的必然结果，而这种转变可以分为两个维度：一是，企业家政府向服务型政府的转变，是政府管理价值自身客观转变的结果；二是，服务型政府向开放型政府的转变，这一转变是技术驱动下政府管理价值转变的结果，是将智能技术的价值属性与政府管理价值属性相互融合发展的结果，也是政府主动吸纳技术价值后政府管理价值创新的直接呈现。

三　政府能力

亚里士多德说："凡显然具有最高能力足以完成其作用的城邦才可算是最伟大的城邦。"（亚里士多德，1965）政府能力对政府管理至关重要，是政府存在和发展的关键。政府能力（Governmental Capabilities），是政府能否适应环境变化所带来的挑战的程度（加布里埃尔·A. 阿尔蒙德，1966），是指建立政治领导部门和政府部门，使它们拥有制定政策和执行政策，特别是维护公共秩序的能力（加布里埃尔·A. 阿尔蒙德等，1987）。阿尔蒙德将政府能力看作一个系统，在政府所处的系统中，对于这个系统的一切输入、转换、输出都可以看作政府能力的组成部分。政府能力不单单指政府部门的能力，而是将政府组织面对外部环境变化所具备的环境适应力也看作政府的能力，还包括资源输入、转化和产品产出的能力。另外，政府能力不是一成不变的，而是政府组织在面对不同的外部环境时，政府所应具备的能力便产生变化，不仅同一能力存在着高低程度的变化，而且也存在新的能力的产生以及对能力侧重点的变化。广义上的政府能力，指的是国家的能力，是国家政府机构所具有的改造社会和实现目标的能力；狭义上的政府能力指的是政府机关的行政能力。由此可知，政府能力是一个二维的组织能力体系，即政治统治能力和社会发展能力。前者是政府为了实现和维护自身统治地位的能力体系，后者是政府为了改造自然和推动社会发展所具备的能力（黄毅峰，2011）。前者主要是指政府的组织能力、动员能力、宣传能力等政治性能力；后者主要是指政府的财政能力、审计能力、税务能力等功能性能力，即政府在实现自己职能，从事某项活动过程中所拥有的资源、能量的能力（汪永成，2002）。而政府能力的提升必然需要依靠政府工具。传统的政府工具是指政府的行为方式，是通过某种途径以调节政府行为的机制（欧文·E. 休斯，2001），包括命令条款、财政补助、管制规定、征税等。而随着行政生态的变化，政府工具的外延也不断拓展，不再单单指政府的行为机制，而且也将互联网等技术工具吸纳到政府工具中，形成了"软工具"和"硬工具"两个层面，前者主要是指政策性、制度性工具；后者主要是指互联网技术、云计算技术等技术性工具。可以说，科学选择政府工具是应外部行政生态变化，提升政府能力的关键。

智慧社会的来临，对政府能力也提出了不同的需求，政府所能选择的政府工具也不断地增多，在农业社会和工业社会阶段，政府所能采用的政府工具仅仅是"软工具"，能供政府使用的"硬工具"较少且不成熟。而进入信息社会，微博、微信等工具都成为政府管理的有效工具，特别是进入智慧社会后，大量的感知设备的存在，大数据技术、云计算技术以及人工智能技术也正在嵌入政府管理中，也都成为政府可供选择的工具，而在此基础上，"硬技术"的产生和使用，虽在一定程度上提升了政府能力，但是，却对政府能力提出了新的要求，与农业社会、工业社会相比，在信息社会和智慧社会中对政府能力提出了新的需求：IT能力，即控制和实施IT影响政府目标的能力，是硬件、软件、服务、技术和管理技能的集合。从资源的角度看，政府的IT能力是指政府通过运用和配置自身IT资源，整合政府其他资源的能力。政府的IT能力是部署实施政府IT资源，进而推动政府在智慧社会中实现管理现代化的安排。政府的 IT 能力主要包含：IT 基础设施（计算机、互联网、数据库等）、IT 人力资源（具备 IT 技能和管理技能的人才）、IT 无形资产（知识管理、组织建设等）。IT 能力是在新的行政环境下所形成的政府能力，由于 IT 能力的发展既可以提升政府的政治性能力，也可以增强政府的功能性能力，是介于二者之间的中间地带，笔者将这类能力称为辅助性能力。IT 能力的产生一方面是行政环境变化倒逼下，政府为适应外部环境变化的产物，另一方面，也是政府提升管理能力促进管理能力现代化的产物。

第四章

智能技术驱动下政府管理的转型

马克思说,"生产力决定生产关系,生产关系决定上层建筑"(马克思,1995)。技术作为人类发展的第一生产力,必定决定着人类生产关系的改变,进而对上层建筑产生影响。智能技术作为一种新的技术形态也必将对上层建筑产生变革。到目前为止,信息技术已经作为提高组织效率和组织间沟通的有效工具,对组织科学合理的运行起到了辅助作用。信息技术已经成为社会发展和运行的基础技术和关键要素,信息技术在推动社会发展的同时满足了人们对于参与、共享、开放、协作等理念的需求。而智能设备的推出,以及人工智能技术的快速发展,为人类社会开启了智慧革命,将人类社会推向智慧社会。在智慧社会中,新的技术和服务充斥于人们的生活中,人类社会的生活方式、行政系统及管理制度都发生着迅速的变化。智能技术与人类社会的融合提高了人们的生活质量,也使得人类社会变得日渐"智慧"。由此我们可以看出,技术与社会是共同发展的,经历了所谓的共同进化,在这里,技术创新成为推动社会范式转型的关键,智能技术的产生推动着人类社会从信息社会进入智慧社会。政府作为社会管理的主体,其作用和职能也随着政治、行政、文化、经济等环境的变化而改变,智慧社会的来临也驱动着政府通过智能技术进行管理体制和运行机制的转型升级。由于信息技术是智能技术的基础,因而,智能技术驱动下的政府转型起始于以互联网为代表的信息技术对政府的嵌入,即以政府的信息化为起点。另外，由于信息技术中的不同技术是同步发展的，如互联网技术与信息管理技术是同步发展，而为了便于区分信息技术不同发展阶段，且政府在不同阶段对技术关注的程度不同对政府管理的影响也呈现出差异，因而，随着智能技术的不断丰富，政府管理的转型经历了由电子政府、移动政府、云政府向智慧政府转型发展的过程，如图 4-1 所示。

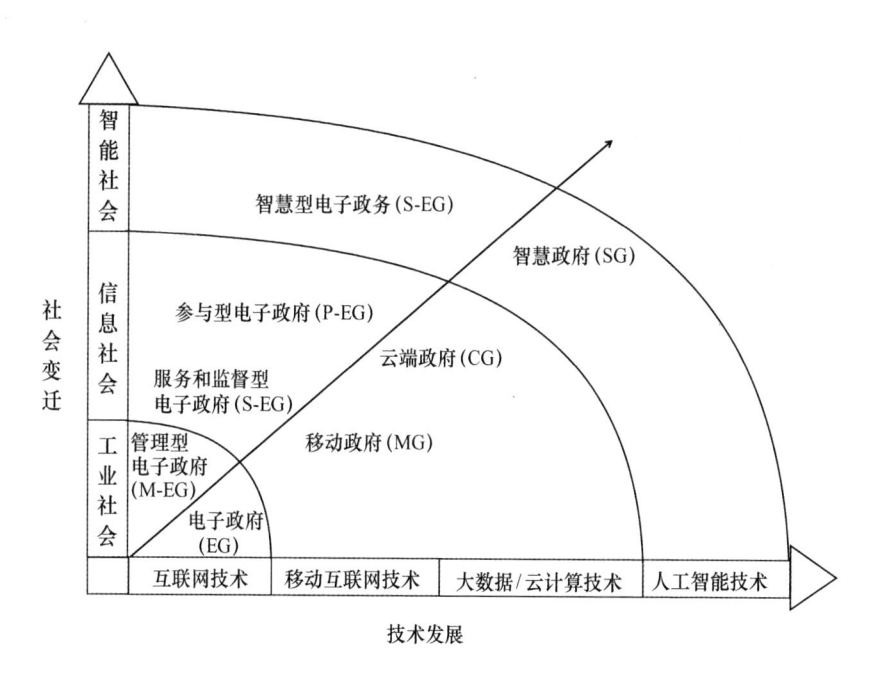

图 4-1　技术发展、社会变迁与政府转型示意图

第一节　电子政府：智能技术驱动下政府管理的信息化阶段

在信息技术的冲击下，世界各国开启了政府再造运动。信息技术之所以会产生这样的冲击力，主要是由于计算机技术、互联网技术的发展，不断改变着人类社会的生产生活方式，将人类社会由工业社会带入信息社会。面对信息社会的来临，传统的政府管理模式不得不做出相应的变革。最早运用信息技术进行组织变革适应信息社会发展的部门是私营部门,其通过运用信息技术向顾客提供"虚拟服务"构建了电子商务的市场模式,为人们提供了新的消费渠道,提升了消费者的满意度。之后,许多国家和地区开始思考如何将信息技术运用到政府管理中,以提升政府的管理效率和服务质量。随后,诸多国家的政府部门开始从国家层面推动和运用信息技术,在全球范围内开启了"电子政府"(Electronic Government,EG)的建设征程。1993 年,作为电子政府的发起者,美国副总统戈尔在全国绩效评估委员会(National Performance Review,NPR)中针对行政过程的讨论中,提出了"利用信息技术再造政府"(Reengineering Through Information Technology)的理念,并认为信息社会中应通过信息技术"创造低成本,运转好的政府"(Creating a Government That Works Better and Costs Less),并在"运用信息技术改造政府"的报告中明确提出电子政府的概念。随后,韩国政府提出建立"面向21世纪的网络韩国战略计划"(Cyberkorea 21)、日本政府提出"E-日本重点计划"、英国政府提出"直接政府"(Direct Government)等政府信息化战略,并迅速蔓延到发展中国家。1999 年,中国电信和国家经贸委经济信息中心联合40多个部位发起了"政府上网工程",该工程成为中国电子政府建设的起点。至此,建设电子政府,推动政府的电子化功能,推动政府向电子政府转型成为衡量政府现代化水平的显著标志之一。而所谓的电子政府,是指政府通过运用信息技术,在对传统政府的行政职能、组织结构和业务流程进行重塑的基础上,通过互联网平台实现政府公共管理和服务,从而形成的一种更为有效的政府运作形态(钟明,2003)。

  虽然,电子政府是20世纪90年代所提出的政府改革理念,但是其发展历程可以追溯到20世纪六七十年代,各国所实施的政府信息化战略。政府信息化战略是电子政府形成和发展的基础,电子政府是政府信息化的结果和目标,可以说政府信息化的过程便是电子政府的形成和发展过程。虽然，电子政府是政府信息化的目标和结果，但是，政府信息化的内涵和外延则要更宽泛，不仅涉及政府自身的信息化过程，更是以政府信息化带动社会信息化和经济信息化为核心内涵。然而，从狭义上讲，政府信息化与电子政府建设是重叠的，政府信息化建设为电子政府建设提供了坚实的"硬件"基础和"软件"基础。政府信息化是指工业社会中的政府（传统政府）向信息社会中的政府（电子政府）的转型过程，是政府不断运用信息技术，将政府的管理流程、运行机制等进行技术集成，并通过信息技术对政府所需要和所拥有的信息资源进行管理和开发，进而提高政府行政效率、管理能力、工作方式，并为社会公众提供更好的社会服务的改革过程。政府信息化是一个不断变化的过程，是将信息技术不断运用到政府管理的过程，其会随着技术的发展而不断地完善，政府信息化也表现出不同的阶段，政府信息化所包含的内容也在不断拓展。因而，电子政府建设也随着政府信息化程度的不同呈现出不同的发展阶段。随着计算机技术和以互联网为代表的信息技术的发展，政府信息化的程度也不断加深，相应的电子政府建设也在不断演化。

一 初始阶段：（20 世纪 70 年代至 80 年代）

20 世纪 70 年代，由于计算机技术的快速发展，计算机功能的日益完善，特别是微型计算机的成熟和普遍运用以及"信息高速公路"的出现，人们成功地开发了计算机处理文字信息的技术，为人们利用计算机技术来处理办公室的内部业务提供了软件基础，并开启了政府信息化建设的初始阶段——办公自动化（Office Automation，OA）。办公自动化是人们通过信息技术来处理办公室的文件资料制作、传送和存储等内部业务的一种工具。办公自动化一经产生便在政府部门产生广泛应用，各国政府开始开展办公自动化建设，尝试利用计算机技术辅助完成一些最基础的政务活动，譬如文件电子化处理、数据电子化存储等。在办公自动化的驱动下，计算机变得像一个有机生物体，由一个高度发达的"神经中枢"延伸到每一个公务人员的办公桌上。在政府内部开始形成一个"计算机控制下的政府"，这也就是电子政府建设的第一阶段——"计算机化政府"。在政府办公自动化之初，以文字处理为特征的办公机器人进入办公室，仅解决了办公室中事务层的业务，而随着办公自动化技术的发展和普遍运用，之前的单项业务办公自动化开始通过计算机形成的网络向更高效的综合系统发展。开始形成由普通办公设备、信息处理设备、电信系统等综合而成的综合性自动化办公室（电子办公室）。进入 70 年代后半期，电子文档、电子邮件、文件传输等新技术的出现，在政府内部初步实现公文传输、文档管理等办公自动化功能。进入 80 年代，办公自动化已经可以满足不同层次办公人员的需要，并开始由局部网络向整体网络发展（房质文，1996）。

二 发展阶段：（20 世纪 80 年代至 90 年代）

在计算机技术产生之前，人们通过手工进行信息处理，而从工业社会进入信息社会后，社会产生了比以往更多的信息，人们需要处理的信息开始丰富，传统手工处理信息已难以满足政府管理的需求。加之，计算机的普遍运用和信息技术的不断发展，人们开始通过信息技术构建政府管理信息系统替代传统的手工信息管理。政府管理信息系统（Government Management Information System，GMIS），是一个以政府为主导，通过利用计算机硬件、软件、网络通信设备以及其他办公设备，进行政府信息的收集、传输、加工、储存、更新和维护，以提高政府效益和效率为目的，支持政府决策、中层控制、基层运作的集成化的系统。政府管理信息系统的发展使政府决策支持系统（GDSS）、政府电子会议系统（GEMS）等各种政府管理系统成为可能（佟岩，2002）。政府管理信息系统的建设给政府管理带来了巨大的影响，不仅有助于提高政府行政效率，而且能够为政府提供更加全面的信息，还可以使管理人员更加全面地掌握政府活动的全貌。而如果将电子政府建设的起步阶段看作将计算机引入政府管理过程中的话，这一阶段便是将软件系统引入政府，并在此基础上推动政府管理水平的提升，因而这一阶段我们称为"软件化政府"阶段。在这一阶段我国启动了"三金工程"①，即金桥工程、金关工程、金卡工程。这些工程的开展，对中国政府信息化建设和电子政务发展起到直接的推动作用。

三 成熟阶段：（20世纪90年代至21世纪初期）

20世纪90年代，以互联网为代表的信息技术的不断发展和计算机的不断运用，各国政府开启了"政府上网"行动，开始构建网上政府即电子政府。虽然，政府办公自动化、政府管理信息系统建设为电子政府建设奠定了坚实的软件基础和硬件设施，然而其发展中仍然经历了存在、互动、交易和转化四个阶段（郑跃平，2014）。"存在"阶段是电子政府的初级阶段，即政府上网阶段，在这一阶段，政府通过建设网页向公众单向地传递信息；"互动"阶段是电子政府的发展阶段，即网络问政阶段，在这一阶段政府通过以互联网为代表的信息技术与公众进行双向的沟通和交流；"交易"阶段是电子政府的成熟阶段，即通过技术平台政府向公众提供便捷的社会公共服务；"转化"阶段是电子政府的形成阶段，即政府通过信息技术在网络空间中形成一个虚拟政府，是政府自身在网络空间的具象化，也是政府在虚拟网络空间中的技术化呈现，并且通过实体政府与虚拟政府的二维合一，为公众提供全方位、立体的社会服务，同时社会公众也可以与政府进行实时的沟通和交流。这一阶段

---

① "金桥工程"的全称为"国家公用经济信息通信网工程"，是国家经济和社会信息化的基础设施之一，它与原邮电部通信干线及各部门已有的专用通信网互联互通，互为备用，建成覆盖全国、天地一通的中速信息通信网。"金关工程"是国家为提高外贸及相关领域的现代化管理和服务水平而建立的信息网络系统，主要通过海关、外贸、外汇管理和税务等政府部门的联网，向企业提供相关服务。"金卡工程"是以电子货币工程为重点的卡基应用系统工程，最初的目标主要是通过利用邮电、金融系统现有的网络资源，推动银行卡跨行业务的联营工作，为金融、商贸、旅游等行业提供新型电子支付手段服务。

是电子政府的形成期,而前两个阶段是电子政府的孕育期。这一阶段与前两个阶段相比有以下几点特征。一是,随着网民数量的激增,电子政府建设开始由"以政府为中心"向"以公民为中心"转变,开始在政府自身信息化的基础上注重与社会公众的互动。二是,政府内部形成了以信息化为核心的管理体系,开始在政府管理中强调利用信息资源增强政府管理能力的理念,并且通过信息技术开始向社会输出高质量的信息,促进社会生活的有序运行。三是,形成了几种不同的电子政府机制,即政府与政府间机制（Government-Government,G2G）、政府与企业间机制（Government-Business,G2B）、政府与公民间机制（Government-Citizen,G2C）。

电子政府是政府从工业社会向信息社会转型发展下的产物,是政府为适应信息社会的发展而进行的自我革新,从上述电子政府的发展阶段我们可以发现,电子政府是在其所处的行政生态由封闭的工业社会向开放的信息社会环境的转型过程中,为适应行政生态的转型而形成的政府形态。在工业社会中,政府以传统的官僚制为政府核心的运行机制,社会公众无法参与到政府的管理中,政府呈现出全能型的样貌,在电子政府的前两个阶段我们可以看出其仍带有官僚制的痕迹,即以政府为中心,所进行的信息化建设仅仅是对政务办公的计算机化,政府与社会间信息的单向流通,对于政府运行机制和管理理念没有影响,是简单的技术使用,社会参与度较低,因而,我们将电子政府发展的前两个阶段称为"官僚电子政府"（Bureaucratic e-Government,B-EG）。然而,随着信息技术的不断发展,开始由工业社会向信息社会转型,这一时期我们从电子政府建设的第二阶段可以发现,政府开始重视对于信息的管理和使用,并开始构建管理信息系统,这一时期政府处于由简单的办公信息化向信息管理的转型阶段,特别是电子政府的成熟阶段,社会各个主体对于政府信息的需求日益加大,政府与社会公众的互动日益频繁,政府信息管理手段也越来越丰富,形成了"以信息管理为中心的电子政府"（Information management centered e-Government，I－EG）。但是，这一时期的政府仍然处于核心，政府依然拥有着社会的主要数据信息，这一点显示出电子政府蕴含的社会转型特征。

第二节 移动政府：智能技术驱动下政府管理的移动化阶段

数字技术和移动互联网的发展和智能手机的广泛应用，推动了电子政府向移动政府（Mobile government，MG）转型升级，这一转变不是移动互联网技术和智能手机在政府中的简单扩展和延伸，而是移动互联网技术驱动下政府管理理念的又一次转型。如果说电子政府的形成是现实政府向网络虚拟空间的迁移，那么，移动政府的产生则是电子政府社会化的结果。互联网驱动下的电子政府建设，延长了政府的神经，将政府拓展至每个人的桌面，使人们在电脑上便可以提出对政府的相关需求，而基于移动互联网的移动政府则将政府移位到人们的身边，使人们可以通过手机等移动终端便可以与政府进行沟通，并通过移动终端享用政府所提供的公共服务，这就使政府伴随在人们的身边。移动互联网的实时性、移动性、情境性等特点使得移动政府成为一种全新的电子政府形式。

在移动政府出现的初始阶段，主要是利用移动智能设备的便捷性、移动性和无处不在的移动互联网技术，将政府的服务以"推送"的方式实现公共产品的提供，由于政府与社会公众的交互方式变为通过移动终端进行沟通，注重政府数据信息等内容的呈现，社会公众便成为数据信息的接收对象，这是一种被动的、单向的、机械的交互方式。虽然在政府公共服务形态上将社会公众的需求和认知考虑在内，但是，注重的仍然是政府服务信息的通知，等于是政府数据信息简单的"移动化"，与电子政府的信息化阶段没有本质上的区别。这一阶段常见的移动政府行为有：基于短消息的移动政府信息传递、基于社会公众信息资讯的政府信息反馈形式等，而移动智能设备在"政府—社会"间的主要功能是呈现政府数据信息和提供适当的传播和反馈渠道。

第二阶段强调了如何利用移动智能设备和移动互联网技术增强移动政府知识管理和自适性,将移动设备看作政府向社会空间的延伸,作为政府的神经末梢获取社会中碎片化的数据信息,将移动设备看作政府认识人类社会的认知工具来支持、改进和扩展政府的管理理念和管理工具,同时为社会公众实现积极的社会参与提供有效的工具。常见的政府管理方式是采用新媒体技术,以移动终端的形式进行数据信息的传输,并在此基础上增强政府与社会的沟通,实现政府与社会的双向沟通,其特点是政府既可以实时利用新媒体向社会提供政府信息,也可以为公众提供更多了解政府和与政府沟通的平台。如"微博问政"和"微信问政"的兴起,各个政府部门开设政务微博和政务微信,搭建问政于民的新沟通渠道,为社会公众参与政府管理和监督政府行为提供了新的方式。在"表哥""房叔"等事件中,网民通过微博和微信平台对政府官员进行监督,并对其行为通过网络动员的方式问责政府。

第三阶段的移动政府得益于移动智能设备的进一步智能化和政府管理理念的转变。该阶段,移动政府开始将社会公众吸纳到政府管理系统中,不仅将智能设备看作政府管理的工具,而且将智能设备的拥有者看作政府的管理人员,开始通过移动设备中移动程序的设计为社会公众构造参与政府管理的环境和实践情景,并将社会公众参与政府管理看作在预定情境中发生的,不是随意产生的,真正实现了社会公众参与政府管理的理念。这一阶段,情景构造(参与规则和参与领域的选择和设置)成为这一阶段的主要内容,即政府将特定的社会管理实务进行程序化建构,并以技术为载体吸纳社会公众参与,注重"政府—平台—公众"流程的设置,关注物理的和政府的情境与社会公众的交互作用。这一阶段成为移动政府建设的成熟阶段,在互联网技术的驱动下,移动政府建设不仅将智能设备吸纳到政府管理过程中,而且将智能设备的使用者作为政府管理者，这在一定程度上拓展了政府管理的边界，真正实现了移动政府的社会化目标，每一个社会公众都可以在政府基于移动互联网所构建的"政府情境"中参与政府管理，并在这一"政府情境"中重构了社会公众的身份，使其由"被管理者"向"管理者"转变，也正是政府基于移动互联网的情景再造，推动了政府与社会主体间的合作共治。

可以说，移动政府是政府在移动互联网时代下所形成的政府形态，是政府继向互联网延伸后又向移动互联网新的延伸，是政府为了适应移动互联网时代社会公众对智能终端新需求的产物。从移动政府的概念中可以发现，移动政府丰富了政府与非政府主体间沟通的渠道，以更加便捷和时效的特性为非政府主体提供更加丰富的公共服务。与此同时，在移动互联网时代，智能手机的普遍运用，每一个智能手机都是监督政府行为的工具，更是通过技术安排和制度安排将社会公众吸纳到行政体系内，转变为政府的工作人员，履行政府对社会的管理职责，并对政府行为进行监督。因而，移动政府也可以被看作一种"服务和监督型的电子政府"（Service and supervised e-government，S-EG），推动了政府更好地适应移动互联网时代的需求。

第三节 "云政府"：智能技术驱动下 政府管理的数据化阶段

随着社会信息化程度的不断加深，特别是在云计算、物联网等信息技术的推动下，人类社会已经从信息社会中的互联网时代进入了大数据时代。在大数据时代，数据信息作为一种重要资源如何加以利用并开发出其中的价值，使其转化为政府管理的工具成为政府部门关注的问题。在信息时代，电子政府的建设有效提升了政府的行政效率和行政能力，受到了各国政府的重视。随着电子政府的不断发展，越来越多的电子政务系统被投入使用，电子政府已然成为信息时代政府管理的重要环节，对于政府优化改革，提高管理服务水平，扩大行政开放性有着重要意义。虽然，电子政府建设取得了显著成效，但是，也存在诸多问题。由于电子政府建设初期多是各个政府部门单独进行，缺乏部门间的协调，各个电子政府间相对分散，导致电子政府呈现碎片化现象，不同层级的政府和政府内部的不同部门在建设电子政府时没有统一的技术标准和建设方案，降低了各个政府部门所建设的电子政府交互性，进而影响各个部门之间的信息的查阅和共享（孟祥宏，2009）。另外，伴随着电子政府建设的不断深化，大量的电子政府部门应运而生，而每一个电子政府都是一个数据资源池，大量的数据信息充斥其中，政府所要处理和管理的信息日益激增，然而，各个政府部门在数据信息使用方面存在差异导致数据的格式和标准不尽相同，开发数据所使用的方法和工具也存在差异，这就导致不同电子政府的数据结构存在差异，因此对政府数据信息的整体性管理提出了挑战。如果说电子政府建设标准的差异化影响了政府间的衔接的话，那么数据标准化的困境则导致政府数据化建设中的孤岛困境（曾一，2007）。加之，由于数据信息重复输入，也导致了行政成本的提升。与此同时，信息技术的不断发展，社会的信息化程度日渐加深，社会所创造的数据量也在日益激增。信息时代的电子政府建设已难以适应大数据时代电子政府建设的需求，电子政府的发展面临困境。在大数据时代，如何推进电子政府建设成为政府发展的关键。而作为信息技术发展推动下的云计算技术，以其自身所具备的高性能、低成本、高可靠性等特点成为政府部门应对信息时代电子政府困境和大数据时代政府管理创新的有效工具。

所谓云计算（Cloud Computing），是指一种基于 Internet 网络所形成的共享计算资源池（例如网络、服务器、存储、应用以及服务等），用户可以按需使用资源池中的资源，并且可以以较少的成本与服务上的互动进行计算资源的运行模式。云计算在服务模式①上分为基础设施即服务（Infrastructure as a Service，IaaS）、平台即服务（Platform as a Service，PaaS）、软件即服务（Software as a Service，SaaS）。根据部署模式②云计算分为私有云、社区云、公共云以及混合云。云计算可以分为三个维度来理解，一是数据维度，云计算是利用网络的高速传输能力，将传统的数据处理从个人计算机转移到远程的大型计算机数据中心，人们通过计算机网络使用所有可能的资源，即所谓的云。在"云"中，资源会自动达到最优的配置而无须人工干预（刘剑波，2012）。二是计算维度，云计算是一种基于互联网的计算方式，通过这种计算方式，在共享资源池中的软硬件资源和数据信息可以按需提供给计算机和其他设备（Vaquero，2009；李乔，2011）。三是管理维度，云计算是将大量的用网络连接的计算资源统一管理和调度的一种数据管理模式，对单个的部门而言，就不需要铺设专门的网络，便可以以较低的成本快速地构建一个本部门所需的高效的管理系统，这个系统是开放的，直接面向公众，有助于信息的搜集与发布（孙振嘉，2012）。云计算具备以下五个特征：（1）需求服务的自主性，用户可以使用云计算服务提供者的软件，根据使用者自身的需求自助地使用服务者所提供的计算软件进行计算。（2）网络连接的广泛性，这一特性

---

① 软件即服务，即用户可以使用服务供应商运行在云基础设施上的各种应用程序；平台即服务，即将部署在云基础设施上的平台作为一种服务提供给用户。在这种服务模式中，平台提供应用开发所需的编程语言和工具，用户只需要利用平台就能够创建、获取和部署应用，并对应用客户端所需环境进行配置；基础设施即服务，即用户可以从计算机基础设施中获得服务。用户无须了解底层的云基础设施，可自由地部署和运行软件，但需要管理操作系统、存储与部署的应用，并适度关注所需的网络组件。内容来源于"The NIST Definition of Cloud Computing"，Official Websiteof the NIST（US），http：/ /csrc. Nist. gov /publications /nistpubs /800 – 145 /SP800 – 145. pdf。

② 私有云，其为一个机构单独使用而构建；社区云，其为具有共同关注点（如任务、安全需求、策略和遵守协议等）的多家机构使用而构建；公共云，即云服务供应商出售云服务，普通公众或大型产业集团通过网络获取这些资源；混合云，即云基础设施由两个或两个以上的云（私有云、社区云或公共云）组成，这些云保有其独立性，通过标准化或专利技术绑定在一起，从而使数据和应用具有便捷性。内容来源于"The NIST Definition of Cloud Computing"，Official Website of the NIST（US），http：/ /csrc. Nist. gov /publications /nistpubs /800 – 145 /SP800 – 145. pdf。

中有两层含义，一方面，资源输出的广泛性，用户在使用云计算时可以通过各种媒介工具获取网络计算能力，便于使用者对于云计算的运用；另一方面，资源输入的广泛性，任何个体在网上的行为信息都可以存储在云中，都被云所记录。(3) 资源使用的共享性，云计算服务者使用云技术将计算机连接起来在网络空间中形成一个无边界的虚拟资源池，同时利用计算技术对这一虚拟资源池中的资源进行利用并向外界提供服务。(4) 计算能力的可伸缩性，由于用户不同的需求对于计算能力的需求也是不同的，因而，在没有使用云计算的情况下，每一个用户则要根据自身需求开发相应的计算能力，多个用户这类行为的聚集必将导致计算资源的浪费，而在云计算中，无论什么情况下都可以通过共享资源池满足用户对于不同计算能力的需求。(5) 服务的可测量性，即云计算服务可以容易地进行测量并可以基于其进行有效的交易。

  21 世纪初期，世界各国都十分重视通过云计算改进电子政府发展方式，提升大数据时代的政府管理能力。2010 年 8 月，日本政府发布了《云计算与日本竞争力研究》报告，计划从完善处设施建设、鼓励创新、改善制度等方面推进日本的云计算发展。2013 年，日本政府又发布《世界最先进 IT 国家创造宣言》，计划建设和开放两万个 DATAGO. JP 平台，同时对政府管理信息系统的"云化"制定了"日本政务云"的战略框架。2011 年 2 月，美国政府启动了《联邦政府云计算战略》，促进政府公共服务向云端的迁移（The White House, 2011）。同年，NIST 发布了美国政府云计算路线图（NIST, 2011），其中包括美国联邦政府云计算利益相关方的需求、标准、优先行动计划等内容。除此之外，美国联邦采购总署（GSA）为国家公共机构提供了云服务目录（GSA, 2014）。欧洲网络和信息安全机构也将云计算作为重要的技术工具用于政府管理（ENISA, 2010）。欧盟在《2020 欧盟数字议程》中明确提出云计算战略，增强欧洲内部政府间的沟通和协调。不仅欧洲的机构，还有一些欧洲的国家将云计算作为国家战略，英国提出政府云计划

（G-Cloud），即通过使用云计算增强政府的管理能力（维基百科；英国政府办公室，2013）。德国也启动了《云计算行动计划》，为中小企业提供专门的技术和资金支持，挖掘云计算的巨大经济潜力。在这个背景下，我国国务院也在2015年印发了《促进大数据发展行动纲要》的通知，明确指出加快政府数据开放共享是主要任务，并且计划在2018年底前建成国家政府数据统一开放平台。

从各国的实践，我们可以看出在大数据时代，政府作为国家重要的信息机构，政府的数据资源是电子政府系统的"血液"（胡小明，2002），而如何让这些数据信息产生价值并提升政府管理能力成为现代政府发展的关键，而云计算则成为分散的数据信息转换为集中的数据价值的工具，进而电子政府建设进入了以云计算促进资源整合、业务协同和集成应用的新阶段。云计算可以被用来帮助政府进行电子政府转型升级，并在此基础上为公众提供更好的服务。同时，云计算可以减少政府不同部门的重复操作和资源的有效利用降低行政成本，而政府若将其应用程序转移到私人或公共云上，则可以节省50%—67%的成本（Etro，2011）。加之，通过采用云计算，政府和公共部门可以更专注于它们的核心业务，即服务于公民，而不是考虑IT资源配置和IT维护任务（Khan，2011）。可以说，云计算通过将政府各部门的电子政府转移到"云端"，从而打破了电子政府对固定终端的依赖，将不同部门的电子政府整合在一起，这种整合本质上是将分散的政府信息流通过云计算一个信息网，进而在云端形成电子政府的一站式政府，即政府数据信息资源池。云计算还能为政府提供先进的计算模式和基础架构，使政府信息资源由原来的"分散"管理模式逐步转变为"集中"管理模式，它推动电子政务向政府云（Government Cloud，GC）转变，推动电子政府向云政府（Cloud Government，CG）转型。因而，我们可以看出，云计算驱动下政府产生了新的变化即云政府和政府云的产生。

云政府是云计算与政府部门融合发展后所衍生的新理念，是一种以公民和企业为中心的政府管理模式。云政府是政府通过云计算在网络空间所形成的一个共享政府数据计算资源池，是政府适应大数据时代需求的产物。从内部看，云政府是各个政府部门在资源池中的聚集，是一种网络空间的"无缝隙政府"，在这里，政府部门之间的数据信息无缝隙对接，部门与部门之间不存在信息壁垒，各个部门可以根据自身的需要使用资源池中的数据资源；从外部看，社会公众也可以按需对资源池中的数据信息资源（不涉及国家安全）进行使用，政府通过云平台可以为社会公众提供更好的服务。可以说，云政府是政府通过云计算提高政府管理能力，改善政府流程，打破政府各个部门间信息壁垒，降低行政成本，提高行政效率的探索，是大数据时代政府行政技术升级和公共服务创新的结果。政府云是政府根据自身的特定需求和独特的行政环境、行政标准、行政监管等，基于计算机及网络平台，由政府、云企业、技术企业等共同创建的一种行业云。从云政府和政府云的内涵中我们可以发现，二者都是大数据时代，云计算嵌入政府管理后的结果，但是，二者也存在着显著差异，政府云强调的是一种工具属性，即政府运用云计算提升政府管理能力的一种工具，而云政府是云计算嵌入政府管理后对管理体制和管理机制所产生的影响，所形成的一种政府理念。云政府和政府云是紧密结合密不可分的，云政府以政府云为基础，政府云以云政府为指引，二者相互促进。而在云政府模式下，开始形成基于政府云的管理格局：云管理（Cloud Management，CM）。云管理由"云"和"管理"两个词构成，其中"云"是工具，"管理"是目标，因而，云管理是一种基于云计算技术，实现管理主体合作、共享、协同的管理模式。在云管理模式下，管理主体通过云计算技术，管理主体间的合作逻辑为数字逻辑，通过整合不同管理主体间的信息对管理过程的前、中、后进行全过程的共享共管。管理前端，各个管理主体以其职责进行数据信息搜集；管理中端，各个管理部门依据职责所搜集到的数据信息汇集在云中所形成的数据资源池中，原来的由各个主体承担的管理任务被统一数化，各个部门在管理过程中根据其自身的需求可以对其他主体所搜集到的信息进行运用，将其结果运用到线下的管理过程中，并对线下方案做出调整；管理后端，各个管理主体将管理所产生的结果以及经验反馈回资源池中，并对接下来的管理提供借鉴。

可以说，云政府是政府在大数据时代发展下的产物，是政府为适应大数据时代发展而产生的政府形态，从云政府的概念中我们可以发现，云政府是为了打破电子政府中信息壁垒，提高政府的内部一体化和外部互动化所产生的结果。在大数据时代，人类社会逐渐发展成为一个多中心、多节点、多层次、多行动者的"新世界"（Kettl，2002）。而在信息技术的不断发展下，"新世界"逐渐迈入深度信息化时期，公众个人也逐渐外化为一个数字化的自我（王山，2017），在网络空间中进行各种数字活动。信息时代中的简单处理政府信息的电子政府难以满足大数据时代政府管理的需求，政府必须通过云计算技术对大数据时代中数字化个体产生的数据进行收集、加工、处理实现对社会发展逻辑的正确把控，并不断创新政府信息服务模式。通过云政府的构建，将有助于重塑政府—企业—社会之间的信息流转关系。因而，云政府也可以被看作一种"参与型的电子政府"。而在这种"参与型的电子政府"（Participatory e-Government，P-EG）下所形成的云治理模式，使得政府可以适应大数据时代的要求。

第四节 智慧政府：智能技术驱动下政府管理的智慧化阶段

伴随着互联网、移动互联网、物联网、云计算、人工智能等智能技术的发展，人类社会逐渐步入智慧社会。智慧社会作为一种集成技术，是多种技术的融合，在智慧社会中，社会管理面临着更加复杂的现象，不仅需要管理线下物理社会，还需要管理线上虚拟社会，更需要负责由智能体做成的"类人类社会"。加之，智慧城市、智慧乡村、智慧社区的建设和发展，人类社会的智能化程度日渐加深。面对着这样新生的社会景观，政府必须对智能技术进行吸纳，创新政府管理方式。而为了适应智慧社会的需求，政府在不断将智能技术吸纳到政府管理过程中，逐渐产生了智慧政府（Smart Government，SG）的管理模式。

正如智能技术是一种集成技术一样，智慧政府也是在多种技术集成和政府多元理念融合的产物，是为了适应智慧社会管理的结果。然而，由于智慧政府是新出的概念，其还在不断的发展和完善中，人们对其还没有形成共识。有的人从治理的视角认为，智慧政府是通过传感器、移动终端等设备采用分布式计算架构，依托云计算数据库和虚拟化技术，实现从数据搜集、传输、知识挖掘到政策输出等决策程序的连续进行，为政府管理提供全时服务的政府模式（胡税根，2017）。有人从技术的角度认为，智慧政府是基于实境网络，通过云计算、语义网等技术，对公民和企业提供全面的、无缝隙的公共服务的电子政务高级阶段（赵玎，2013）。有人从社会价值的视角认为，智慧政府是运用现代科技，对政府进行一体化管理，进而实现政府创新，以创造更大的社会价值（Baum，2000）。还有人从政府管理的视角认为，智慧政府是为了实现政府内、外部间的资源整合与系统集成，实现各部门流程、资源重置以为公众提供便捷的一站式服务，实现网上监察和行政监督系统的透明性，而建设的中心系统（IBM，2017）。

虽然上述对于智慧政府内涵的界定视角不同，但是我们可以从中发现，智慧政府包含两个层面的价值。一是，技术层面的价值。智慧政府是一种技术组成的政府形态，是一种由互联网、移动互联网、物联网、云计算、人工智能等多重智能技术为框架组合而成的政府框架，如果将智慧社会作为躯体，那么这些技术所构成的政府框架便成为躯体内部的骨骼，而社会这个躯体内部遍布着各种骨骼，智能技术为智慧社会中的政府提供了技术基础。二是，管理层面的价值。智慧政府的构建是为了智慧社会中的政府面对着新生的行政生态所进行的政府转型,智能技术作为一种技术形态不具备自我意识,无法自主地参与政府管理,而以何种管理价值将智能技术运用于政府管理中,则将会形成不同的政府形态,因而,政府所蕴含的管理价值观念则是智慧社会这一躯体内的神经系统,而诸如开放、合作等神经末梢成为调动智能技术这些关节的思想基础。因而,我们认为,智慧政府是政府在开放、共享、合作等管理理念的引导下,为了适应智慧社会的需求,而运用大互联网、移动互联网、云计算、人工智能等技术,提高政府管理能力,创新政府服务形态的政府模式。

然而,智慧政府并不是与电子政府和云政府毫无关系,而是电子政府发展的高级阶段,也是云政府发展的新阶段,是由传统电子政府、云政府等所形成的一个智慧政府网络。其具有以下几个特征。一是,知识管理性。与电子政府强调政府的信息化、云政府强调政府的数据整体化不同,智慧政府强调通过对数据信息的挖掘利用实现政府的知识管理。智慧政府强调知识管理在政府管理中的重要性,并且将知识管理看作智慧社会中政府管理的核心能力。智慧政府主张通过知识管理带动政府的创新服务,提升政府管理能力,通过政府对知识的吸收、开发、运用实现政府管理现代化的学习型组织。由于在迈向智慧社会的过程中,数据信息日益增多,逐渐成为社会发展的动力,并成为政府社会管理的重要资源。政府作为社会管理的决策者和领头羊,如何利用数据信息提升政府管理相关的知识成为智慧社会中政府管理的关键,而知识管理也成为在智慧社会中政府提高工作效率、工作质量,减少行政成本的重要环节。政府知识管理就是以知识为中心的管理,通过确认和有效利用已有的和获取的知识并通过对各种知识的连续性管理,提高政府的管理能力和公共价值创造能力,以满足智慧社会发展中对政府的需求。政府知识管理的出发点是将知识看作政府管理的重要资源,是智慧社会政府提升管理能力的关键。从政府对知识的生成运用的视角看,智慧政府的知识管理有以下三个功能:知识生产功能、知识共享功能、知识应用功能。首先，智慧政府的知识生产功能。在大数据时代，如何将数据信息通过分类、整合、分析、挖掘等过程转换成政府管理所需要的知识成为政府管理的重要环节，而智慧政府通过运用云计算技术、数据挖掘技术可以有助于知识的生产，并通过知识的生产进行政策制定和公共服务的提供。其次，智慧政府的知识共享功能。智慧政府知识生产之后，便对知识进行共享，而对知识的共享又分为知识的传播和知识的互动，这一点也是智慧政府与电子政府、云政府的显著区别。电子政府中，强调的是政府通过信息技术进行信息公开，而云政府强调的是对政府数据信息的整体性管理，而智慧政府在两者的基础上认为应与公众进行互动，并在互动的过程中完善知识和传播知识，以增强公众的信任和知识生产的科学性，可以说，智慧政府知识生产的共享功能是知识生产功能的下一个阶段，也是知识生产功能的补充和完善。最后，智慧政府的知识应用功能。智慧政府的知识生产和知识共享的最终目的是政府对知识的应用，一方面，面对智慧社会的瞬息万变，传统的政府管理意识与现实的社会需求不符，难以支撑智慧社会管理和政府内部管理的需求，而知识生产所产生的"软知识"（理念、思维，如互联网思维等）对于智慧政府在智慧社会中的管理起着重要的作用，对知识生产所产生的理念的运用有助于转换政府的管理思维。另一方面，所生产的"硬知识"（工具、方法，如大数据、云计算等）则为政府适应智慧社会的发展和管理提供了有效的管理工具。

二是，系统衔接性。智慧政府是由多个不同的电子政府系统衔接而成的政府系统链条，是包括各种电子政府在内的所组成的集合体。在智慧社会中，政府想要更好地进行管理，政府内部各个部门之间必须协同合作，逐渐从强调自上而下的命令——控制机制转变为合作共享机制（Guire, 2006）。在物理空间中，传统的政府管理中部门之间存在着利益鸿沟，难以进行有效的沟通协作，合作渠道和机制匮乏，而智能技术的产生为政府组织间的协调提供了有效的合作工具。

三是，整体协调性。智慧政府作为一个系统工程，不是将传统的电子政府简单相加，而是通过整体性的设计，将各个电子政府的各项功能整合为智慧政府功能的组成部分，是通过智能技术的感知性、智能化的方式，将各个电子政府相衔接，形成一体化的智慧政府体系，使之成为一个整体，而在这一过程中就需要各个主体的相互协作，并且智慧政府的运行过程中必须协调好部门间的沟通关系，实现智慧政府的有效运行。

四是，交互融合性。智能技术本身是物联网技术、云计算技术等多种高技术交互融合而成的技术体系，而在此基础之上所构建的智慧政府在技术属性方面也具交互融合的特性，即使用多种技术对政府进行再造。而从智能技术的社会属性来看，智能技术的融合发展并不断地嵌入人类社会的过程中，使人类社会向智能化、感知化的方向发展，并不断地推动虚拟社会与物理社会的融合发展，而在这一融合过程中，一方面实现了物的"智慧化"，另一方面智能技术不断向政府的嵌入，不仅提升了智慧政府与外部主体间的交互，也推动政府的"智慧化"发展。五是，拟人服务性。随着诸如人工智能等新一代的智能技术在政府管理中的运用，实现了电子政府从机械化向拟人化方向演化，智能化的感知以及系统的拟人化发展，使得智慧政府具备了"神经末梢"，可以有效地、及时地感知社会公众的需求以及社会的突发情况。同时，在云政府基础上形成了智慧政府的"神经网络"，通过云端的"神经中枢"，政府可以分析处理社会的诸多信息，实现智慧政府管理的科学化。另外，在虚拟社会中，与传统的电子政府相比，智慧政府更加拟人化，更像一个智能体与社会公众进行沟通和协调，更显得人性化。

智慧政府是政府从信息社会向智慧社会转型发展下的产物，是政府适应智慧社会发展而进行的智慧革新，而从智慧政府的特征中我们可以发现，智慧政府是随着社会的感知化、智慧化进程的不断深化的过程中，为适应新的行政生态的产物。智慧政府是电子政府发展的高级阶段，其发展并没有排斥电子政府、云政府，而是在两者基础上所构建的政府管理的生态链条,是电子政府和云政府智慧化发展的结果。因而,我们将智慧政府称为"智慧的电子政务"(Smart e-Government,S–EG)。从B–EG、C–EG到S–EG,政府在技术驱动下进行了创新型的发展,通过利用先进技术实现了政府组织结构的转型升级,这一过程是政府适应社会需求的产物,也是政府管理内部创新的产物。

第五章

智能技术嵌入政府管理的过程机制

随着智能技术迅速发展，政府日益意识到智能技术的价值，开始将智能技术引入政府管理中，实现了从电子政府、移动政府、云政府到智慧政府的转型，而从这一转型过程中可以看出，政府的转型发展是在全面深入地运用互联网、云计算、人工智能等技术来促进政府管理和发展的转型过程，其结果必然是政府管理现代化升级。在智慧社会中，智能技术已然成为政府进行内外部管理的重要工具，将智能技术吸纳到政府管理过程中已经成为现代政府建设的主要环节。然而，智能技术产生之后，只有得到充分的应用和扩散，才能对社会产生真正的影响。同理，只有将智能技术整合纳入政府管理过程中，才能对政府管理产生影响。智能技术作为一种技术形态是客观存在的，并不具有自主性，智能技术自身不能主动地融入政府管理中，必须通过政府的吸纳才能嵌入政府部门中，智能技术作为客观存在的事物是用来被政府所选择的。另外，智能技术嵌入政府之后，智能技术本身所包含的文化价值及其原则便开始对政府产生影响，从技术自身来看，政府会对智能技术不断进行调整以适应政府的组织文化和组织目标，而政府也在智能技术的嵌入过程中不断地进行着自身的转化升级，并产生诸多的新的智能技术与政府融合的产物，即智能技术经过政府的转化后所形成的新的技术形态，是政府对智能技术的再构下的产物。因而，我们可以将政府对智能技术的吸纳看作政府将智能技术的"输入—转化—输出"的系统（见图5-1），并通过这一系统，探讨政府选择智能技术的考量、政府对智能技术的转化（再造）以及政府对其所创造的智能技术产品的推广等问题。

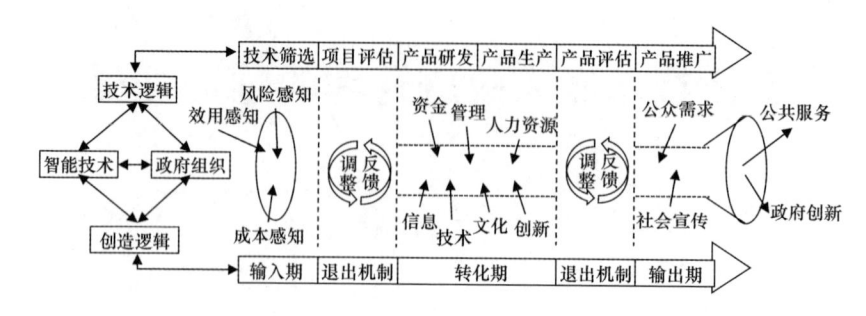

图5-1　政府吸纳智能技术系统

第一节　输入阶段：政府对智能技术的吸纳

在智能技术驱动下，人类的社会形态和政府的外部环境都发生了重大的变化，政府为有效地适应新的社会环境，必须推动政府管理的现代化升级。在智慧社会中，政府除了转换管理理念，优化政府职能之外，需要运用智能技术提升政府管理能力，转变公共服务提供方式成为政府管理现代化的有效路径。然而，智能技术作为一个客观存在的事物，其自身并不会主动地嵌入政府管理中，需要政府主动地对其吸纳，但是，政府对智能技术的吸纳并不是随意进行的，而是受政府自身的效用感知、成本感知和风险感知的影响有选择性地进行，而这三种影响因素构成了政府对智能技术的选择机制，也构成了智能技术输入政府管理过程的主要因素。

一　效用感知

在政府吸纳智能技术的效用感知中，主要有两个方面：内部效用感知和外部效用感知。前者是指政府决策者所考量的个人效用；

后者是指决策者所考量的部门效用和社会效用。

首先，内部效用感知，即政府决策者的个人效用感知。智能技术的选择归根结底是由利益驱动的。在私营部门中有着明确的奖励机制，组织对于员工做出的贡献可以给予奖金、利润分成、股票期权等奖励，因而，在私营部门中对于智能技术的使用主要为了获得物质奖励和晋升机会或者获取更大的市场利润。而以科层体制为特征的政府部门中，是否采用智能技术的首要目标不是对个人的物质回报，而是决策者为了获得更大的晋升机会，或是为了完成上级交给自己的任务，让上级能够关注自己，欣赏自己的能力，通过智能技术创新工作方式成为技术决策者吸引上级领导的一个有效的途径，进而向上级领导释放关于个人能力的信息。虽然政府对智能技术的采用可能与提高部门效用和社会效用有关，但是智能技术的采用也成为政府工作人员寻求政绩的一个重要举措。而若将个人利益看作个人效用的全部的话，那么决策者便会通过以保守的方式（在原有的基础上进行改造）吸纳智能技术，这种方式不易对现有的政府运行产生大的影响，不触动政府的运行规则，是小范围的保守行动，且这种行动多是在上级领导默认的条件下进行。然而，在具体的现实操作中，不乏一些地区政府部门的决策者先于上级政府部门感知到智能技术的有效性，而对智能技术进行探索性和突破性的吸纳，这种行为与前者相比面临着更大的不确定性，然而凸显的却是决策者的创新精神，显示出决策者所追求的价值观和使命感。因而，这种以价值驱动的行为与前者以利益驱动的行为不同，超越了单纯的利益目标，表现出决策者更大的部门价值或社会价值的目标，决策者对智能技术选择的依据更多的是其所产生的社会价值。这表明，政府决策者对于智能技术的吸纳，受制于决策者自身对自身功能角色的定位和评价，即将自身看作利益驱动的"经济人"还是看作社会价值驱动的"公益人"。

其次，外部效用，即部门效用和社会效用。(1)部门效用。所谓部门效用，是指政府部门采用智能技术为政府部门所带来的效能，主要体现在提高政府管理效率和能力，进而提升社会公众的满意度。倘若智能技术可以改善管理政府的管理绩效和提升政府的管理能力，增强政府对自身所处的行政生态的适应性，缓解政府在智慧社会中所面临的危机，那么政府决策者则会吸纳智能技术。同时，部门效用则可以视为政府采用智能技术目标的实现程度。

（2）社会效用。社会效用是衡量政府采用智能技术所带来的社会效能。智能技术作为一种客观存在，本身是使用社会发展的产物，是人们为了自身需求所创造出来的技术工具。政府部门作为社会公共部门，其核心目标是社会公共利益的最大化，如何用最小的投入获得最大的产出是衡量政府行为有效性的关键因素。人类社会进入智慧社会后，智能技术已成为人们生活中不可分割的一部分，智能技术以多样化的形态满足了人们差异化的需求，同时，为人们的生产生活带来了便捷。在智慧社会中，政府若想与智慧社会融合发展必须运用智能技术，提升政府的适应性，同时，通过吸纳智能技术对政府提供公共服务的方式进行转换，改变政府与社会沟通协调的模式。可以说，政府对智能技术的吸纳逐渐成为有效地推动社会经济的发展和满足人民日益增长的物质文化需要的重要工具。政府吸纳智能技术对于提升政府部门在智慧社会中的适应性起着关键作用。

因而，政府决策者在吸纳智能技术时，决策者需要考量是采用维持现状的"经济人"行为，还是采用突破性创新的"公益人"行为，则成为决策者进行智能技术效用评价的重要依据。而根据决策者内、外部效用的比较，可以将其分为四种组合方式（见图5-2），即经济人模式、公益人模式、创新者模式、保守者模式。

首先，经济人模式。在经济人模式中，政府决策者考量的是对智能技术的吸纳是否有助于个人效用的提高，即决策者将智能技术看作提升政绩的工具，对其采用可以有助于获取更多的升职机会，而较少考量智能技术是否适用于本部门的需求和是否可以提升部门的管理能力进而提升政府的外部效用，表现出决策者追求个人利益的经济人的一面。

	经济人模式	创新者模式
内部效用	保守者模式	公益人模式

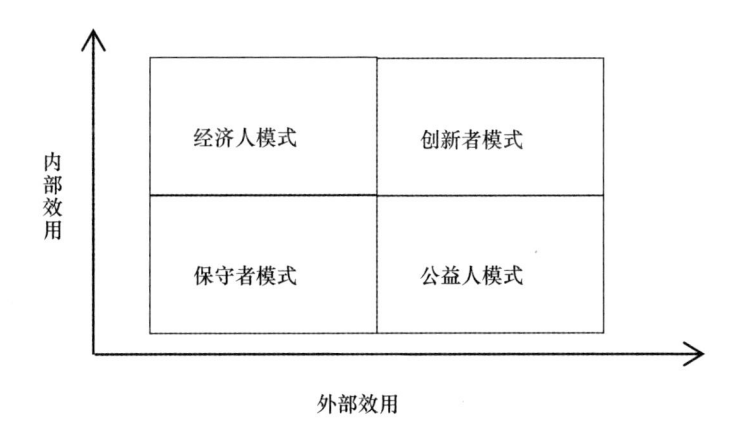

外部效用

图 5-2 政府吸纳智能技术决策模式

其次，公益人模式。公益人模式中，政府追求的是外部效益的最大化，即将部门效用和社会效用看作政府选择智能技术的重要考量因素。这一模式中，政府决策者是希望通过智能技术的技术属性和社会属性提升政府自身的管理能力和社会服务能力，而将个人的效用放在次位，着重对智能技术的可行性、适用性等进行分析，并在此基础上推动社会的发展。公益人模式体现了政府吸纳智能技术的价值目标，显示了政府决策者的使命感。然而，公益人模式中，由于对个人效用的影响较低，难以维持智能技术在政府部门中的推广和运用的长久性，因而，这一模式存在着不确定性，极易产生"虎头蛇尾"的窘境。

再次，创新者模式。智能技术作为一种客观存在，其形成和发展与政府的行政逻辑和组织文化间的关系较弱，是独立于政府系统运行的，也就是说，智能技术的形成之初并不是为政府量身定制，而是为了满足社会的需求，因而，政府对智能技术的运用本质上就是政府创新的过程，政府决策者扮演的是一个创新者的角色。作为创新者的政府决策者在选择智能技术时会对政府部门的需求进行分析，同时通过制度创新、机制创新等方面维持智能技术在政府内部的运用。由于这一模式中，决策者通过一系列的创新行为将政府对智能技术的吸纳进行制度化设计，并将其成功经验转换成可供推广的方案，这在一定程度上有助于形成决策者内、外部效用的有效互动，进而提升决策者的内部效用。

最后，保守者模式。保守者模式中的政府决策者既不将内部效用的最大化看作其追求的目标，也没有将外部效用的最大化看作动力，而是以维持现状的态度消极地对待智能技术的吸纳。在这方面，保守者模式更倾向于保守的经济人模式，即消极地对待工作，缺乏工作激情和创新力。

二 风险感知

政府对智能技术的吸纳，是将一个新的事物和文化观念纳入政府中，是政府自身"创造性破坏"的发展过程。政府创新是政府对未知领域的探索，在政府吸纳智能技术的过程中，政府决策者除了考虑智能技术嵌入后所产生的效用，还应评估智能技术嵌入后所面临的风险和阻力。对政府决策者而言，其更愿意选择风险小而个人效用大的技术。政治风险和业务风险构成了政府运用智能技术的风险类型，政治风险是指政府吸纳智能技术后所产生的一些难以预料的事情，进而对政府的管理产生不利的影响。主要表现为两个方面。一是，智能技术嵌入后在利益关系、权力配置、意识形态等方面的调整或突破对既定的制度设计和安排所带来的挑战。二是，智能技术作为一种外部的客体，有着其自身的价值属性和文化内涵，智能技术难以融入政府既有的组织文化、制度设计、意识形态，进而使政府面临着政治方面的损失，造成合法性资源流失。业务风险是指政府吸纳智能技术后对政府业务创新发展的效果不理想，对现存的政府业务流程中存在的问题或困境不能有效地解决，进而引发政府业务流程的阻塞，阻碍政府管理的有效进行，使政府的公信力下降。

在实际的政府吸纳智能技术的过程中，业务风险和政治风险都有可能出现。首先，政治风险。智能技术所产生的政治风险分为两个部分,一是智能技术从外部对政府形成的风险压力;二是智能技术嵌入政府后从政府内部对政府形成的风险压力。从外部看,智能技术的普及,改变了社会的运行机制,如在网络虚拟空间中,智能技术打破了以往政府对社会管理权力的垄断,智能技术的去中心化导致政府难以维持其在社会结构中的中心地位,使得每一个社会个体都是网络虚拟空间的中心,在这里拥有着与政府同样的管理权力。从另外一个层面看,去中心化本质上是社会平等化发展的表现,人们的自我意识不断地觉醒,参与社会管理的动机日益增强,这就对政府提出了诸多的挑战。而若政府在吸纳智能技术后没有及时地考虑如何运用智能技术进行再中心化,就极易导致政府的话语权被淹没在社会的信息洪流之中。同时,随着智能技术的发展,社会公众可以通过技术手段对政府进行监管,从"天价烟局长"到郭美美事件,都能看出技术作为一种管理工具正日益对政治产生重大的影响,并通过网络舆论影响政府的管理行为,而若要与网民进行良性沟通,及时地了解网络民意,并将其纳入政府的管理决策中,政府就必须运用智能技术进行现代化再造。另外,智慧社会中,充斥着大量的数据信息,在这其中存在着一些虚假信息,而虚假信息的传播则极易导致社会混乱,并损害政府的公信力。加之,在智慧社会中,整个环境是开放的即社会公众可以获取到其自身想要获得的相关信息,政府传统的通过先处理后公布的方式对社会公布信息的方式已经不适应当前社会的需求,政府必须及时有效地对突发事件进行追踪报道,这就增加了政府应急管理的风险。从内部看,政府对智能技术的吸纳,高层官员虽然从整体层面设计了智能技术的应用方案,但是具体的操作和选择方面,则主要由低层次的官员执行。由于低层次官员对业务流程的操作性的了解,有助于增强智能技术对部门的可适应性,但是,也容易产生较低层次的官员由于视野过于狭窄,过于专注于本部门内部的业务,而缺乏对政府整体的考量,缺乏整体性思考,这就极有可能导致政府部门间的隔阂。另外,高层官员在制定智能技术选择方案时,极易一厢情愿,而不结合部门实际凭借个人喜好进行智能技术的选择和运用，自上而下地强制性地推广和运用，这就极易导致智能技术与部门发展的不协调。同时，智能技术本质上所包含的价值文化与政府组织的行政文化存在差异，而智能技术强调的协调、开放、共享的文化理念，在政府决策者看来是对政府权威和权力带来的威胁，并极易为了保存自身的利益而消极地对待智能技术吸纳。

其次，业务风险。从政府的业务指向可以分为内部业务和外部业务，内部业务是指政府部门之间的行政事务，外部业务指的是政府与政府之外的其他主体间的事物关系。因而，政府的业务流程也分为内部业务流程与外部业务流程。内部业务流程主要是涉及行政机关或系统内部之间各个主体处置内部事务的流程；外部业务流程是涉及行政机关或系统外部的处置社会公共事务的流程。其一，从内部来看。传统的政府内部业务流程主要是依靠科层制体系运作，政府组织结构是条块结构，即是由"条"和"块"所构成的纵横交错的"金字塔"结构。其中，条状结构是指不同层级的政府机构之间所形成的组织机构；块状结构是指每一层级政府部门内部不同职能部门所构成的组织结构。政府内部业务流程除了制度体系影响外，所依靠的就是上传下达的组织运行。然而随着智能技术的出现，对政府内部的业务流程进行了再造，政府内部业务流程开始网络化和虚拟化，而传统的条块分割的组织结构和金字塔的管理模式被网络化的组织结构和扁平化的管理模式所替代。然而，智能技术嵌入后，若机构和运行方式原封不动，那么智能技术的嵌入是无效的，并不能将智能技术的最大效用发挥出来。其二，从外部来看。传统的政府在处置社会公共事务的时候需要社会公众一个部门一个部门地跑。在管理目标方面，各个部门只关心自己的部门利益，而忽视与其他部门之间的协调，在业务流程分割方面总是有意无意地对社会事务的办事流程进行分割，出现轻过程、轻服务的窘境。而智能技术可以打通部门间的隔阂，加强政府间的协调和服务质量，对于政府形象的提升起到促进作用。然而，一旦政府在吸纳智能技术后所产生的服务质量减少，或由于对智能技术的掌握能力较弱而导致整个服务流程中断，或将智能技术置于空中，则会降低社会公众的满意度，进而影响政府形象。

三 成本感知

智能技术对于政府而言就是一把"双刃剑"，在提升政府管理的同时也给政府管理带来了种种风险。这也就意味着政府为了吸纳智能技术必须克服或者接受智能技术的风险，这就需要政府支付智能技术嵌入的成本，这种成本主要为交易成本、机会成本和沉没成本。政府吸纳智能技术的交易成本主要有以下三个。（1）认知成本，政府作为不参与智能技术创造的主体，对于智能技术的主要内容不了解，必须通过搜集和处理搜集到的关于智能技术的相关信息对智能技术进行了解，这一过程需要承担智能技术的认知成本。（2）讨价还价成本，智能技术对于政府而言是一种新的事物，对其吸纳必然对政府管理产生深远的影响，甚至对部门利益进行整合和再分配，因而，政府部门内部不同主体对智能技术存在差异化的看法，因而为了保证政府对智能技术的顺利吸纳，就需要获得上级部门的批准或默许，因而，为了说服部门内部的成员和上级主管的批准需要吸纳部门花费大量的时间和精力，这就要求申请部门与其他相关主体进行讨价还价以保证智能技术的嵌入。（3）调适成本，智能技术作为一种新的文化观念和价值理念，在嵌入政府管理的过程中必然对现有的运行机制和制度规章产生冲突，这就需要智能技术嵌入部门对传统的制度规章和运行机制进行调整，并最终促进智能技术与政府的融合发展。而政府吸纳智能技术的机会成本主要是政府为了采用智能技术而放弃采用别的方式的机会，或利用智能技术提升政府管理的方式而放弃另一种提升政府管理的方式。而所放弃的所能获得的提升政府管理的方式所产生的效益则看作采用智能技术所产生的机会成本。因而，政府在是否选择智能技术时会全面考量，不仅要考量采用智能技术本身所带来的效益还要考量因选择智能技术而放弃的别的提升政府管理的方式所产生的收益,这样便可以推动政府进行理性的思考,从而使政府对有限的资源进行最佳的配置。政府吸纳智能技术的沉没成本是指政府以往为了吸纳智能技术所产生的成本,是指政府在做出吸纳智能技术决定时,政府决策者不得不考虑,因使用智能技术的结果令人失望而停止使用时所付出的成本,沉没成本是一种预期成本,而非已发生的成本。这意味着,政府在决定是否吸纳智能技术时,不仅要看智能技术对政府的有利影响,也要看政府以往对智能技术所进行的投入,而这种已经发生的不可回收的支出便是我们所提的沉没成本。因而,政府极易因为没有效益的产出沉没成本而不敢再次对智能技术进行投入,或者对沉没成本过于眷恋,导致政府继续增加投入,造成更大的损失。可以看出,政府吸纳智能技术产生沉没成本的原因主要是决策者的失误、前期的调研不足、执行中偏离轨道、发现问题但没及时调整等。

第二节 转化阶段:政府对智能技术的创新

政府通过效用感知、风险感知、成本感知,对智能技术进行判断,并结合政府自身的需求对智能技术进行选择运用。而政府对智能技术的选择和运用则是通过对智能技术的创新以满足政府的需求,并适应政府的组织文化和目标,这一阶段便是政府对智能技术进行转化,通过政府创新的方式对智能技术进行解构和再构,进而通过政府吸纳智能技术以实现政府的预期目标。因而,我们可以将智能技术输入政府后的阶段称为智能技术的转化阶段。该阶段的核心便是政府通过技术创新改变智能技术的初始形态以适应政府的需求。

在转化阶段,政府所进行的智能技术创新是该阶段的核心内容,通过对智能技术的创新,生成满足政府需求的技术产品,而智能技术创新则需要政府对原初智能技术进行创造性的发展,因而,政府对引入技术的创新成为政府吸纳智能技术转化阶段的核心。需要指出的是，政府对智能技术的创新不同于其对智能技术的发明创造，前者是指引入相对于政府及其工作人员在政府管理过程中所遇到的新事物。这里所说的"新的事物"主要是指技术、理念、流程等，这些新事物是相对于政府及其工作人员而言的，而不管这种技术、理念等有多老（Rogers，2003）。因而，政府的智能技术创新是引入相对于其而言是新的技术、理念、实践、服务、流程等（Walker，2006）。然而，政府创新虽然有别于发明创造，但是政府部门或者政府决策者在引入"新的事物"之后，则将"新的事物"应用于政府管理中，并在"新旧事物"融合的基础上创造出符合政府需求的"新事物"，而这个通过创新所形成的新事物则是政府所创造的事物，故政府创新不仅仅是将"新的事物"引入政府中，而是通过引入"新的事物"创造满足政府需求的新事物以提高政府管理能力和社会公共服务水平。因而，政府创新是指公共权力机关为了提高行政效率和增进公共利益而进行的创造性改革（俞可平，2005），是政府组织引入新的理念、技术、程序等，通过新事物的衍生，创造政府需要的产品，以提升政府的管理能力和社会公共服务水平的行为。从这个层面来看，政府创新便是一个创造的过程，即"创新发起—创新实施—创新应用—创新考核"（陈永杰，2016），通过这个过程政府将"新的事物"进行开发并付诸实施。政府创新与私营部门创新相比存在以下几个方面的差异。一是，创新目标。私营部门的创新是为了增强部门的竞争力，推动产品升级，扩大市场份额，获得高额的利润；而政府创新则是为了增强政府的管理能力，提升政府的公共服务水平，增强政府的合法性，创造更大的公共价值。二是，创新主体。私营部门的创新主体主要是以企业为主的市场主体；政府创新的主体则是包含政府、事业单位等在内的公共部门。三是，创新内容。私营部门的创新内容分为面向企业管理的创新和面向顾客的服务创新；政府创新的内容分为面向政府管理的创新和面向社会公众的创新。四是，创新机制。私营部门的创新机制较为灵活多变，可以采用开放式创新、集群式创新等多种创新机制；政府创新的机制则受到官僚制的影响呈现出半开放式创新的特征。可以说，私人部门创新是企业打造、开发和保护产品的市场基础；政府创新除了发挥与此相似的功能外，还发挥着阐明并强化同民众的责任联系，解释"政府产品"的价值方面的功能（Altshuler，2007）。

智能技术作为一种"新的事物"由政府部门或政府决策者等"引入单位"吸纳到政府部门之后便开始根据政府的需求对原初的智能技术进行解构，并在此基础上，通过技术创新机制对原初的智能技术进行再构，创造出满足政府需求的新的智能技术形态。因而，政府对智能技术进行创新形成了"技术发起—技术创新—技术应用—技术评估"的流程，而这个流程便是政府吸纳智能技术的转化阶段。政府吸纳智能技术不仅仅是为了减少行政成本，提高行政效率，增强政府的管理能力，即面向政府的技术创新；也是为了提高社会公众参与政府管理，创新政府公共服务提供方式，即面向社会的技术创新。因而，政府对智能技术的创新分为两个方面，即面向政府管理的技术创新和面向社会服务和参与的技术创新。前者主要是针对政府内部管理能力的需求所进行的对智能技术的再造，后者则是指政府针对政府外部管理和公共物品提供对智能技术所进行的改造。政府所进行的这两个维度的技术创新共同构成了政府对智能技术的转化结构。虽然这两类技术创新在创新流程方面存在一致性，但是二者在技术发起、技术创新、技术应用、技术评估等环节的具体内容上存在着差异。

一　技术发起环节

政府经过对智能技术的风险感知、效用感知、成本感知后对智能技术进行了全面的了解，开始根据自身的需求对智能技术进行运用。智能技术作为独立于政府系统的技术架构，其原初形态不一定满足政府的需求，政府必须根据自身需求对智能技术进行重新的设计，并对智能技术进行新的创造。基于此，政府便开始在自身需求的基础上对智能技术的结构进行创造发起。虽然，对于智能技术的改造是由政府发起的，但是，对于发起阶段的参与者，则存在除政府以外的其他主体。在面向政府管理的智能技术发起环节中，作为主要发起人的政府既包括上级政府决策机关，还包括下级政府的执行机关，而参与主体则还包含政府外部技术开发主体。政府外部的开发主体对政府智能技术的开发提供技术支撑。在面向社会参与和服务的智能技术发起环节中，除了上述的主体之外，最为重要的便是社会主体（公众、社会组织）开始作为技术开发参与主体进入政府对智能技术的开发方案设计过程中。另外，由于社会公众和企业也有能力运用智能技术进行公共产品的自我提供，因而，在面对社会管理和公共物品提供的智能技术改造层面，社会公众和企业不仅以参与者的身份参与到政府为发起人所进行的智能技术改造项目中，而且自身还作为发起人鼓励政府参与到其运用智能技术所进行的社会管理和公共物品提供的项目中。这就意味着，在社会管理和公共物品提供领域社会公众、企业以及政府机构都可以成为运用智能技术创新社会管理和公共物品提供的主体，而在社会公众和企业为发起人的项目中，政府作为参与者为项目的顺利实施提供政策和制度保障。

二 技术创新环节

政府对智能技术的创新环节是指政府根据自身的需求，在政府的组织文化、行为价值、制度规章的规约下，通过技术再构成技术衍生对智能技术进行转化，创造出新的技术形态以满足政府需求的行为过程。政府对智能技术的再构和智能技术的衍生是智能技术创新环节的两个维度。前者是指政府部门将部门需求、部门文化、制度规则、价值目标嵌入原初智能技术之中后创造满足政府需要的智能技术形态的过程；后者是指在原初智能技术之上已然形成的智能技术随着智能技术不断升级的基础上所进行的技术发展和技术创新。技术再构是政府从外部对原初智能技术的外在形态进行转化，技术衍生则是智能技术在迭代升级的基础上智能技术自身进行更新，并在此基础上所衍生出的新的技术形态。可以说，政府对智能技术的创新环节的目标主要是通过对智能技术的改造创造出满足政府需要的管理工具。然而，技术创新在面向政府内部自我管理和外部社会治理方面则存在差异。首先，技术再构维度。在面向政府内部管理的技术创新层面，原初的智能技术中所包含的文化价值与政府文化价值不符的话，政府则会通过其他的技术手段以"技术叠加"的形式对原初的智能技术进行修正，通过向原初智能技术输入强调权威、集权、层级的行政文化，以满足政府的文化要求。而在面向社会管理和公共产品服务层面，政府向原初智能技术输入则是强调公平、民主、平等的社会文化，以满足社会公众的需求。另外，在这个层面，由于社会主体可以在政府外部自主地对智能技术进行创新，并将技术创新的成果运用于社会管理和公共产品提供方面，这就产生了政府行政文化的缺失，在技术生成上产生了"文化空洞"，而这种空洞的形成则倒逼政府管理的退出和转型，政府则必须通过制度创新和理念创新对"文化空洞"进行填补。在面向政府内部管理的技术创新层面，对智能技术进行创新的目的是增强政府内部管理的效能，提升政府内部管理能力。而在面向社会管理层面，对智能技术进行创新的目的是提升社会主体参与社会管理的渠道和方式，同时改善社会与政府间的关系构建"政社协同"的管理机制，并且通过智能技术创新公共物品提供方式和途径。

三　技术应用环节

政府对智能技术进行创新后所产生的成果必须进行运用才能产生所想要达到的效果，这一环节便是新生技术的应用环节。而在新的智能技术的应用环节，面向政府内部管理的维度和面向社会管理的维度在应用领域、应用对象、应用环境三个方面存在差异。一是，应用领域方面。在面向政府内部管理的维度，智能技术创新的成果主要应用于政府部门内部，而在面向社会管理的维度，智能技术创新的成果主要应用于政府部门外部的社会空间。因而，对于智能技术创新成果的应用规则方面也呈现出差异化，前者着重的是基于政府业务流程规则的应用，而后者则是基于政府与社会主体间的沟通规则进行成果的应用。二是，应用对象方面。在政府内部管理维度，政府对智能技术所进行的创新后的产物主要运用于政府部门内部，而所指向的适用对象着重的是政府机关的公务人员，因而，公务人员对新创的智能技术的使用能力有着专业化的需求，也就是说，应用于政府内部管理的智能技术成果多是为了增强政府内部管理能力，这种技术本身就具有专业性，因而对其使用者便提出了更高的应用要求，并且应该对其使用者进行相关的培训。而在社会管理的维度，政府和其他非政府主体所创造的智能技术成果主要是为了向社会公众提供更为丰富的公共物品，同时也为社会公众提供更多参与社会管理的渠道，因而，这就需要社会公众知晓智能技术的创新成果的使用方法，并且技术的使用应该简易可用，这就意味着政府与非政府主体应该向使用智能技术创新成果的公众进行宣传，以便让社会公众知晓技术的使用方法。三是，应用环境方面。由于对智慧技术进行创新所面向的应用领域和应用对象存在差异，因而，在技术的应用环境方面也存在显著的差异。在面向政府内部管理的维度，对智能技术创新成果的应用环境是政府部门内部或者政府部门之间所构成的技术生态，这种生态系统较为确定且较为稳定，不可控因素较少，且技术使用者对于环境的掌控能力较强，这就为智能技术创新成果的使用和调整提供了良好的外部环境。然而，在面向社会管理的维度，智能技术的创新成果的应用环境则是社会系统所构成的技术生态，这种生态系统的不确定性较高，社会的诸多不确定性较强，加之智能技术创新成果的创造者对应用环境的掌控力较弱，这就导致智能技术的创新成果在社会系统的运用中具有不确定性。

四 技术评估环节

技术评估环节是政府对智能技术吸纳转化阶段的最后一个环节，在这一环节中，政府和社会主体对新生成的智能技术产品进行评估。而面向政府管理和面向社会管理的技术评估在评估主体、评估标准方面存在差异。首先，技术评估主体。在面向政府管理的维度，政府是智能技术创新的执行者和应用者，其效果的优劣只有政府的使用部门能够了解，因而，在面向政府管理的智能技术创新维度中，政府是智能技术创新成果应用效果的评估主体。在面向社会管理的维度，由于智能技术创新主体既可以是社会主体也可以是政府，其所应用的对象大多是社会公众，因而，对面向社会管理的智能技术创新成果的评估主体则成为由政府、企业、社会公众组成的技术评估主体集合。其次，技术评估标准方面。在面向政府管理的维度，政府对智能技术进行再构是为了提升政府的行政效率，提升政府的管理能力，减少行政成本，因而，评估的标准制定也将围绕政府的行为目标制定。而在面向社会管理的维度，社会主体和政府所进行的智能技术创新是为了增强社会主体参与社会管理的能力，提升政府公共物品供给水平，增强社会公众满意度，因而，在这一维度对智能技术创新成果的评估标准则主要围绕所产生的社会效果进行标准制定。

政府和社会主体通过技术发起、技术创新、技术应用、技术评估对智能技术进行再构和衍生，推动了智能技术对政府管理的嵌入。然而，在这一过程中，各个环节并不是无缝隙衔接的，在各个环节中存在着一个衔接的环节，即调整与反馈环节。调整与反馈环节主要是为了让技术创造主体可以根据技术实施的具体情况对初定方案进行矫正，以保证智能技术创新成果更加符合创造者的需求，以更好地为创造者服务。而通过面向政府管理和面向社会管理两个维度对智能技术转化的分析，我们可以发现，在对智能技术转化的过程中存在着三个转化流。一是，政府内部的转化流，即面向政府内部管理的智能技术创新。这一转化流主要是政府运用智能技术对政府自身业务流程的再造，使其更有效率，更加便于政府的内部管理。二是，政府外部的转化流，即社会主体通过智能技术创新所进行的社会管理的自我化。这一转化流是社会主体通过运用智能技术不断地进行自我管理和公共物品的自我提供，这在一定程度上可以看作智能技术对社会赋权后的产物，社会主体对社会管理有了更大的权限，并且开始通过智能技术创新对政府进行外部监督和平等协商。三是，嵌入政府的外部转化流，即发生在政府外部但需要政府参与在内的智能技术创新。这一转化流是介于政府内部转化流和外部转化流之间的智能技术转化形式，其智能技术转化发起方是非政府主体，但技术的具体实施则是政府主体，即政府与外部主体共同进行的智能技术转化的合作流。

第三节 输出阶段：智能技术创新的内外扩散

政府对智能技术的吸纳是一个复杂的系统，需经过政府对智能技术的输入，政府对智能技术的转化，以及政府对智能技术的输出三个环节。如果将政府对智能技术的转化过程看作政府通过智能技术所进行的政府创新，那么，政府对智能技术创新所产生的成果的输出便是政府创新的扩散。政府创新扩散是在一定的环境因素作用下，那些能够增进公共利益明显产生社会经济效益的政府创新，由始创政府向仿效政府在不同层级政府或不同政府部门之间传播并对社会经济发展产生积极影响的过程（张岚，2016），是不同政府部门之间相互作用的过程（Braun，2006）。因而，政府创新扩散是政府部门之间所进行的创新成果的推广和运用，政府创新扩散不仅存在于政府之间，还存在于政府与社会其他主体之间因政府创新成果推广所形成的网络。后者主要是由于政府的某些创新成果是专门为社会主体提供，因而形成了不同于政府部门之间的创新扩散网络。故我们可以将政府创新扩散分为内部扩散和外部扩散。

一　内部扩散

政府创新的内部扩散是指那些能够提升政府内部管理能力的政府创新成果，由始创政府部门向仿效政府部门在不同层级政府或同级政府部门所进行的传播推广过程。这种传播可以是一个政府向另一个政府传播的过程，也可以是一个政府主动向另一个政府学习的过程，还可以是上级政府要求下级政府向试点部门学习的过程。可以说，政府的创新扩散既存在于上、下级政府所构成的纵向网络中，也存在于不同政府部门之间所构成的横向网络中。由此我们可以看出，政府创新内部扩散主要是存在于政府与政府之间，不涉及其他社会主体。

（一）政府创新内部扩散的过程机制

1. 压力性扩散机制

政府是典型的科层制组织，上级组织对下级组织有领导权，上级组织的意愿下级组织必须服从，因而，上级组织对下级部门往往采取强制性的手段要求下级部门完成上级部门所要求的任务，这种强制性的服从机制被称为压力型的组织运行机制。而在对智能技术创新成果的扩散方面，政府内部存在着压力型的扩散机制。上级政府部门将试点成功的智能技术创新看作可行的"政治任务"，通过行政命令要求下级政府进行落实。这种通过行政命令对智能技术创新成果进行扩散的模式中下级政府部门没有较为灵活的技术修改和选择性地使用的空间，对上级要求使用的要求不得不落实，下级政府部门便会消极地使用，下级政府部门不会积极运用，也不会对这项技术进行改造和完善，中规中矩地完成上级政府部门的行政命令成为压力性扩散机制的特点。

2. 合法性扩散机制

政府的合法性来源于三点。一是秩序观，即认为政府是在人类社会自身的矛盾不可调和下的产物，政府的产生是为了维护人类社会的秩序，不至于由于人类的矛盾而导致人类社会的毁灭。二是职责观，即认为政府作为社会公共机构，是一种公共系统，其职责就是对人类社会进行管理，必须履行好其社会管理的职责。三是服务观，即认为政府作为公共部门应该为社会提供社会公共物品，保障社会公民的基本服务需求。在智慧社会，政府机构为了维护自身的合法性，必须维持智慧社会的运行秩序，并对智慧社会进行有效的管理，以及更好地为社会公众提供公共服务，因而，便会通过智能技术加强自身在秩序、职责、服务方面的能力，以增强自身的合法性。虽然，政府对智能技术的吸纳初期发生在政府的试点部门，而这种尝试和运用一旦成功，其他的政府部门为了增强其合法性便会采取之前成功的智能技术创新成果，这就形成了政府部门内部基于政府合法性的智能技术创新扩散机制。

3. 竞争性扩散机制

在政府内部，政府部门之间存在竞争，即上级部门会对下级主管部门进行绩效评估，并将此作为人事晋升的重要参考，这就导致政府之间或者政府内部不同部门之间产生基于政绩的竞争，形成了"政绩锦标赛"。当前，智能技术已经成为政府创新发展的一个重要工具，各个国家已经开始将运用智能技术推进政府创新并作为一项重要工作任务，而作为竞争者之一的政府，希望通过智能技术创新政府管理形式，而非完全按照传统的制度进行政府管理，通过智能技术对政府管理的创新所取得的政绩有助于官员的晋升，因而，政府决策者更倾向于通过智能技术创新来增强部门竞争力，这就在部门内部形成了基于竞争的智能技术扩散机制。同时，当相近的政府部门依托智能技术进行政府创新时，便会为没有通过智能技术进行创新的政府部门带来竞争压力，很有可能因为没有通过智能技术进行创新而导致政府内、外部管理处于劣势。特别是，在智慧社会中社会公众表达对政府行为满意度的方式和渠道日益丰富，"用手投票"变得日渐容易，有的政府部门会根据社会公众的需求通过智能技术创新公共服务的供给方式，而那些没有进行创新的政府机构则面临着社会公众的需求和舆论压力。

4. 学习性扩散机制

在智慧社会中，政府面临着严峻的转型挑战，传统的人工行政的方式已不能满足社会的需求和政府管理的需求，通过智能技术推动政府转型升级成为智慧社会政府面临的机遇。然而，智能技术作为相对于政府而言新颖的技术形态，政府必须通过组织学习的方式对智能技术进行学习和吸纳，并且政府会启动问题意识的搜寻活动，会自动地对智能技术进行吸纳运用以解决政府面临的问题。尤其对于运用智能技术进行政府创新的试点部门，学习和了解智能技术的属性成为政府运用智能技术进行创新的基础。然而，智能技术作为一种新的技术之前在所要引进的政府部门中并没有运用，因而属于一种新的事物，因而，模仿和学习其他政府机构的类似做法成为引入单位的最佳选择，有利于最大限度地提高政府进行智能技术创新的成功率。引入单位向经验单位的学习的过程便是智能技术创新的扩散过程，而通过学习对智能技术创新成果的扩散则成为智能技术创新扩散的学习型扩散机制。通过政府部门间的相互学习，效仿其他政府部门成功的智能技术创新举措，有助于引入部门渐进平稳地制订智能技术的引入计划。也就是说，新的智能技术创新成果由潜在的引入部门学习之后在之前的基础之上进行修正以适应本部门的需求，这样有助于弱化智能技术创新所带来的风险。

（二）影响智能技术在政府内部扩散的因素

1. 相对优势

所谓相对优势，是指一种技术创新与被他所替代的老技术相比具有的优势，通常表现为可获利性、时间的节约、提升用户信任感、满意度和舒适感等。正如上文所述，在官僚制政府中，层级化严重，各个部门利益分割，使得社会公众在获取服务时游走于各个部门之间，行政效率较低，社会公众对政府公共服务的满意度较低。而智能技术作为计算机、互联网、云计算等多种技术形态的集合，智能技术在政府中的运用将政府的层级扁平化，特别是智能技术对政府机构嵌入所形成的智慧政府，不仅提升了政府的行政效率，而且通过互联网创新政府公共服务模式，为社会公众获取政府的公共服务提供了新的渠道。智能技术在政府中的运用，用智慧行政替代了传统的人工行政，与传统的行政方式和行政工具相比具有其自身的优势。因而，智能技术的相对优势与政府采纳的意愿呈正相关。

2. 协调性

协调性是指一种技术与政府现有的价值观、以往的经验和现在的需求的一致性程度。政府作为一种特殊的组织形态，有着其独特的组织文化和组织原则，而智能技术虽是一种技术，但是其本身也包含着自身的文化。而智能技术中所包含的文化价值与政府所蕴含的组织文化价值是否一致直接影响政府对智能技术的采纳。同时，智能技术作为一种技术形态，政府是否适应智能技术的能力以及是否满足政府的需求也是政府衡量采纳智能技术的关键要素。智能技术与政府的协调性可以降低政府采纳智能技术的风险，因而，协调性与智能技术在政府内部的扩散存在正相关。

3. 复杂性

复杂性是指智能技术被政府理解和采用的难易程度。智能技术在政府组织内部的扩散往往同其复杂程度呈负相关。也就是说，如果智能技术被政府认为较为复杂，政府及其公务人员需要较长时间或者需要专业人员认识和学习智能技术的功能和性能。加之，智能技术的复杂性往往对政府的智能技术掌控能力和运用能力有较高的要求。而当政府的技术能力达不到智能技术的需求时，政府采纳智能技术的成本便会增加，从而对政府采用智能技术的意愿产生负面的影响。然而，智能技术的适用性，即政府面对新的行政生态运用智能技术可以增强政府对新的行政生态的适应能力，这在一定程度上可以减轻智能技术复杂性对其在政府内部扩散的负面影响。因而，为了克服智能技术复杂性对政府内部扩散的负面影响，可以采取以下两种措施：一是提高政府的智能技术运用能力；二是通过对智能技术的改造使其降低对政府技术能力的要求。由于智能技术的可塑性较强，通过改造智能技术使其适应政府能力的需求，使智能技术面向政府的界面简单而友好，与政府的能力相适应，可以降低政府运用智能技术的时间成本，因而是较为可行的方式。

4. 可试验性

可试验性是指智能技术可以在一定范围和程度内进行试用的能力。智能技术的可试验性有助于增强政府对智能技术功能和性能的了解，进而加深政府对智能技术的认识和了解，同时降低政府对智能技术不确定性的认知。因而，智能技术的可试验性与智能技术在政府内部的扩散呈正相关。对于首次采纳智能技术的政府部门来讲，智能技术的可试验性非常重要，因为政府对智能技术的使用初期往往存在不确定性，试验效果直接影响智能技术在政府内部扩散和持久发展。同时，在试验期，最初采用智能技术的政府部门无法从别的部门获取使用的经验和相关信息，对智能技术的判断依靠试验期间的信息，是政府判断是否采用智能技术的重要依据。而对于较晚采用智能技术的部门，一方面，它们可以从别的部门运用智能技术的经验中总结出智能技术与本部门的适应性；另一方面，可以通过对智能技术的使用调整和完善智能技术与本部门需求的匹配度。因而，智能技术的可试验性可以被看作智能技术运用于政府部门的"防火墙"和黏合剂，所谓的防火墙意为政府可以先选择试用的方式对智能技术进行判断，可以防止大规模采用智能技术而导致的行政成本增加，导致资源浪费。而所谓的黏合剂则意味着，政府可以通过试验阶段的使用不断地调整智能技术与政府部门的匹配度，进而可以在一定程度上克服盲目运用智能技术带来的不利影响，以达到政府与智能技术的融合发展。

5. 可观察性

可观察性是指政府采用智能技术的效果可以被政府观察到的能力。智能技术作为一种显性化的技术形态，智能技术在政府部门中的扩散，增强了不同部门的沟通，缩短了部门间的沟通时间，因而，智能技术使用效果的可观察性直接为政府所获得，进而影响智能技术在政府内部的扩散速度。

二 外部扩散

政府创新的外部扩散是指那些能够增进"政社关系"，提升社会管理能力的创新成果，由始创主体向效仿主体和使用主体推广和应用的过程。这种传播一方面，可以是政府主体主动向非政府主体学习的过程，也可以是非政府主体的创新成果向政府主体传播的过程，这种向政府主体传播的过程，是社会主体所创造的智能技术创新成果的"部门化"过程；另一方面，可以是政府主体向非政府主体传播的过程，也可以是非政府主体主动运用政府主体智能技术成果的过程，这种向社会主体传播的过程，是政府主体所创造的智能技术创新成果的"社会化"过程。可以说，政府的外部创新扩散既存在于"政府→社会"传递的扩散网络中，也存在于"社会→政府"传递的扩散网络中。由此我们可以看出，政府对智能技术创新成果的外部扩散的主体不仅涉及政府自身，还涉及企业、社会组织、公众等多种社会主体。同时，还形成了政府向社会传递的扩散流和社会向政府的扩散流。

（一）"政府→社会"的扩散

在"政府→社会"的扩散系统中，智能技术的创新主体、推广主体、采用主体，分别对应着智能技术的创新者、推广者和采用者（使用者）。其中，创新者是政府部门，政府是智能技术创新成果的供给者，处于智能技术创新成果社会化的起始端；推广者主要是政府部门、技术专家、社会公众，这些主体处于政府智能技术创新成果社会化的中端，是智能技术创新成果的扩散中介；采用者（使用者）是企业、社会公众等非政府组织和个人，这些组织和个人是政府智能技术创新成果社会化的终端，是智能技术创新成果的最终运用者。然而，在采用者中由于采用政府创新成果的先后不同，既存在着率先采用政府智能技术创新成果的"领先者"，也存在着跟随运用政府智能技术创新成果的"跟随者"。虽然，二者都是政府智能技术创新成果的采用者，但是，在"政府→社会"的扩散系统中，前者发挥着向后者推广、辐射、示范的功能。因而，"领先者"处于智能技术创新成果社会化终端的上游，跟随者则处于智能技术创新成果社会化终端的下游。

由于"政府→社会"的扩散是由政府向推广中介向社会主体推广的过程，创新者、推广者以及采用者所处的社会环境、技术认知和文化价值对整个扩散流程和采用效果产生至关重要的作用。作为智能技术创新者，政府对技术的创造和生成主要在自身需求的基础上结合技术应用者（非政府主体）需求所进行的智能技术的创新，对所产出的智能技术创新成果有着全面的了解，并且所创造的智能技术创新蕴含着政府的文化价值观念。在"政府→社会"的扩散系统中，技术的推广者既可以是政府，也可以是技术专家和社会公众，也就意味着在这里推广者既可以是技术的生产者自身（政府），也可以是技术的采用者（智能技术成果的领先使用者）。对于前者更容易理解所创造技术的内涵和使用方法，更容易对技术进行专业化的推广。而后者则是通过在接受前者推广之下对技术运用过后，依据自己的体验向其他未使用者进行推广，且对其他被推广主体更多地是通过向对方讲解自身的用户体验所进行的"体验式推广"方式，也就是说，后者是我们前面所提的"领先者"，他们既是技术的使用者也是技术的推广者，是一种介于使用者和推广者之间的推广主体，这种推广主体更能知道技术采用者的使用意愿，更能提高使用者对技术的采纳概率。对于技术的采纳者而言，他们对于技术的创新成果毫无了解，也不具备掌握和运用智能技术的方法，是被技术推广和扩散的对象。而对于技术采用者而言，其文化水平和能力差异较为明显，掌握和运用技术的能力参差不齐，因而其对政府所进行的智能技术创新成果的使用程度和认识程度也存在差异。

从三类主体所处的环境、技术认知以及文化价值观念方面的差异我们可以看出，技术采用者对技术的认知及其自身的文化价值观直接影响着技术扩散的成效。因而，对于技术的创新者和推广者而言，在推广过程中应根据被推广主体的特征有针对性和目的性地进行推广，让被推广者可以理解和运用。为此，智能技术创新成果的推广者在推广过程中应尽量地使用通俗和生活化的语言，而尽量避免使用过于专业的理论和专业词汇。同时，对于技术创新者而言应根据智能技术创新成果的采用者的具体实际，在促进智能技术创新成果标准化的过程中实现其使用的简单化。智能技术创新成果的标准化是对创新成果的统一化规范，其目的在于确立智能技术创新成果的使用规范和使用方法，增强智能技术创新成果的简捷性。从智能技术创新成果的推广角度而言，这有利于采纳者更为方便地采用技术成果。

所以，智能技术创新成果的标准化有两层含义。一是，智能技术创新成果使用的标准化，使采纳者按照统一的标准进行运用和操作，可以减少不同级政府对于同一种业务的智能技术创新成果的使用方法的差异化导致采用者使用的复杂性。二是，按照统一的模式推广智能技术创新成果，由于智能技术成果已经进行标准化，推广过程中便具备一套标准的技术使用标准，各个主体便可以按照这个标准对技术创新成果进行推广。如"国家企业信用信息公示系统"的推广，推广者向采用者介绍该系统是提供全国企业、农民专业合作社、个体工商户等市场主体信用信息的填报、公示、查询和异议等内容。让采用者易于理解。而在具体的运用环节，怎么操作这种系统也都有明确的操作方法，仅以"查询"为例，如查询市场主体信用信息，输入名称或统一社会信用代码进行查询。系统支持按名称的关键词模糊查询，一次最多显示 100 条记录。对于无效的查询条件，将不会显示查询结果。地方特色公告需要到各省子网站的其他公告中查看。可见，在推广过程中关于智能技术创新成果的每一项使用都有标准化的技术规范。经过标准化处理的智能技术创新成果具有了"中间技术"（Intermediate Technology）的特征，而对于智能技术创新成果的采用者而言则已经成为"适应技术"（Appropriate Technology）。所谓"中间技术"，是一种介于先进技术与传统技术之间的技术状态，是为了不发达地区的人们或者不具备掌握先进技术使用能力的人们使用先进技术，而在传统技术的基础上发展先进技术或者对先进技术的改造以适应低能力地区和人们的使用。中间技术不是先进技术和落后技术的简单结合，而是两者在一定条件下相互改造、相互融合而形成的一种有质的区别的新的技术形态（李述一，1986）。而对于智能技术创新成果的标准化过程便是中间技术的产生过程，即为了给采用者提供切实可行和可用的技术过程。同时，智能技术创新成果的标准化也是对智能技术创新成果的"技术傻化"，即标准化后的智能技术创新成果的载体易于为人们操作使用（陈阿江，2003）。如计算机的引入，政府初期主要是为了政府办公信息化，外界还无法通过计算机技术访问政府的相关信息，而视窗界面的出现，使得人们可以通过计算机访问政府，并与政府建立联系，特别是"一站式政府"的形成，更是将电子政府流程变得简易化。而通过"技术傻化"最终实现了智能技术创新成果成为一种适应性技术，即适用于采用者需求、环境的技术（苏振锋，1998），增强了智能技术创新成果的适应性和效用性，并促进了智能技术创新成果的有效推广。

另外，政府部门和技术专家与领先者之间是技术推广与被推广的关系，而领先者与跟随者之间是技术的扩散关系。在智能技术创新成果扩散过程中，领先者相对于跟随者而言具备掌握智能技术创新成果的能力，不但可以熟练地运用智能技术创新成果，而且还结合自己的经验，对之进行消化和再处理，创造了更多的技术扩散话语，用社会公众自己理解的语言转化了一些专业术语，他们在这里被称为推广过程中的"本土化专家"。"本土化专家"对智能技术创新成果的本土化处理，更能让社会公众对这项新的技术进行理解和使用。可以说，"本土化专家"对智能技术创新成果的理解和再处理，促进了其在采纳者社区内部的扩散。

（二）"社会→政府"的扩散

在"社会→政府"的扩散系统中，也存在着智能技术的创新者、推广者和采用者（使用者）。其中，创新者是社会主体（企业、社会公众等），社会主体是智能技术创新成果的供给者，处于智能技术创新成果部门化的起始端；推广者主要是社会主体、技术专家，这些主体处于政府智能技术创新成果部门化的中端，是智能技术创新成果的扩散中介；采用者（使用者）是政府部门，政府部门是"社会→政府"扩散系统中智能技术创新成果部门化的终端，是智能技术创新成果的最终运用者。然而，在采用者中由于采用社会主体对智能技术创新成果的先后不同，也存在着率先采用智能技术创新成果的"领先部门"和跟随运用智能技术创新成果的"跟随部门"。在这里，二者都是政府智能技术创新成果的采用者，但是，在"社会→政府"的扩散系统中，前者发挥着向后者示范、施压、辐射的功能。因而，"领先部门"处于智能技术创新成果部门化终端的上游，而"跟随部门"则处于智能技术创新成果部门化终端的下游。然而，在"社会→政府"的扩散系统中，"领先部门"与"跟随部门"间的扩散，本质上属于上文所提到的政府内部扩散，是"社会→政府"的扩散系统在政府内部的延伸，但存在着类似的扩散机制。而我们在这里所探讨的主要是"社会→政府"的扩散系统中社会主体的智能技术创新成果向政府部门的扩散。由于"社会→政府"的扩散是由社会主体向政府推广的过程，社会主体是智能技术创新成果的创造者，其所创造的智能技术创新成果并不是专门针对政府需求而制作的，而是面向社会不同的主体所进行的创造，因而，其所创造出的智能技术创新成果具有广泛性，并不会因为政府的意志而转移，也不会因为政府的意愿而改变，政府作为智能技术创新成果的采用者，政府只能按照该智能技术创新成果进行操作，并在使用的过程中遵守该智能技术创新成果的技术操作规范和操作原则。因而，政府在这个扩散系统中仅仅是众多采用者之一。

然而，这种"社会→政府"的扩散模式与"政府→政府"的扩散模式相比，存在着独特的扩散机制——倒逼机制。所谓倒逼机制，主要是一种公共压力型的扩散机制。公共压力是一种多元头的监督机制，是从权利主体外部对其进行监督的力量。公共压力具有检测权力主体对社会环境的适应、回应、责任、预测与控制能力的功能（吴新叶，2011）。在智慧社会中，社会主体可以依托于智能技术对政府全面地监督，政府所面临的公共压力日益增大。如BBS、博客、微博、论坛、微信等智能技术形态的产生为社会公众提供了更多的活动空间和对政府进行监督的工具，并日益成为影响广泛、言论自由的民主工具。然而，在这些技术形成初期政府往往缺席，扮演管理者的多是技术场域的"创造者"和场域中公众的自组织形式的自我管理。然而，随着这种技术场域的发展，其影响日益增大，并开始影响政府的管理，政府便不得不对这种技术场域进行管理，但是，由于这是一种由技术构成的新型空间，政府若想对其进行管理并在这类场域中拥有话语权，就不得不依托制造这种技术场域的技术进行技术的自我生产，在技术场域中创造一个"技术自我"，作为物理社会中的政府在技术场域中的延伸对技术场域进行管理。而技术自我的形成在一定程度上是创造技术场域的技术对现实自我的再造，这种再造的规则完全按照这种技术的规则进行，而政府的技术自我在技术场域中的行为准则开始按照原有技术场域的准则行事，政府的技术化自我与社会公众的数字化自我一样，都是技术场域中的平等个体，政府的技术自我并不具有超越技术场域运行规则的特殊权力，反而受按照技术场域中自组织形成的规则的约束。这种公共压力倒逼着智能技术的创新成果向政府扩散。

第六章

智能技术对政府管理影响的 SWOT 分析

随着政府对智能技术的不断吸纳,智能技术作为一种新的政府管理工具异军突起。在智能技术构建的智慧社会中,智能技术日益成为政府各个部门与社会其他主体沟通交流的工具,并成为增强政府管理能力和社会服务能力的关键要素。同时,智能技术塑造的各种智能技术产品不仅开拓了政府的活动空间,也为政府适应智慧社会需求提供了机遇。为此,本章节从优势(Strength)、劣势(Weakness)、机遇(Opportunity)、挑战(Threat)等方面分析,运用 SWOT 分析法(态势分析法)对智能技术驱动下政府管理影响的内部优势、劣势和外部机遇、挑战进行探讨。(见表 6 - 1)

表 6 - 1　　　　　智能技术对政府管理影响的 SWOT 矩阵

内部因素	优势(Strength)	劣势(Weakness)
	政府管理结构的不断优化	
	政府管理机制的不断规范	政府管理空间复杂化
	政府管理职能的不断完善	政府管理对象多样化
外部因素		政府管理工具的不断创新
机遇(Opportunity)	S - O	W - O

续表

智能技术驱动政府精细化管理	转变政府管理理念	建设智能技术管理机制
智能技术驱动政府科学决策	转变政府管理结构	培养智能技术专业人才
智能技术驱动政府政社互动沟通	转变政府管理行为模式	完善智能技术法律法规
智能技术驱动政府公共危机预防		
智能技术驱动政府社会动员		
挑战（Threat）	S-T	W-T
智能技术异化的风险	提升政府媒介素养推动政府转型升级	协同管理体系
智能技术文化的冲突	强化智慧社会管理主体的道德自律	协同管理平台
		协同管理机制

第一节　智能技术对政府管理影响的优势（S）分析

　　智能技术对政府管理的优势（Strength）是指政府通过吸纳智能技术以提升政府的社会管理能力。智慧社会中的政府管理创新是政府适应社会生态和人们需求的产物，其中一个重要的取向就是运用智能技术健全政府的管理功能。而由于智能技术属于一种集成技术，不同类型的智能技术在政府部门的应用对政府产生了不同的影响，即随着政府运用智能技术的具体方式的不同，智能技术的潜在特性所包含的多种价值就可以被转化为不同的功能对政府管理产生影响。

一　政府管理结构的优化

　　近年来，各个国家政府管理普遍陷入了官僚制管理结构的低效泥潭，政府管理呈现出机构臃肿、反应缓慢、运作迟缓、效率低下、成本高昂等困境，已经难以应对行政环境变化所提出的挑战，特别是面对互联网、物联网等新事物的产生，政府管理机构显得力不从心，已不能有效地对社会中的新问题进行管理。由此，世界各国政府引发了政府管理改革的浪潮，"治理理论"被作为继传统政府管理之后适应新的社会环境和社会需求的产物，与之相对应的是政府管理结构转型的概念。在治理理念的推动下，政府管理结构转型的基本内容主要有三个方面。一是，政府管理主体的多元化。治理强调社会管理的主体不仅是政府一方，还包含社会组织、社会公众、企业等主体在内的多元管理主体，认为这些社会主体和政府一样具有社会管理的责任和义务，并且认为政府应该与这些主体进行合作，协同管理社会事务。二是，政府主体与非政府主体之间界限的模糊和权力依赖。治理强调在社会经济发展中所遇到的问题解决过程中，政府主体与非政府主体在界限和责任方面存在模糊性。治理理念认为政府应该将自身独自承担的责任适当地转移给非政府主体，培育非政府主体社会管理能力和自我管理能力，并且政府应该尽可能地让非政府主体承担越来越多的原先由政府承担的责任。在这一理念的推动下，政府与非政府主体间的关系变得日益紧密，二者之间的边界变得日益模糊。三是，政府管理主体间存在权力依赖。治理强调非政府主体在政府管理体系中的作用，政府管理涉及范围广、内容多，而政府作为管理主体并不能对所要管理的领域进行全面的掌握，而所处在这一领域中的非政府主体则对该领域的专业知识和运行规则有着全面的掌握，这对于政府而言，与该领域的非政府主体的有效合作则有助于增强政府对该领域的管理能力。但是，政府与该领域非政府主体的合作管理本质上是政府公权力与非政府主体知识权力对该领域的共治，在这个层面上看，二者之间存在着管理权力的依赖性。

政府管理结构从管理到治理的转变将有助于智能技术对政府管理过程的嵌入。一是，在治理理念的引导下，政府管理主体日益多元化，政府开始将政府外部的主体吸纳到政府管理体系中，以提升政府管理能力。在智慧社会中，政府作为管理主体并不是智能技术的生产者和创造者，而为了适应智慧社会的需求就不得不与智能技术的生产者和创造者进行合作,并将其嵌入政府管理体系中,以增强政府对智能技术的适应性。二是,在智慧社会中,社会的技术化程度日益加深,诸如网络论坛、移动 App、电子商务等新兴的产物都与智能技术相关,而要对这些领域进行管理则必须与这些领域中的"技术专家"进行合作,如政府与电子商务平台合作对电子商务领域进行管理。在治理理念下,政府管理的边界逐渐被虚拟化,并且为非政府主体自主管理提供了充足的空间,这为"技术专家"对新兴领域的管理提供了契机,也为智能技术的发展提供了动力。三是,在治理理念下,强调政府主体与非政府主体间的权力依赖性。在智慧社会中,这种权力依赖性有助于驱动政府主体与"技术专家"间的合作,政府开始不断地将"技术专家"引入政府管理中,这有助于增强政府的智慧社会管理能力,鼓励政府通过与"技术专家"的合作通过智能技术创新为社会主体提供更多的技术公共产品。

二 政府管理机制的规范

政府管理机制,是指政府管理系统内、外部组织和管理运行变化的规律。在政府管理系统中,管理机制起着基础性和根本性的作用。在理想状态下,良好的政府管理机制,可以使政府系统成为一个自适应性的系统,即政府会根据内、外部环境的变化,特别是当面对政府外部发生不确定性变化时,能自动迅速地做出反应使政府更好地适应内、外部环境,并且通过调整原定的策略和措施以实现政府管理的目标。近年来,政府面对着智能技术的日益发展和在人们社会生活中的不断应用,特别是社会智慧化程度的不断加深,政府以往的管理机制已难以适应智慧社会发展的需求,政府建立健全决策、执行、监督和评价机制以更好地吸纳智能技术。首先,政府决策机制的完善。政府改变了以往的政府全流程的决策机制,完善了决策调研制度,强调在政策制定前进行深入的调查,主张倾听各方的意见,构建政策咨询制度,建立由政府、专家学者和社会公众共同参与的参与型政府决策制度。另外，还将政策制定的公示看作政府政策制定后完善和监督的重要机制，自觉地接受社会主体的监督并对反馈意见进行完善。同时，还强调政策制定环节中的协商机制、社情网情民意反馈机制等，及时了解政府决策的实施状况，以更好地针对政策不完善的地方进行调整。其次，政府监督机制的改进。传统的政府监督机制主要是强调政府的内部监督，即政府自我监督，主张政府外部对政府监督的重要性，鼓励社会主体对政府行为的监督，完善政府监督体系，形成了全方位、多层次的监督体系。再次，政府信息反馈机制的完善。面临智慧社会的来临，数据信息日益成为政府管理的重要资源，对于大量的数据信息政府也制定了相关的机制，公布政府信息供外部主体查询和使用，通过政务公开构建政府信息反馈机制的首要条件。通过对政府公开内容、形式、程序等方面的规范化和制度化建设，明确政府部门政务公开的事项和范围。同时，加强社会主体对政府信息的反馈渠道，通过信访接待、网络舆情监测等对政府信息反馈的渠道进行完善。最后，政府绩效评价机制的完善。与政府决策机制转向社会参与一样，政府绩效评价机制也开始将政府内部考核和公众评议与外部专家评价相结合，强调政府绩效评估中的社会主体参与，已充分发挥政府绩效评估中社会主体的重要性。政府决策机制的完善将"网络民意"纳入政府决策的参考范围，将网络舆情看作政府政策制定的重要依据，这将有利于政府在智慧社会中政府政策的科学制定。政府监督机制的改进也强调了将外部社会资源和技术工具看作政府监督机制完善的工具。另外，在智慧社会中大量的数据信息成为政府管理的工具，在政务公开机制中，强调政府信息公开的重要性，这为政府吸纳大数据等智能技术起到了积极作用。在政府绩效评估方面，也为智能技术的嵌入提供了前提，在政府绩效评估方面，智能技术的纳入有助于社会公众对政府行政的服务效果进行实时评价，政府可以根据社会公众的网络评价对公务人员的绩效进行评估。

三 政府管理职能的完善

对于政府的起源，有两种相互对立的观点。一是，公权论。即认为政府是由社会公众互相平等地签订契约而达成的"联合意愿"的结果，政府代表的是社会公众的意志，是在社会公众"公共意愿"的基础上建立起来的组织机构。二是，强权论。认为政府是社会中的强者依靠其手中的强制性的权力建立起来的组织机构，政府的建立是为了维护强者的利益。这两种观点虽有冲突，但是都与利益相关，都是为了维护社会中某一群体的共同利益而组建的权力机关。正如恩格斯所言："社会创立一个机关来保护自己的共同利益，免遭内部和外部的侵犯"（马斌，2011），而这个机关就是政府。政府作为国家行政机构，为了维护社会的共同利益，承担着大量公众事务的管理职能和服务职能。然而，政府的职能不是一成不变的，而是随着政府所处的行政环境不断地改变。人类社会发展至今，经历了两次科技产业革命，每一次科技产业革命都引起社会结构的变迁，相应地，政府结构和管理职能也会随着转变，以工业化大生产为代表的第一次科技产业革命，推动政府管理由专制走向民主；而以信息产业为代表的第二次产业革命将政府机构日益扁平化，政府管理走向公共管理（李和中，2012）。这一过程，也是政府职能日益社会化的过程，即政府不断调整政府社会管理的公共事务的范围和履行政府职能的方式，并不断地将政府职能转交给社会承担，并由此建立起政府与社会良性互动的关系。政府通过改变传统的大包大揽的全能型的政府行政方式，改由企业、社会组织等履行政府的职能。这样就弥补了政府干预本应该由市场、企业、个人所需要做的事情的"越位"问题，同时，也为政府提供更多的时间和精力思考政府所应该干预领域的管理事宜，以弥补政府"缺位"的不足。当前，随着以大数据、云计算、人工智能为代表的科技革命将人类社会变得日益"智慧"，改变了人们的工作性质，社会主体日益多元，调整了人类社会的社会关系，这种管理对象的变革从客观上要求政府职能也做出相应的调整。同时，政府可以通过智能技术形成智慧化的政府管理方式，进而提升政府的社会管理职能和公共服务职能。如党的十九大报告明确提出，应转变政府职能，通过简政放权，创新政府监管方式，增强政府的公信力和执行力。在中国政府报告中，也多次强调应通过"互联网+"提升政府公共服务能力，以信息化技术为支撑构建新的公共服务管理模式，实现政府服务从"群众跑腿"到"数据跑腿"的转变（翟云，2017）。同时，西方国家也开始不断地应用智能技术进行政府职能转换，通过构建开放政府实现政府职能的科学配置，增强政府与社会的合作共治。可见，在智能技术驱动下，各国政府已经开始转变政府职能，通过优化政府职能，以更好地吸纳智能技术，并通过政府职能的社会化推动社会主体运用智能技术提升自身的管理能力和服务能力。

四 政府管理工具的创新

政府工具是政府管理过程的必要条件。在政府管理过程中，始终面临着两个基本问题：一是政府在管理过程中扮演什么样的功能和角色；二是政府运用什么样的管理工具来达成政府的管理目标（阮庆文，2011）。前者主要强调的是政府的职能，而后者强调的则是政府履行其职能的工具和手段。因而，政府管理需要重新审视政府的管理工具箱，并且可以有效地选择和运用相应的政府工具，政府管理才可以有效地运行。政府管理工具作为政府履行职能的手段和工具与政府所处的社会环境而呈现出差异。同时，政府工具的选择不是一个简单的直接过程，而与其所要解决的政府管理问题相关，与其所处的社会环境相关。从农业社会、工业社会、信息社会向智慧社会的转变，政府的管理工具也呈现出差异化。在农业社会，政府对社会进行管理主要是依托其强制性权威，行政领导对组织内部的领导一方面依托于其所处职位所赋予的权力，另一方面也依托于行政领导者自身的权威。而在工业社会，随着社会机械化程度的加深，管理的科学化日益成熟，开始出现诸如平衡计分法等现代化的管理工具。而信息技术的发展，将人类社会带入信息社会，在信息社会中，信息技术的快速发展，特别是计算机技术和互联网技术的普遍运用，信息技术对政府的不断嵌入，使信息技术逐渐成为政府管理的工具，开始基于信息技术进行电子政府建设，一方面，通过电子政府建设提升政府服务的能力；另一方面，也将电子政府作为物理社会空间政府的触手，延伸政府的管理范围，提升政府的管理能力。正如戴维·奥斯本所言："今天我们政府失败的主要之处，不在目的而在于手段（奥斯本，1996）。"可以说，信息技术成为政府适应信息社会需求和政府管理目标的工具，丰富了政府管理的工具。在信息社会之前，政府管理工具主要是强制性的制度性、政策性、法律性工具，以及非强制性的魅力型、非正式型工具。信息社会的来临，信息技术的嵌入则为政府提供了新的技术型工具。而伴随着从信息社会到智慧社会的迈入，大数据技术、云计算技术、人工智能技术也成为政府管理的工具。政府对于智能技术的关注，为智能技术对政府的嵌入提供了契机。

第二节 智能技术对政府管理影响的劣势（W）分析

智能技术对政府管理的劣势（Weakness）是指智能技术的普遍运用为政府管理提供了新的管理空间和对象，而政府现有的管理理念、工具却不能有效地对这些新的事物进行管理所产生的负面效应。在智慧社会中，政府管理创新存在滞后性，不能及时感知智能技术的产生和变化，并且智能技术的产生多是在政府外部迅速普及，将政府的行政生态进行了迭代升级，而政府则对于智能技术后知后觉，因而，政府面对智能技术所产生的新的事物存在管理劣势。

一　政府管理空间复杂化

列斐伏尔认为，每一个社会，每一种生产模式，每一种特定的生产关系都会产生出自身独特的空间。空间作为人类社会发展过程中的产物，不仅是一种生产的结果，本身也是新空间的再生产者。空间的生产与社会的变革密切相关，新的社会形态的产生必然创造新的社会空间来容纳新的社会实践。在智能技术的驱动下，人类社会开始进入智慧社会，在智慧社会中，人们开始进行智慧社会空间的生产，即由技术专家操控，社会民众广泛参与下所构建的新的社会空间形态。智慧社会空间的发展为后工业社会人类的发展指引了方向。工业社会、信息社会时期的社会空间生产为智慧社会空间的生产做了铺垫。工业化、信息化是智慧社会空间生产的先导，智慧社会空间生产是技术革新、社会需求、文化创新选择的结果。然而，智慧社会空间发展的背后是由社会公众的多样化需求所驱动的。在人们日益丰富的需求推动下，智能技术开始在人类社会的各个角落普遍运用，而在这一过程中，也不断创造着众多的虚拟的社会空间（网络论坛、App 应用等），让人们眼花缭乱。智能技术驱动下的智慧革命改变了人们的生活方式，正将人类社会带入新的阶段。智慧革命不仅关注着人类社会形态的架构和发展的问题，也关注人们的日常生活。智慧社会中的空间生产，不只是生产和创造建立在物质生产上所形成的物理空间，而且包含着智能技术所构建的虚拟空间，开始形成"现实—虚拟"二维的双边社会空间（Two Sided Society Space）（见图 6-1）。智慧社会中的双边社会空间不是静止不变的秩序，而是不断运动的生产过程，既是社会生产力发展的结果，也是满足人们多样化需求的媒介。双边社会空间不仅分解着传统人类社会的物理空间，而且在创新人们生活模式的同时创造着虚拟空间，而虚拟空间逐渐成为智慧社会不可缺少的要素，并占据人们生活的中心。智慧社会中双边社会空间生产的对象主要有两种：双边社会空间中的事物和双边社会空间本身。

双边社会空间中的事物生产与之前一维的物理空间中事物的生产包含两个方面。一方面，相较于传统的物理空间中的事物的生产，智慧社会中物理空间中的事物生产开始赋予事物智能化的感知，将无生命体的事物具备类人化。另一方面，与传统社会空间生产相比，智慧社会空间生产开始创造一种新的空间维度——虚拟空间。虚拟空间的生产是智慧社会空间生产中一种新的空间创造，是以往社会空间生产中所不具备的。而虚拟空间的生产主要是依托于智能技术所创造和构建的，是一种技术化的空间形态。而在虚拟空间中的事物的生产和创造主要是智能技术对物理空间中事物在虚拟空间中的刻画。然而，这种"刻画"不是简单的照搬，是具备能动性和意识的被刻画主体根据自身的需求所进行的自我重新设置。而对于双边社会空间本身的生产而言，双边社会空间是物理社会空间和虚拟社会空间融合而成的社会空间，物理社会空间中的社会规则并不影响虚拟社会空间社会规则的形成，也并不影响虚拟社会空间社会的运行，但是，虚拟社会空间的社会规则则影响物理空间社会规则的形成，同时，虚拟社会空间的运行成效也影响物理社会空间的运行。可以说，双边社会空间的形成已然成为未来人类社会发展的主要方向。在双边社会空间中的智慧社会中，政府管理面临着乏力。智能技术所创造的双边社会空间对政府管理而言是一个新的事物。对于政府而言，政府的管理空间也形成了内部和外部的双边空间。首先，从政府内部管理来看，智能技术对政府内部管理的嵌入在政府内部创造了一个新的政府空间——虚拟政务系统空间。政府需要对这些系统进行创造和管理，而以往的政府内部管理并不涉及对技术的掌握，仅仅依靠手工进行行政，这对政府内部管理提出了更高的技术要求。同时，对于政府的社会管理而言，双边社会空间为政府提供了一个新的管理场域——虚拟社会空间。虚拟社会空间对于政府而言是一种新的管理领域，对于政府而言并没有对虚拟社会空间管理的经验。特别是在虚拟空间形成的过程中，政府并不主导虚拟社会空间的生成和发展,仅仅是生成的力量之一,因而,在虚拟空间中政府仅仅是管理主体之一,这对政府管理提出了新的要求。同时,双边社会空间是一种"现实—虚拟"的二维空间,随着智能技术的发展和普遍运用,物理社会空间和虚拟社会空间将逐渐深入融合,融合后的新的社会问题,也对政府管理提出了新的要求。可以说,智慧社会中双边社会空间的形成导致了政府管理空间的复杂化。

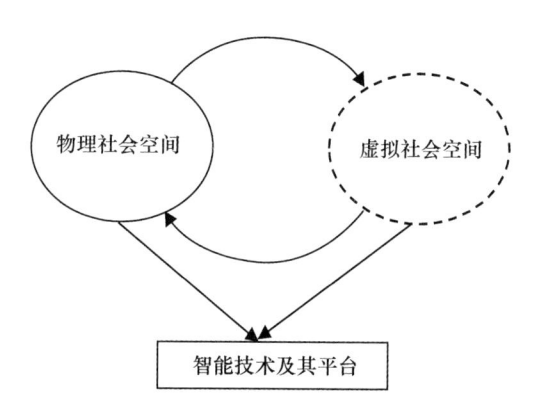

图 6-1　双边社会空间结构示意图

二　政府管理对象多样化

在智慧社会中,伴随着社会空间复杂化的加深,双边社会空间中的主体也呈现出多样化。在双边社会空间中,最为独特的就是智能体开始作为一种社会主体在智慧社会中扮演着相关的社会角色并参与到社会的运行中,并不断地与人类主体相互沟通,推动社会主体的多样化发展。所谓智能体,是一种物理或抽象的,可以在一定的环境中运行的实体,其可以作用于自身和环境,并根据环境的要求和变化做出相应的反应。智能体是一个自主地可以在动态环境中运行的实体(可以是人、系统、机器、软件程序等),其目的是接受另一个实体(用户、软件程序、系统等)的委托并为之提供服务,并且能够在目标任务的驱动下通过学习、沟通等手段感知适应外部环境的动态变化并做出相应的反应（赵龙文，2001）。因而，从广义上看，智能体是指能在一定的环境下灵活、自主地活动的具有自主性和智能性的实体，包括人类、物理世界中的移动机器人和虚拟世界中的软件机器人；从狭义上看，智能体则是指虚拟社会空间中的软件机器人，即软智能体（郦全民，2002）。可见，智能技术驱动下的智慧社会中的主体已经不再是人类自身，还包含智能机器人、软件机器人等其他主体，是一个多智能体的社会（Multi-Agent Sociey），即是由多个智能体为了实现各自的或社会整体的目标，通过扮演社会中的角色，并以角色关系相互连接而构成的社会形态。多智能体社会是由多种智能体构成的网络所组成，这些智能体通过各种各样的社会关系互相连接在一起，每个智能体在其对应的社会关系网络中扮演着相应的角色，并且为了社会的发展以符合该角色所包含的权利、义务和行为模式发挥其功能。多智能体的出现丰富了人们的日常生活，但也给政府管理带来了新的问题。首先，在物理社会空间层面，政府不再是对物理社会空间中人类主体进行管理和服务，还需要对物理社会空间中的移动机器人进行管理和服务。一些智能体开始替代原先由人所扮演的社会角色和功能，这给政府管理带来了挑战。如无人驾驶汽车的出现，原先有人类主体充当司机角色，而在无人驾驶汽车中智能汽车自身成为司机，而原先的司机则成为乘客。这一社会角色的转变，改变了原有的交通运行规则及事故责任划分方法，对政府交通管理提出了新的要求。虽说无人驾驶汽车在多数情况下可以按照原有的交通规则的设置进行运行，但是，在路面行驶时与机动车行驶人员的惯常的思维方式不同，极易产生相同驾驶规则下不同驾驶思维的差异，进而出现形式冲突。另外，网络黑客可以通过制造病毒破坏车辆系统，进而对机动车进行控制，如2015年，网络安全研究人员就利用车载联网系统的数据传输路径，成功侵入克莱斯勒汽车的智能化车载联网系统"Uconnect"，导致车辆传动系统和发动机系统的运行失控（刘园园，2015）。这将会引发无人驾驶汽车的整体安全风险。可见，在智慧社会中，政府需要管理的不仅有人类主体，还包括智能汽车在内的多元的智能主体。其次，在虚拟社会空间层面，政府作为社会管理主体还需要对虚拟空间中的软智能体进行管理。伴随着多智能体的出现，政府管理对象也不断多样化，不仅涉及人类主体，还将移动智能体和软件智能体包含在内，政府管理对象日益多样化。例如杭州市交警支队根据自身的特点，建设了"一个中心、三个系统"的智慧交通管理体系，即交通指挥中心、交通管理信息系统、交通控制系统和交通工程类信息系统（陈茜，2008）。这三个系统都是基于智能技术所构建的软件智能体，而交通指挥中心是包含这三个系统在内的综合管理体系，因而，我们可以发现，这三个软智能体是人们通过智能技术所创造的管理工具，但是也需要政府对这些软智能体进行管理，以保障其顺畅运行。可见，智慧社会中，政府管理的对象也发生了巨大的变化，一方面，智能技术不断在物理社会空间运用，不断地赋能于物，将传统的意识的事物转变为可感知的智能物体，这些物体开始具备与外部环境交互的能力，并能根据外部主体的知识自动地执行任务，政府需要对这些新产生的非人类主体的智能体进行管理；另一方面，从虚拟社会空间的构造本质上看，其产生和形成的基础是人们通过智能技术创造的"软件空间"，众多的软智能体存在其中，政府还需要对软智能体进行全面的管理。

第三节　智能技术对政府管理影响的机遇（O）分析

智能技术对政府管理的机遇（Opportunity）是指政府通过吸纳智能技术以提升政府管理能力。智慧社会中的政府管理创新是政府适应社会生态和人们需求的产物，其中一个重要的取向就是运用智能技术健全政府的管理功能。而由于智能技术属于一种集成技术，不同类型的智能技术在政府部门的应用对政府产生了不同的影响，即随着政府运用智能技术的具体方式的不同，智能技术的潜在特性所包含的多种价值就可以被转化为不同的功能对政府管理产生影响。

一　有利于政府精细管理

政府对智能技术的吸纳有利于推动政府精细化管理。"精细化管理"最早起源于企业，是指通过规范化、程序化、标准化、信息化的手段，将企业管理的每一个环节都尽可能地精细，从而形成一个精细化的管理系统，进而降低企业成本提高企业效率。而政府精细化管理则主要是指运用智能技术将政府管理的环节进行数字刻画，以提升政府管理的程序化、标准化和精细化。政府精细化管理中，"精"是政府树立精益求精的工作目标。政府管理是一个复杂的工程，政府管理的成效对社会的发展起着至关重要的作用，政府管理的精细化中的"精"便是要求政府不断追求卓越的过程。政府管理精细化要求政府运用智能技术不断改进政府管理的各个环节，形成基于智能技术迭代升级的自我持续优化的长效机制。政府精细化管理中，"细"是指明确政府管理的具体事项和办事流程，将其按照一定的逻辑进行细化分解，并通过智能技术刻画成数字流程，确保政府管理的有效运行。智能技术驱动下政府精细化管理主要体现在以下三个方面。一是，政府管理的细化。政府对智能技术吸纳的过程，本质上就是政府管理流程的数字化再造的过程，而智能技术的精准化，一方面体现在对政府内部各个部门在虚拟空间的精准化刻画，另一方面也将政府部门的工作任务精细地分布式地划分为不同的组成部分，而分离出来的每一个操作细节便在虚拟空间中成为一个基本的工作单元，并且每个工作单元之间是无缝隙衔接的，这样通过智能技术便将物理空间中分散的政府部门和模糊化的政府工作任务和流程在虚拟空间中无缝隙衔接和精细化呈现。二是，政府管理的流程化。政府通过智能技术再造政府业务流程，并不断地改进和优化其业务流程。智能技术的嵌入将政府的业务流程划分为若干步骤和环节,并将各个步骤按先后顺序进行技术衔接。社会公众便可以清楚地知道整个办事过程。并且智能技术的嵌入,减弱了传统政府管理中"人治"在政府业务流程的重要性,通过运用智能技术,将传统的政府业务流程科学化和固定化,社会公众只需要按照业务流程系统的具体指示按步骤操作即可。而政府工作人员只需要在系统后台办理业务申请即可,这就规范了政府工作人员的办事流程,也减少了业务申请人员的成本。同时,通过智能技术系统对业务流程的再造,也将政府部门间的责任进行了明确,社会公众可以根据系统的提示,知晓其在哪一个环节受阻,哪一个环节出现什么问题,哪一个环节出现了推脱等,办事人员便可以根据系统的显示对行政部门投诉,以此将政府责任精细化。三是,政府管理的标准化。所谓的标准化,是指"为在一定范围内获得最佳秩序,对实际的或潜在的问题制定共同和重复使用的规则的活动"(谭福有,2005)。通过标准化建设,政府可以在社会管理过程中,面对同样的条件,执行同样的事物时获得同样的结果。传统的政府行为主要依靠人们手工进行,即手工行政,政府向社会传递信息和获取信息都以纸质的形式进行,这种对信息标准的程度较弱,且获取的信息参差不齐,利用效率不高。而在智慧社会中,数据信息的来源日益多样化,特别是智能技术在政府部门中的应用,使得政府不得不对差异化的信息进行标准化处理进而为政府内部和社会公众提供标准化的数据信息以保证政府管理的正常运行。同时,智能技术驱动下,政府管理日渐从手工行政转型为技术行政,即通过智能技术进行政府管理和公共服务提供,而通过标准化和统一化的系统嵌入政府的不同部门有助于不同部门间的协调和管理。

二 有利于政府科学决策

决策是指决策者在两个或多个方案中进行选择的过程,也是指行动主体在面对外界某种挑战时做出的反应。其本质是人类(动物或机器)根据自己的愿望(效用、个人价值、目标、结果等)和信念（预期、知识、手段等）选择行动的过程（Hastie，2001）。据此，政府决策是指在特定的政府管理的环境与决策系统中，为了解决某种公共问题，创造和维护公共价值和公共利益所进行的选择行动的过程。数据信息是政府决策的前提基础，科学的政府决策，一方面需要准确、充分和及时的数据信息，另一方面需要对这些数据信息进行科学合理的挖掘、分析和处理（李春成，2016）。然而，在传统的政府决策过程中，政府决策所需要的数据信息搜集量较少和范围较窄，存在政府决策数据信息的"黑洞"。但是，传统的政府决策并非不重视数据信息的全面搜集，只是由于数据搜集技术和思维的原因，数据信息的搜集和挖掘均难以达到政府决策的需要，难以释放数据信息的价值。同时，在传统的政府决策过程中存在着大量的非程序化甚至违法的决策机制，即"等级指向"（谁的权力大，谁说了算）。这些隐形规则导致传统政府决策过程难免出现"独断专行"的"长官意志"（许耀桐，2008）。当前，物联网、传感器、移动互联网、智能终端的普遍运用，使得数据信息量空前增大，越来越多的数据信息不断产生。加之，在智慧社会中，多种智能技术应用（网络论坛、移动 App 等）成为人们查询和交流各种数据信息和舆论的集散地，人们开始在网络空间对线下物理空间的焦点事件进行观点表达并参与讨论，而在这里那些具有专业知识和信息量大的网民转变为"意见领袖"，这些网络领袖的观点会影响网民的讨论，并不断对线下行为产生影响。这就要求，政府在决策过程中，不仅要参与到虚拟空间中关于某一事件的讨论中，还要将网络空间中的"网络意见"纳入政府决策过程中，作为政府决策的依据。同时，政府还应该根据自身所搜集到的信息及时在虚拟空间中进行传播，以矫正和监督虚拟空间中的虚假信息和无效信息，减轻人们的信息负担。可见，智能技术驱动下政府决策模式产生了新的变化。一是，决策资源获取多源化。智慧社会是由智能技术构建的"镜像化社会"，即社会中的事物都被智能技术在虚拟空间中数字化呈现，智能技术就像摆在物理空间和虚拟空间的一面镜子，物理空间中的事物都在虚拟空间中数字化生存，正是这种数字化生存，为政府决策提供了更大的数据信息资源池，在这里拓展了政府决策数据信息的来源，丰富了政府决策的数据信息。二是，制定主体多元化。传统政府决策主体主要是政府管理层、企业精英、专家学者等制定主体，缺少社会大众的广泛参与，而社会公众对于政策制定的参与仅仅是在政策听证环节。而在智能技术驱动下，社会公众在政府政策制定初期便开始影响政府决策，社会公众开始通过智能技术的衍生品参与政府决策，开始在虚拟空间中形成起始于虚拟空间的政策设置议程，通过线上与线下的融合，推进政策议程的合理发展。同时，传统的政府决策议程的发起多是由政府自身进行议程设置，社会公众在决策议程设置方面较为被动，不具有议程的设置权。而在智慧社会中，社会公众可以通过智能技术所编织的虚拟空间自我设置议程，同时，议程内容也不再由政府设定，而是由网民自我发起，当网民达到一定数量关注这个话题时，这个议程便成为虚拟空间中的公共议程，并开始引起政府的关注，对线下政府政策议程的进程和结果产生影响。可以说，智慧社会中的政府政策议程设置具有自发性。三是，政策传播渠道多样化。互联网、移动互联网等智能技术的发展，为人们提供了更多的信息传播载体。信息传播渠道的多样化为政府政策的传播提供了更多的渠道。特别是，现在微信、微博等新媒体的应用更是为政府传播政策信息提供了新的渠道。四是，政策执行监督泛在化。智能技术的普遍应用，使得各种智能技术及其衍生品存在于人类社会的各个角落，呈现出技术泛在化的趋势。而智能技术作为提升政府管理能力的工具，也为社会公众提供了监督政府的工具。社会公众通过智能技术对政府政策执行的各个环节进行无缝隙的监督，有助于政府政策执行过程中对政策的矫正。

三　有利于政社互动沟通

智慧社会的来临，使社会公众的政治参与意识不断提升，政府与社会主体之间的关系得到了重塑。在智能技术所建构下的智慧社会中，智能技术为政府与社会主体间搭建了新的沟通桥梁。一方面，政府可以通过智能技术所提供的技术平台为社会主体提供政治参与的渠道和获取政府数据信息的平台；另一方面，也为社会主体监督政府和向政府建言献策提供了工具。同时，在智慧社会中，社会管理已经不再是政府的专利，而逐渐转变为政府与社会其他主体合作管理的共享专利。在智慧社会中形成了新的政社间的互动沟通情景，即政府吸纳社会和社会对政府的脱域。首先，政府吸纳社会，指的是政府可以通过智能技术吸纳社会力量参与社会管理。在智慧社会中，智能技术的神经末梢遍布人类社会的各个角落，然而，智能技术并不是由政府一家掌握，任何一个社会主体都是智能技术的拥有者和使用者，特别是在全部由智能技术构建的虚拟空间，非政府主体的话语权要高于政府主体的话语权，政府要想对虚拟空间进行管理必须依靠非政府主体的力量，以作为政府管理的补充。另外，在物理社会中，政府通过智能技术创造新的管理工具，这种管理工具可以看作政府与社会公众合作管理的平台，在这里政府将社会力量吸纳到政府行政系统中，扮演着原本由政府承担的角色。如布鲁塞尔政府所运用的一款新型的手机程序——"我修我街"（Fix My Street）。在该平台，社会公众可以将交通信号灯或交通标志所出现的问题反映给政府，也可以召集几个邻居自己动手对身边简单的道路进行修补，政府通过后台数据分析处理对所需修补的道路进行管理。可见，大数据技术正在将社会治理权力进行重新分配，社会公众的主导权开始逐渐回归，而对于政府而言，也提升了自身的社会沟通能力。而社会对政府的脱域指的是智能技术所创造的新的空间中，脱离出了政府原本的管理范围。在这一个新的空间，政府的政策法规出现之后的弊病，难以再正常地进行管理，而在这一阶段，新生空间的社会力量则填补了政府的空洞，履行着政府的职责对新生空间进行管理。虽然，政府可以通过政策创新以弥补之前的不足，进而实现对新生空间进行管理，然而，由于非政府主体在这里已经形成新生空间的运行规则，政府在这时就需要与非政府主体进行合作。可以说，政府对社会的吸纳与社会对政府的脱域，本质上都是智能技术驱动下"政府—社会"互动的新的机制，同时，在这种机制上加强了政府与社会的沟通和交流。

四　有利于政府危机管理

自从人类社会诞生以来，人类社会面临着各种各样的危机，人类社会的发展过程便是回应和克服危机的过程。危机是指对一个社会系统的基本价值和行为准则架构产生严重威胁，并在时间压力下和不确定因素极高的情况下，必须对其做出关键决策的情境（Tamuz，1991）。而所谓的公共危机，则是指由某些无法预测的原因所引起的，在较大范围和程度上对社会秩序和运行机制产生影响，并对公共管理形成重大威胁，对生命、环境造成严重损害的紧急事件（卢智增，2010）。而随着智慧社会的发展，在虚拟空间中逐渐形成了"线上公共危机"，即在虚拟空间那种由负面消息引发的对物理空间的社会价值体系和行为准则构成威胁的状态（王战平，2011）。而如何有效解决公共危机成为政府管理的核心内容，公共危机的最大特点便是其不确定性，而如何将危机的不确定性减弱成为政府公共危机预防和管理的关键。而要预防和管理公共危机就必须对危机事件的相关信息进行全面、准确、及时的了解，搜集、挖掘和处理数据信息则成为政府公共危机管理的核心。然而，公共危机信息的隐匿性，信息传播渠道的不畅，使危机信息不能及时地上传下达，导致政府对公共危机事件缺乏足够的认识，进而进一步地引发社会的恐慌。如2014年4月，在甘肃兰州发生的自来水苯超标事件，兰州威立雅水务集团在4月2日第一次查出水体苯微超标，直到4月11日才向政府相关部门汇报相关情况，同日，市委书记、市长才接到相关报告。而公民接到政府发出的通告则是在9小时之后（每日甘肃，2014）。这一事件表明，政府作为社会管理主体，对相关事件发生的感知较慢，且不能及时地搜集到危机事件的信息，使得政府获得危机事件的消息迟于社会公众，导致在危机管理中被动，加之，政府层层上报，危机主体有意隐瞒的动机，使得社会公众没能及时地收到信息，导致产生用水安全的隐患最终爆发了"4·11"苯超标用水危机。而随着智能技术的发展和普遍运用，特别是物联网、大数据、智能设备的运用，人们的情绪和偏好、各个种类的事物都能够被感知和数字化测量，人类社会日益智能化、感知化。智能技术的普及可以使政府搜集人类社会中公众和事物的数据信息变得便捷，这就为政府提供了更多的"先知性"。同时，智能技术驱动下，多种新媒体事物的产生，为政府及时对外公布危机事件的发展进程起到了积极作用，这增强了社会公众关于危机事件的知情权，并有助于减轻社会公众对危机事件的恐慌。如2010年6月，一男子在广州银兴路某住宅用手枪击中一名民警，在与警方对峙10小时后被击毙。广州市公安局在其官方微博中对该事件的发展情况及其全过程进行了全面及时的发布，使得社会公众及时了解了现场的情况。这种"直播"式的危机管理方式，将政府危机管理的过程透明化设置，不仅为社会公众及时了解事件发生态势提供了平台，也可以避免虚拟空间中不当谣言泛滥引起社会恐慌。

五　有利于政府社会动员

在智慧社会中，智能技术为人们提供了一个无中心的空间，在这个空间中"你说我听"的单向信息传播机制被瓦解，形成了上下贯通的双向信息传播机制，让一般的社会公众可以依托于网络空间中的虚拟身份成为新空间的主角，并在虚拟空间中产生以期给物理社会带来变化的虚拟人们所支持的一种志愿的集体行为——网络动员。网络动员是一种双向的动员模式，既有线下动员也包含线上动员，是线上线下交互构成的二维动员模式。同时，网络动员是在短时间内所形成的一种弱关系的动员行动。另外，网络动员的形式灵活多样，如网络恶搞、人肉搜索、舆论声讨、网络签名等。传统政府动员的主体是能够掌握一定权力的人或组织，但是，政府动员依靠的是物理空间中的"权力圈"，即政府居于核心位置，其附属组织和利益团体紧紧围绕在其周边，而社会其他主体则在最外围，政府动员依照这样的权力层逐渐向外扩散，形成了政府单一中心的政府动员结构。而在虚拟空间中，这种政府动员结构受到严重的冲击，智能技术所构建的空间的"零门槛"使得社会主体可以进入虚拟空间，并且在虚拟空间中任何一个主体都可以成为空间中的中心，政府不再是唯一的中心。并且，在这一空间中，每一个中心就像宇宙中的星系，都有一个中心的恒星处于中间，凭借吸引力吸引着众多的行星，而这种吸引力不再是物理空间中的权力、地位和财富，而是依靠"恒星"自身的舆论影响力，这种力量的本质内容是以知识和魅力为核心。因而，在虚拟空间中政府作为恒星之一，想要进行动员，就必须与其他的恒星进行互动，并依靠其他恒星作为媒介进行扩散，这时其他的恒星在虚拟空间中政府动员的过程中便成为虚拟的政治精英，而虚拟的政治精英既可以是物理世界中的名人，也可以是一般的社会公众，这就形成全范围的"动员星系"的格局。

第四节　智能技术对政府管理影响的挑战（T）分析

一　智能技术异化的风险

风险是指"在一定条件下某种自然现象、生理现象或社会现象是否发生，及其对人类的社会财富和生命安全是否造成损失和损失程度的不确定性"（吉登斯，2000）。所谓技术风险，本质上是指技术活动对人类可能带来的各种危险；或者说，技术风险是指在一定条件下，技术活动对人们的生命安全和社会财富造成破坏的可能性（徐智立，2012）。而智能技术风险是指智能技术异化后对人类社会产生的负面影响，即人类利用智能技术满足自身需求的过程中，智能技术也同时给人类带来了伤害，甚至发展为异己势力。智能技术是伴随着智能技术的发展而对社会公众和生产生活环境所产生的具有明显和潜在的负面影响。在智能技术迅猛发展的今天，智能技术已经成为人们基本生活的组成部分，但随着智能技术的发展，诸如隐私泄密、网络犯罪等问题也接踵而至，以智能技术为代表的新兴技术风险以及由此而引发的社会问题日益复杂，也对政府管理提出了挑战。

（一）智能技术异化对政府利益协调能力提出挑战

智能技术结构的复杂性和不确定性，会导致智能技术的功能异化，并引发智能技术风险。智能技术的应用本质上就是智能技术结构的可能性转化为智能技术功能现实性的过程，是人们将智能技术结构转化为智能技术的社会功能的过程。然而，智能技术的结构的形成是依赖于一种社会建制，是不同智能技术生产主体在面临其各自利益基础上多方选择的结果，在这个选择的过程中，很可能产生私人利益、集团利益、部门利益与公共利益的分裂，进而导致智能技术社会公共利益的衰弱。这主要是因为，在智能技术开发方向、目的、价值判断等，往往取决于掌握智能技术和运用智能技术的主体的目的或利益，掌握了智能技术决策权的主体在进行决策时，往往首先考虑的是自身的利益，而与其产生利益冲突的利益主体不得不承担风险。因而，这就要求政府在智能技术嵌入政府的过程中，应统一部门内部不同主体间的利益冲突，同时，对非政府主体通过智能技术在公共领域内的应用进行监管，以保证社会公共利益的最大化。

（二）智能技术异化对政府的智能技术的认知和使用能力提出挑战

从某种意义上说，智能技术异化形成的原因与智能技术使用者的认知能力的不确定性相关，即智能技术使用者对智能技术的一种"无知"的状态。智能技术使用者常常根据其自身经验判断智能技术的价值，并采取行动，这极易造成智能技术使用者行动的失误，导致智能技术的功能不能得到正确的发挥，进而引发智能技术的风险。如在微博和微信产生之初，政府部门并不能正确地对这类智能技术产品有清晰的认知，并没有意愿将其作为政府与社会的沟通桥梁，而是将其看作对政府管理的一种威胁加以提防，这对于智能技术产品对政府的嵌入产生阻碍。而在智能技术嵌入政府后，政府公务人员对其的认知产生偏差，这就导致智能技术使用者在运用智能技术过程中，并不能将智能技术产品的功能发挥到极致。另外，智能技术嵌入政府后，作为一种新生事物，政府公务人员并不能熟练地掌握智能技术的使用，这就导致智能技术在运用过程中极易因操作不当而产生风险。同时，智能技术的应用情境也易对智能技术的使用状况产生影响。所谓的智能技术的应用情境，主要是指智能技术的应用环境，即包括使用者在内的硬件设施和软件环境。智能技术的硬件设施主要是政府对于智能技术硬件装置的情况，政府内部的智能技术装置是智能技术运用的前提，若没有智慧装置，政府对智能技术的应用便无从谈起。而智能技术的软件环境主要是指智能技术应用的文化、制度等环境。智能技术对政府嵌入的软件环境便是政府内部的组织文化和制度设计。政府公务人员处于政府的内部官僚文化中，深受政府官僚文化的影响，多数政府公务人员抱着宁可不做事也不做错事的态度，这就导致政府公务人员在面对智能技术产品时缺乏创新精神，对于智能技术产品的运用具有保守的态度。

（三）智能技术异化对政府维护和生成公共利益的能力提出挑战

从政府层面看，政府运用智能技术创新公共服务模式，创造更多的公共价值。然而，政府因为自身官僚制思维的限制，在运用智能技术进行政府职能和公共物品提供方面极易产生简单的数字化，即对原有的食物进行简单的数字化再造，并不将智能技术的文化价值和政府的业务流程相融合，没有对政府的业务流程和职能进行彻底的转变，政府通过智能技术仅仅是为了增强其对社会的管控，而不是以提高服务能力为目标，那么则极易导致政府的智能技术产物不能有效地为民所用，这便会影响政府的满意度，进而损害政府的形象，让政府承担不必要的管理风险。这就导致政府极易因为通过智能技术增强管控能力，获得管理收益，但是，也同样给政府带来了行政风险，即受益者与风险承担者的同一。而从社会公众层面，政府作为智能技术的运用者和生产者，社会公众作为智能技术的使用者，政府通过智能技术的生产和创造是为了增强自身的管理能力，其生产和创新智能技术是为了政府自身受益，而对于社会公众而言，极易因为政府对智能技术的滥用而导致社会公共利益的损失，如政府对智能技术的滥用导致社会公众隐私空间的缩小。这就导致对于社会公众而言，其仅仅是智能技术的风险承担者，而政府是智能技术的受益者。反之亦可。近年来，随着移动互联网和智能手机的普遍运用，电话订票、网络挂号等移动服务取代线下的服务，为人们便捷生活提供了新的渠道，再如最近风靡的"打车软件"，对于能够熟练操作互联网应用（App）的年轻人而言，极大地方便了他们的出行。但是，这些服务对于很少上网、更少有"网银"的社会公众而言则不能有效地使用智能技术平台，这就导致这类群体被智能技术"屏蔽"在外，反而无法获得相应的服务，进而成为智能技术风险的承担者。

（四）智能技术异化对政府智能技术的综合管理能力提出挑战

智能技术的组织管理活动中的不当人为因素是导致智能技术风险的重要原因。一方面，智能技术缺乏有效的管理常常被人滥用或误用，进而产生智能技术风险。不管是操作上的失误，还是出于功利目的而恶意使用技术，都使人们面临技术风险，一般来说，智能技术操作者在智能技术使用中处于重要的位置，失误操作所导致的危害就越大。特别是对于智能技术嵌入政府后所衍生的技术系统对于政府公务人员而言较为陌生，这就极易导致他们由于缺乏足够的专业知识和责任意识产生技术使用风险，同时，对于政府部门而言，管理职能上的缺位，易造成智能技术活动者缺乏规避技术风险的意识和责任。另一方面，政府通过智能技术衍生所创造的技术产品过程，涉及技术工程师、政府管理者等多个主体及相关的政府部门，这些主体承担的和执行的技术设计各个环节都会产生技术风险的叠加。同时，智能技术的发展和革新对政治权力配置产生了深刻的影响。在智慧社会，谁最先掌握智能技术，谁就掌握权力，谁就在智慧社会中拥有更大的话语权。如"肯尼迪在许多方面是第一位上电视最成功的总统，他继承了罗斯福广播讲话的驱力和热情"（莱文森，2001）。互联网成为奥巴马总统竞选成功的大功臣。网络论坛、博客、微博、网络虚拟群、微信等信息技术以一种低成本、易传播、传染性强的特点对社会政治权力产生极大的冲击。

二 智能技术文化的挑战

"技术文化"是指技术不仅表现出其物质属性的特征，而且还具有意识价值属性的文化特征，技术不仅是对自然力的运用，其形成及发展也是在社会文化过程中创造的，即每一项技术的形成都是社会文化内嵌于物质技术的过程，体现着人们的社会文化需求，是人们社会文化需求的物质表现。可以说，技术不仅仅是纯粹的工具变革，其本质包含着人们在不同社会背景下的文化价值观念和文化需求。智能技术是人类社会由工业社会、信息社会向智慧社会转型过程中的产物，其所体现的是智慧社会的文化价值。在智慧社会中，双边社会的形成，与单边的物理社会相比其呈现出新的社会文化特征。智慧社会是由物理社会空间和虚拟社会空间融合而成的"双边社会"。其中，物理社会空间是与传统社会空间类似的人类社会空间，而虚拟社会空间则是由智能技术所构建的人类社会空间，其中所包含的虚拟社会文化则深藏在智能技术的文化价值中。而虚拟社会空间与物理社会空间的融合形成的智慧社会所呈现的社会文化价值则不仅是单边的物理社会空间文化，还包含着智能技术文化在内的虚拟社会空间文化。在智慧社会文化的形成过程中，智能技术文化起着关键性的作用。在物理社会的维度，人类社会具有封闭性和中心化的特征，而在虚拟社会的维度，人类社会具有开放性和去中心化的特征，虚拟社会向物理社会嵌入的过程，则是人类社会由封闭性向开放性，中心化向去中心化的方向转变，其中封闭性向开放性的转变则预示着社会主体自主性的增强和自由度的增加，而中心化向去中心化的转变则预示着社会主体间的平等和共享理念的普及。在智慧社会中，自由、平等、共享、合作、开放等文化价值观念成为人类社会的核心价值。这些文化价值观念的普及对传统社会封闭、中心化的文化价值提出了挑战，同时，也对建构与封闭和中心化的政府理念及文化价值产生了挑战。

(一) 智能技术文化对政府管理理念的挑战

自由、开放、共享、合作等是智能技术文化的主要内容，这些价值观念是现代社会政治生活的核心价值观念，其既体现在人们的思想领域，也体现在人们的行动领域。因而，在智能技术所建构的智慧社会中自由、平等、共享、合作等价值观念也体现于人们的思想和行动两个方面。一方面，智能技术使社会公众间的交往方式和交往范围产生了巨大的变化，智能技术的广泛应用产生了众多的媒介，使人与人之间的交往变得日渐自由，同时智能技术也为社会公众参与政府管理提供了渠道，而这些由智能技术驱动下所产生的技术实践，改变了政府以往封闭的管理模式，不得不将政府外部的主体纳入政府管理体系中。另一方面，在智慧社会，人类社会已不再是单维度的物理社会空间，还包含着虚拟社会空间，是一个双维度的"双边社会"。在虚拟社会空间中，人们不再需要知道对方的性别、种族等真实身份，彼此之间以一种自我建构的虚拟身份进行交往，这种在智能技术对社会主体身份重构的基础上，增进了人们之间平等对话的机会，可以自由平等地进行思想的交流，在虚拟社会空间中没有人知道真实的你，可以毫无顾忌地发表言论。这种新的情形对政府管理提出了新的挑战，政府面对着"肆无忌惮"的言论发表，产生了众多的虚假信息，政府必须加大力度对虚假信息进行管理，然而对虚假信息的管理最本质的就是要对虚拟主体的虚拟身份进行管理，只有明确虚拟主体的身份，才能将责任落实到个人，然而，政府若要对虚拟个体身份进行确认，则导致政府的行政文化与网络空间的虚拟性文化相冲突，导致虚拟社会空间中虚拟个体对政府管理实践的抵触，进而影响政府的有效管理。

（二）智能技术文化对政府用语的挑战

在智慧社会中，与传统的物理维度人类社会空间相比，最大的差异便是虚拟社会空间形成后对政府管理话语体系的变革。对于政府管理而言，虚拟社会空间的自组织特性所形成的虚拟社会空间的话语体系与物理空间中的政府传统意义上的话语体系存在着显著差异。在智慧社会中，线下物理空间中的政府管理话语体系与传统人类社会空间的话语体系类似，话语信息传播方式和路径为单向传播，媒介话语权掌握在政府手中。而在虚拟社会空间中，一些新兴的媒介形态开始出现，开始出现媒体社会化的浪潮，信息传播方式开始转变为双向传播，媒介话语权也从政府手中转移到社会各个主体手中，最为明显的是在网络空间中意见领袖的崛起，对政府的话语权产生了巨大的冲击。正是虚拟社会空间中所形成的开放式的话语体系与物理空间中所形成的封闭式的话语体系的碰撞，凸显出智慧社会中政府管理的困境，在人人都是媒介的时代，传统的政府管理模式已不再适应智慧社会的需求，特别是话语体系的再造对以政府为主导的话语体系的冲击，使得政府话语在网络空间中沉溺在大量的信息中，对网络社会的治理开始显得力不从心，如何将"线上话语体系"与"线下话语体系"相融合成为新时期政府管理面临的重要课题。但是，智能技术的到来也为政府提供了新的与社会沟通的渠道，特别是新媒体技术所包含的开放性和服务性的特质，也为政府及时了解民意提供了便捷。在传统的单维物理社会空间，社会公众对于政府组织及其公务人员的监督渠道主要是写信、打电话或上访等；而在智慧社会，社会监督渠道产生了质的变化，由线下监督转移到线上监督，正如一位名为"午夜听风"的网友在微博上说的，"以前，老百姓想揭黑反腐，恐怕只是上访，或找新闻媒体监督。如今，他们会得到这样的建议：去发条微博吧"。引起众博友共鸣。当前，越来越多的公众开始运用新媒体表达诉求和发泄不满。智能技术已经成为我国公众政治参与和影响政府决策的主要平台，产生了一种新的政治参与模式——网络问政。网络问政的出现一方面为政府了解民意提供了便利，对推进民主决策，缓解社会矛盾产生了积极影响。另一方面，也为政府参与网络空间话语体系建设提供了新的路径。另外，在虚拟社会空间形成了诸多的新的网络文化符号："网络用语，即人们在虚拟社会空间中广泛应用的一种信息交流传播的文化符号，主要是指网络居民用于在虚拟社会空间中发表个人观点所形成的用语。"当前，网络用语主要有以下几种，一是汉字的谐音，如"鸭梨"（压力）、"骚年"（少年）、"稀饭"（喜欢）；二是英文谐音，如"IC"（I see）；三是英汉谐音，如"粉丝"（Fans）、"逼格"（Biger）；四是数字谐音，如"9494"（就是就是）；五是拼音谐音，"GG"（哥哥）；六是方言谐音，"介个"（这个）、"酱紫"（这样子）；七是组合谐音，如"+U"（加油）（高岩，2013）。这些网络用语在虚拟社会空间中广泛地应用和传播成为虚拟社会空间"虚拟人"沟通和交流的工具，而在虚拟社会空间和网络社会空间相互融合的过程中，这些话语也成为人们生产生活中的交流工具。对于政府而言，在智慧社会中，政府置身于虚拟社会空间中，若想与其他虚拟主体进行沟通，则要运用网络用语，改变政府以往的言语不断地与虚拟社会空间中的语言符号相适应。

第七章

智能技术驱动下政府管理创新策略选择

随着智能技术的迅猛发展，信息化、数字化的推进加剧了人类社会智慧化的发展，导致人类社会日益多元化和异质化，政府面对着人类社会智慧化进程的不断加快，社会主体的日益多元化，政府管理环境变得更加复杂，政府必须积极地利用智能技术提高政府的管理能力，通过对智能技术吸纳推动政府的现代化转型。在智慧社会中，政府不再是人类社会唯一的管理者，政府必须依靠市场主体、非政府组织、社会公众共同管理社会公共事务，特别是在虚拟社会空间，政府若想对这一空间进行管理更需要与不同的虚拟主体进行沟通和协商，而对于虚拟社会空间行为规则的制定则需要考虑虚拟社会空间的文化和行为准则，只有这样才能保证整个社会稳定而有序地运行。因而，政府作为唯一管理者的传统管理模式已不再适应智慧社会管理的需求。为了应对智慧社会所提出的挑战，政府必须积极地运用智能技术提升自身的管理能力，并且应积极地发挥智能技术的优势，转变政府一元的管理机制，构建"政府—社会"多元的社会管理机制，退出"划桨人"的角色，转变为"掌舵者"的角色，推动政府更好地与其他社会主体共同管理，以有效解决社会公共问题。

第一节　优势—机遇（S-O）策略

一　转变政府管理理念

智能技术对于政府是一种新的事物，而其所营造的智慧社会生态对政府而言更是一种新的行政生态，政府必须转变政府管理理念和行政方式，以更好地吸纳智能技术的优势，充分利用智能技术所带来的机遇，以推动政府管理的现代化升级。当前，政府组织及其工作人员运用智能技术的频率显著提升，但是，在网络虚拟空间的舆论场域中，政府组织及其行政人员的话语权仍然较为薄弱，官员在意见领袖的排行榜中的比重为1%，在影响力排行榜中比重为0（王国华，2014）。产生这种困境的原因主要是政府行政人员仍然存在官本位思想，还未习得在网络虚拟空间中与"虚拟人"的沟通方法，在与"虚拟人"的沟通中常以"领导"自居，且"官话"流行，忽视了网络虚拟空间中独特的网络文化。因而，政府应该在吸纳智能技术的基础上深刻地理解网络虚拟空间中生成的文化，从"官本位"理念转向"人本位"理念，重视人（虚拟人和现实人）在智慧社会中政府管理的重要性，将智能技术作为政府发展与人的发展融合的工具，将行政方式由管理向服务转变，以更好地适应智慧社会的文化需求。

二　转变政府管理结构

智能技术的发展，对人类社会空间进行了再造，将人类社会的空间拓展到虚拟网络空间，进一步增强了人类社会的开放性和互动性，在此基础之上，人类社会的组织结构也发生了变化，人类社会的组织形式已经不再是依靠地域限制的组织形态，而转变为以虚拟网络空间中的虚拟社群为核心的打破空间限制的网络化组织，这种组织形态打破了传统组织封闭性，以更加开放的姿态吸纳更多的不同地域的参与主体，这些参与主体开始通过智能技术在虚拟网络空间中集聚，并以虚拟社群的形式在虚拟网络空间中进行互动，并指导现实物理空间的具体实践行为。正是在这样的变化下，政府的管理结构也产生了显著的变化。一方面，政府开始在虚拟网络空间中构建虚拟政府，使其成为虚拟网络空间中众多行动者的一分子，并通过智能技术平台为社会公众提供公共服务；另一方面，构建通过网络问政的形式重视将"网络民意"吸纳到政府政策制定过程中，并重视与虚拟人的合作，将虚拟人看作虚拟政府的组成部分，并通过虚拟人自组织的"监督团队"对现实社会中的政府及其行政人员的行政行为进行监督，在这个维度上看，虚拟政府不再是简单的现实政府向虚拟网络空间的转移，而是包含虚拟人在内的虚拟政府团体，这个团体已经超越了现实政府的边界，将虚拟人作为虚拟政府的组成部分。可以说，在智能技术的驱动下，政府的层级状组织结构开始转向网络化的组织结构，而通过虚拟政府与现实政府的结合，拓展了政府的边界，增强了政府管理的能力。

三 转变政府管理行为模式

智能技术将人类社会一分为二，既包含现实物理空间也包含虚拟网络空间，社会公众便置身虚拟与现实之中，人们在现实物理空间中所遇到的不满的事宜，极易在虚拟网络空间中寻求安慰。这就需要虚拟网络空间中存在的虚拟政府由虚拟网络空间管理者转变为"心理咨询师"，帮助虚拟网络空间中的虚拟人解决现实社会中面临的诸多现实问题。同时，由于虚拟网络空间中的网络文化与现实社会文化存在差异，现实社会中的政府行为多为正式的政府行为，而虚拟网络空间中的虚拟政府行为则是在网络文化的影响下呈现出其与其他虚拟人类似的行为导向，且在与其他虚拟人进行沟通等过程中所用的话语则多是网络用语，这就使得政府需要转变思维，积极地吸纳网络文化，并将网络文化渗透到虚拟政府行为中，拉近自身与虚拟人之间的距离。因而，虚拟政府应该具备一种虚拟人格，将其与现实政府的人格分离开来，辩证地看待。但是，需要注意的是，虽然虚拟政府的文化背景与现实政府的文化背景存在差异，在这样的基础上所构建的虚拟政府人格与现实政府人格存在不同，但是，作为政府的不同面向，不能将二者割裂开来，而应该将两者统一起来辩证看待，应注重构建符合智慧社会需求的政府人格体系，使其全面发展。只有构建了全面的政府人格，才能在不同空间中随意地更换人格属性，更好地做出符合特定空间需求的政府行为。

第二节　优势—挑战（S-T）策略

智能技术绝非"以更少的资源实现更多的产出"的一种方式，而是重新对政府进行思考并将其重塑得更加开放、透明、民主和反应迅速的一次历史性机遇。当前，政府将智能技术看作一种媒介，通过智能技术创新政府公共服务模式和政府管理机制，以更好地适应智慧社会的需求。因而，在智慧社会提升政府的媒介素养可以有效地推动政府管理的转型并将政府自身的优势充分地体现出来，并在此基础上通过强调智慧社会多元主体的道德自律可以有效地控制智能技术异化和技术文化冲突所带来的负面影响。

一　提升政府媒介素养推动政府转型升级

智慧社会推动政府转型升级的首要问题是提升政府的媒介素养。之所以将媒介素养的提升放在智慧社会政府管理升级的核心位置，是因为媒介素养是政府作为智慧社会管理主体对于智能技术的选择、理解、应用、评估的能力，还包含政府通过智能技术媒介与非政府主体进行沟通和交流的能力，然而，具体到不同的智能技术，政府的媒介素养的培育与提升存在差异。首先，对于政府及其工作人员来讲，智能技术的媒介素养是指创造性地运用智能技术，管理公共事务，提升政府公共服务能力，推动社会进步，强化政府与非政府主体间的沟通协作进而重塑政府形象。然而，政府在看待智能技术方面，存在思想观念落后，对智能技术的认识不足，对智能技术的利用还不够充分等问题，仅仅将智能技术作为政府管理的工具，而没有深刻地将智能技术所蕴含的价值理念充分地与政府管理机制相融合。因而，应加大力度转变政府传统的思想观念，将智能技术的嵌入转变为对智能技术的主动吸纳。同时，提升政府对智能技术的识别能力、创造能力和评估能力，保证政府对智能技术的科学把握和合理应用。其次，政府缺乏通过智能技术与非政府主体沟通的媒介素养。在智慧社会中，政府还停留在以科层制为主要组织模式的政府机构中，其在对智能技术使用方面，还停留在自上而下的选择和应用过程中，如果政府主要领导不重视智能技术，那么这项技术的运用在政府部门内部便很难展开，同时，即使运用智能技术，也深受科层文化的影响，并不能运用智能技术自身所蕴含的文化与非政府主体进行沟通。因而，应该加强政府对智能技术文化的认识，以避免智能技术文化与政府组织文化冲突所带来的负面影响。同时，应加强政府领导干部自身的媒介素养，提升政府领导干部的媒介运用的自觉性和主动意识，建立合理的领导干部媒介素养的考评机制。

二 强化智慧社会管理主体的道德自律

智能技术的普及和广泛应用，存在着智能技术异化的风险，即智能技术的应用过程中由于使用主体的不当使用或技术自身的缺陷对社会所产生的负面影响。这就需要对智能技术的创造主体和使用主体的行为进行约束，然而，单从法律层面的约束并不能完全地制止不当行为的发生，必须通过对各个主体行为进行道德约束，提升各个主体的道德素养和自律意识，增强各个主体的社会公德，以保证智能技术的安全使用。首先，政府应加强自身的道德文化建设，在看待和创造智能技术的过程中应该本着以人为本和服务第一的理念创造和运用智能技术及其衍生品，不能仅仅将智能技术看作政府管制的工具，而应该将其看作重塑政府形象和提供公共服务的新的平台。其次，社会公众在运用智能技术时应该重视对自身的自律，特别是在"技术赋权"下,社会公众也不能随意地使用这种被赋予的权力,应该科学合理地运用这些权力,不能滥用权力,避免网络暴力的形成。最后,企业及相关技术主体作为智能技术的创造者和拥有者,更应该提升自身的道德素养,必须以不损害社会公共利益为出发点进行智能技术创造和智能技术衍生品的生产。

第三节　劣势—机遇(W-O)策略

在智慧社会中,政府管理面临着管理空间复杂化和管理对象多样化的劣势,但同时也面临着智能技术对政府管理所带来的精细化管理、科学决策、政社互动沟通、公共危机预防、社会动员等机遇。因而,政府应该从管理层面、技术层面、法律层面构建相关的机制以更好地发挥政府自身优势把握智能技术对政府管理所带来的机遇,弥补智慧社会政府管理的不足。

一　管理层面:建设整体性的智能技术管理机制

政府对智能技术的吸纳过程是政府管理自身不断创新的过程,是政府运用智能技术工具与社会其他主体间协同合作的过程。智慧社会中,各个社会主体都对智慧社会具有管理权力,都可以通过智能技术参与智慧社会管理过程中。当前,诸如百度、阿里巴巴等企业掌握着大量的数据信息,而这些数据信息是政府不具备的,然而,政府若想对智慧社会进行管理就需要查阅这些大数据信息,而政府所拥有的数据信息也是企业所不具备的,企业若想发展和创新市场领域则需要查阅政府所拥有的数据信息,这样政府与企业在智慧社会中就必须进行资源的共享,进而满足双方的需求。加之,智能技术驱动下所形成的各种新的经济形态如网络经济、共享经济等,这些新的经济形态的产生,其相关市场主体对该市场的具体运行规则有着话语权,而政府在规则制定中则处于弱势地位,政府对于该领域的法规制定需要与企业进行协商,也形成了新的"政商关系"。因而，智慧社会中，政府既要从宏观上整体性地协调各个主体间的关系，也要处理好政府与非政府主体间的关系以保证智慧社会的有效运行。

二 技术层面：加大力度培养智能技术专业人才

当前智能技术成为智慧社会中进行政府管理的有效工具，智能技术相关人才的培育更是政府理解、掌握、运用智能技术的基础和前提。可以说，政府具备智能技术专业知识的相关技术人才是实现智慧社会政府管理能力提升的基本保障。首先，要注重对政府工作人员进行智能技术的学习和教育，提高政府工作人员对智能技术的科学认识，确保政府工作人员在具体的政府管理中可以对智能技术进行熟练运用，为政府管理提供专业人才的支撑。其次，政府应注重对智能技术专业人才的培养，壮大政府智能技术专业人才队伍，提升政府智能技术人才质量。最后，还应该以开放的姿态加强其与企业、高校、技术团体的合作，推动智能技术相关主体围绕政府相关业务进行政府技术产品创新和创造，加快政府管理现代化的步伐和科技产品的产出，以满足人们多样化的需求。

三 法律层面：完善智能技术相关法律法规

在智慧社会，智能技术已经融入人们生活的方方面面，呈现出一切皆可技术化的状态，同时也呈现出人们通过智能技术可以与任何事物进行互联的状态。在智慧社会中，政府应该积极主动地拥抱智能技术，以低姿态严要求的态度对智能技术进行吸纳，以创新政府管理模式，增强政府管理能力。同时，智能技术的泛在化也导致人们可以通过智能技术进行犯罪的可能，诸如非法获取个人隐私等。因而，对智能技术的运用和管理成为智慧社会中政府管理创新的首要问题，是智慧社会中社会个体人身安全的保障。首先，要从法律法规的层面肯定智能技术在政府管理中的作用，以政策推动政府对智能技术的吸纳，为政府运用智能技术提供法律和政策上的支持和依靠。其次，应完善智能技术运用的相关法律法规，制定社会公众对智能技术运用的准则，规范社会各个主体对智能技术运用的行为边界，保障社会公众利益与社会公共利益不被威胁。最后，制定智能技术发展的战略规划，从国家层面制定智能技术发展方向、技术标准等，为智能技术的发展营造良好的生态环境。

第四节　弱点—挑战（W-T）策略

智能技术在其发展过程中存在着自身的异化风险，加之，智能技术作为一种技术体系蕴含着独特的文化特征。同时，在智能技术推动下，人类社会进入智慧社会后，政府管理面临着管理空间复杂化和管理对象多样化的挑战。这些都为智慧社会中的政府管理提出了诸多挑战。然而，这些挑战单靠政府自身难以有效地解决，需要政府与非政府主体间有效地合作才能更好地解决这些困境。因而，政府应该构建社会协同管理体系处理智慧社会中的公共问题。

一　构建以政府为中心的社会协同管理体系

近年来，"开房门""调情门"等现象频频发生，不少官员纷纷在微博上"触礁"。智能技术所衍生出的技术产品在丰富人们日常生活的同时，也不断地转换为社会公众监督政府的新平台。在智能技术的驱动下，智慧社会系统便是监督政府行为及政府管理的体系，基于智能技术的无缝隙管理系统日益形成，智能技术已不再是一个单纯的技术体系，而转变为一个社会公众监督政府及其工作人员的舆论阵地，同时也转变为一个政府提供和优化公共服务的空间。可以说，智能技术的诞生及普遍运用，推进了政府与非政府主体间协同管理的脚步，拓宽了社会公众参与政府管理的渠道。另外，政府通过智能技术摘下了长时间挂在政府与社会公众间的神秘面纱，推进了政府与非政府主体间的协同，将社会管理权力向社会公众转移。但是，政府与非政府主体间的协同管理还面临着诸多问题。首先，数字鸿沟问题。由于我国智能技术基础设施建设较为落后，导致很多地区和个人还无法通过智能技术参与到政府管理的过程中。其次，政府与非政府主体之间的信任度较低。现在政府作为社会管理主体的成员之一，在面对社会公众提出的问题的时候，总是以一种高姿态或旁观人的角色来处理问题。而政府的不作为或反应缓慢使社会公众对政府行为的信任度有所降低。最后，政府与社会公众在社会管理过程中很难确定管理的角色与定位。经常出现政府管得过多或社会公众参与无门的情况。为此，建立协同管理体系，明确各个主体的职能和责任，特别应该将社会公众的网络责任意识的培育纳入社会协同管理体系中来。同时，还应加大力度进行网络基础设施建设，缩小数字鸿沟。

二 搭建以智能技术为基础的社会协同管理平台

基于智能技术的协同管理平台的建设，是政府与非政府主体间协同管理的基础，为各个社会管理主体沟通交流提供了新平台。以智能技术为基础的社会协同管理平台的搭建为各个管理主体间的沟通打开了新的渠道，同时还可以将这一沟通过程和内容传递给更多的公众。同时，在智慧社会中众多的公民技术产品的产生更是以技术架构的方式将社会公众吸纳到政府管理体系中，这种吸纳的形式与传统的政府向社会招募的方式不同，创新了社会公众参与政府管理的机制和形式。另外，通过智能技术平台，政府可以引导社会公众积极地参与政府公共决策的过程中，强化了公众在政策制定过程中的主体作用，将公众政策的制定主体由一元向多元转变，制定程序从单向转向双向，制定过程由封闭转向开放，促使政府公共政策的制定过程更民主、更自由、更开放。

三 建设具备互动性的社会协同管理机制

在智慧社会中，每一个普通公众都可以通过智能技术与社会体系相连。智能技术使用的门槛低，可以自由选择，智能技术产生于大众，服务于大众。然而，智能技术毕竟是一种技术体系，要想基于智能技术建设互动性的社会管理机制必须从两个方面入手。一是，建设互动性的技术协同管理机制。当前，每一种智能技术形态下都存在着众多的技术衍生品和创造主体，不同智能技术之间也存在着鸿沟，还有待进一步推动技术的融合发展。这对于多种技术耦合下所形成的智慧社会的管理有着重要作用。因而，面对智慧社会中众多的智能技术衍生品和智能技术形态，政府必须做到对不同技术衍生品的整合以及对多种技术形态的融合利用，这将有助于理解智慧社会的本质，并通过技术产品的整合及技术形态的融合提升政府的整体管理能力。二是，建设互动性的社会多元主体间协同管理机制。在多样化的智能技术背后和智能技术衍生品的背后都存在众多的企业和社会个体，而政府在整合多种技术形态和技术衍生品的本质其实也是在整合多种技术创造主体和技术使用主体，因而，政府应该在构建技术协同管理机制的同时，创建多元主体的协同管理机制，推动各种主体间的沟通和协调，政府在该过程中应该赋予社会主体更多的行动空间。

第八章

合作管理：智能技术驱动下政府管理发展方向

人类社会日渐进入智慧化阶段，并逐渐走入智慧社会，智慧社会代表了人类社会发展的新阶段。智慧社会的来临，政府面对计算机技术、互联网技术、云计算技术等智能技术的发展和变革，日益强调智能技术在其管理中的作用，将这些先进和革新的技术形态广泛运用到政府管理中，可以依托智能技术创新公共物品提供方式，更好地为社会公众提供服务。与此同时，面对着智慧社会中复杂的社会问题，政府管理需要更为开放的管理体系，不能仅局限于政府自身，需要政府、企业、非政府组织、社会企业、社会公众等多元主体以合作管理的模式共同参与到智慧社会的管理过程中。加之，智能技术提供了一个"虚拟—现实"交互型和双边型的社会空间，在这里，非政府主体的话语权日益增大，参与社会管理的意识不断提升，为非政府主体参与社会管理提供了新的形式和实践方式。可以说，智能技术掀起的智慧革命不仅推动了人类社会的转型，更在政府管理层面掀起了智慧社会政府社会管理的新篇章，政府与非政府主体的合作管理成为未来政府管理的发展方向。

第一节 合作管理的缘起及内涵

在智慧社会中，一种与以往不同的政府管理模式开始出现。它是基于智能技术,在政府内部部门之间,政府部门与企业、社会公众等之间所形成的协作关系基础上的合作管理模式。这是一种新的方式,在增进政府部门内部管理的同时,使非政府主体依托智能技术以与政府合作的方式进入了政府管理的程序。

一 合作管理的理论渊源

从理论上看,合作管理的出现既是对官僚制的批判和反思,也是对新公共管理的继承与扬弃,还与数字时代管理理论的创新和发展密切相关,如表8-1所示。

表8-1　　官僚制、新公共管理与合作管理的比较

	传统官僚制	新公共管理	合作管理
组织形态	科层制	灵活分散	网络化
组织规则	保密、法律主导地位	半开放、管理者与私营部门合作	开放、政府为平台的协同管理
决策模式	内部专家	内部专家与外部专家的共谋	集体智慧
主体关系	"主人—奴仆"	"企业家—顾客"	"政府—企业—公民"伙伴关系
运作原则	层级节制	市场机制	WIKI原则
管理理念	公共部门管理	私人部门管理	合作共享管理
数字技术	实体性	实体性和半虚拟性	虚实结合

注:WIKI原则主要是协作、共同生产、对等共享和信息交换等。

(一)合作管理是对传统官僚制的批判和反思

官僚制是适应工业社会的政府治理范式,其作为一种适应工业化发展的合理性设计,过于强调理性、法制、层级、程序、效率,难以满足充满个性的现代社会发展的需求,完备的技术性官僚体制扼杀了行政人员的主动性和创造性,缺乏生机和活力,已无法适应社会发展的需要(臧乃康,2004)。另外,官僚制政府往往将社会公众排除在政府公共治理体系之外,这就导致公众难以参与到政府

公共管理过程中。随着智能技术的不断发展，与农业社会的技术形态相适应的家族式组织，工业社会的技术背景产生的官僚制组织相比，以智能技术为核心的智慧社会组织的发展面临着新一轮的变革。智能技术使组织以及组织间原有的网络特征显性化，并逐渐造就出适应智慧社会的合作制组织。而智能技术驱动下人类社会开始由单边的物理社会向双边的"虚拟—现实"社会转变，从虚拟面看，智能技术创造了网络虚拟空间，在这里组织结构及附着其上的人际关系结构日渐对官僚制层级结构产生分化和整合的双重作用（杨嵘均，2015）；从现实面看，智能技术为社会公众参与社会管理提供了简易、便捷的工具和渠道，同时也为政府间合作提供了有效的衔接平台，对官僚制也产生了消解的作用。虽然智能技术至今还没有完全否定官僚制的存在价值，但是智慧社会所需要的组织灵活性、应变性和弹性均超出了官僚制的合法性与合理性的范围。智能技术已然成为重塑现代组织的最重要力量之一。"现代和未来的管理者面临的一个主要挑战就是，如何运用新技术来开发新产品和提高新服务、组织新的网络概念、制定决策的新风格、新文化以及对变革的新态度。"（摩根，2002）可以说，传统官僚制的科层制组织形态、内部专家式的决策模式，层级制的运作原则已难以适应智慧社会政府公共管理的需求。而合作管理的网络化组织形态，以集体智慧为核心的决策模式，以合作共享为主导的管理理念逐渐成为满足智慧社会政府现代化转型需求的新的政府管理形式。

（二）合作管理是对新公共管理理论的继承和扬弃

"新公共管理"范式有不同的名称，如"新公共管理""管理主义""后官僚制模式""企业化政府"理论等。在"新公共管理"模式中，市场竞争机制的引入、顾客至上、结果导向等原则的采用改变了社会公众的纯粹被动服从地位，社会公众转变为顾客，要求政府公共管理应有更为明确的责任制，并听取公民的意见，以满足公民的要求，还应提供回应性的服务。这在一定程度上克服了传统官僚制的弊端，提高了政府的行政效率，增强了政府与公民的互动。但是，新公共管理也将原本一体的行政机构裂化，并在过度分权的基础上将行政权力进行碎片化结构，过分强调市场在国家治理中的作用，形成了"空心国家"。空心国家的生成，将原本由政府提供的公共服务大量地外包给其他主体，政府自身丧失了提供公共服务的能力（尹文嘉，2012）。这种严重的"碎片化"和部门的自我中心主义，由于缺乏合作与协调，最终影响了社会公共价值的创造（Tamuz, 2005）。合作管理在吸纳新公共管理理论的合理因素基础上，对其治理缺陷进行直接回应，主张通过合作共享管理弱化新公共管理私营管理理念下政府公共价值的缺失所带来的负面影响，增强政府的公共服务理念和协同合作理念。

（三）合作管理是智慧社会政府管理理论创新和发展的产物

互联网、云计算、大数据等智能技术的广泛使用，将人类社会由信息社会带入智慧社会，并以其独特的技术属性和社会属性改变了政府公共管理范式，开始从强调碎片化、竞争、激励的"新公共管理"（NPM）转向强调社会多元主体合作，重新整合服务，为市民提供整体性服务，并在管理中实施彻底的技术变革的合作管理（Collaborative Administration, CA）。当前，以互联网技术、云计算技术、大数据技术等智能技术对政府管理日渐重要，尽管与商业对智能技术的运用相比，政府管理存在"文化滞后"。但是，智能技术的快速发展使公民获得了前所未有的政府信息和参与政府政策制定的方式。维基、Twitter、博客等新媒体技术的普遍运用，不仅有助于促进政府与公民的沟通，也有助于提高政府自身的透明度和问责制（Nam, 2012）。社交媒体的蓬勃发展以及用户生产内容的大量涌现，改变了人们的交流方式，社交媒体日渐成为政府与公民互动的工具，成为当前政府解决参与困境的新途径。与此同时，虚拟社区在当前社会治理中扮演着重要的角色，它们为公共服务提供了额外的渠道，并且成为政府获取公民行为，提供公共服务，增进公民认同的重要补充（Meijer, 2011）。这些由智能技术所带来的WIKI式的管理规则，成为政府管理的重要机制，通过智能技术所构建的"合作沟通平台"将有助于实现真正的公民—企业—政府的协同管理伙伴关系（Chun，2012）。

二 合作管理的内涵

20世纪70年代，英美等西方主要国家遭遇到经济衰退（Ruhanen，2010），政府面临着机构臃肿、低效等一系列管理危机。在这样的背景下，西方国家政府面临着日益复杂的社会问题，政府难以单方面地掌握关于社会问题的起因，且仅凭政府一方难以有效地解决复杂的社会问题。加之，随着现代化进程的加快，社会专业化分工日益加深，出现了许多专业化和高度自治的独立于政府系统的社会亚体系，且各个亚体系之间彼此联系和相互依赖。这种高度关联的社会亚体系增加了人类社会的复杂度，对政府管理提出了挑战。与此同时，亚体系的形成也为政府管理提出了新的机遇，政府可以通过与社会亚体系的合作提升政府的社会管理能力和增强政府应对社会复杂性的能力。基于此，西方国家便开始探寻新的社会管理方式，并将这种政府体系与其他社会体系合作的形式称为"治理"。1995年，全球治理委员会将各种社会主体管理共同事务的各种方式的总和看作治理，认为治理主要强调不同利益主体间的利益协调，并通过一定的方式实现各个主体间的联动，并认为治理并不是一套行为准则，而是一个过程，这个过程的基础并不是管控而是协调，然而参与这一过程的主体既有个人也有组织，既包含私营部门也包含公共部门（俞可平，1999）。随后诸多学者对其进行了定义，其共性在于：一是，强调治理体系是一个多中心的系统，不存在一个占主导作用的中心组织（Bekkers，2007）。二是，在治理体系中，组织内部与组织之间所形成的"网络"扮演着重要角色，在这个网络中不存在一元化的领导，主张政府是多个行动者中的一员。三是，治理的过程是通过谈判、协商和合作来实现的，传统的强制命令的方式不起作用（Rhodes，1996）。可见，治理强调的是一种合作型的社会管理方式，认为社会主体存在着自我管理的能力，且有能力与政府共同管理社会的权利。治理理论的提出将传统的"全能型政府"转变为"有限型政府"，将社会主体的社会管理主体进行了回归，在一定程度上有助于解决现实社会面临的问题。然而，治理作为一种先进的理念，对传统的政府一元的社会管理模式提出了新的要求，但是，治理是一种政府社会管理的未来发展的方向，现实中的政府管理仍然处于由政府管理向治理转变的过程。一方面，政府在社会管理中的主导作用仍不可忽视，其在社会管理中的核心位置不容动摇，虽然非政府主体在一定程度上对社会管理的参与有助于政府解决社会问题，但是，非政府主体（如企业等）在具体社会管理中极易产生因自我利益趋使而导致的公共价值的丧失，政府作为公共价值和公共利益的代表者和维护者，其在社会管理中的主导位置不能动摇，社会管理仍然处于政府主导的政府管理阶段，与治理所强调的"去中心化"和"多中心化"的理念仍具有一段距离。另一方面，政府与其他非政府主体的合作成为现代政府管理的核心内容。虽然，社会管理中政府的主导作用不容忽视，但是，面对日益复杂的社会问题，与非政府主体的合作成为政府增强管理能力的关键，治理中所强调的"合作"和"协调"的理念成为政府管理现代化转型升级的核心理念，并日渐融入政府管理的现实实践，形成了新的政府管理实践——合作管理。可以说，合作管理是政府在吸收治理理念的基础上，对政府传统的管理理念、方式、工具等方面进行本土化再造后所形成的政府管理形态，是社会管理向社会治理转型过程中的过渡环节，也是政府现代化转型升级的必经之路。合作管理意味着一种新型的政府管理模式，即在制定公共政策、提供公共服务和进行公共管理的过程中，采用互动式、协作型、一体化、数字化的管理理念、管理方式和管理工具，通过构建政府与非政府主体的伙伴关系，促使各种公共管理主体（政府、社会组织、私人组织等）在共享资源的基础上，共同生产和创造（Co-production）公共价值，为社会公众提供全面的、高质量服务的思想和行动总和。其中，共同创造公共价值和提供优质公共服务是合作管理的首要目标，政府通过数字化（Digitization）建设，促进多元管理主体的积极"参与"（Participation）是其精神实质，各种方式的"透明"或"协调"（Coordination）、"合作"（Collaboration）则是其功能在治理上发挥作用的基本特征。

三 合作管理的特征

在具体的公共治理和公共服务中，合作管理模式具体表现为以下四个基本特征，如表8-2所示。

表8-2　　　　　　　合作管理的特征、形态及要素

特征	管理形态	要素	表现
透明度	开放式管理	主动披露信息	根据信息需求和目标机构数量增加信息发布量
		开放政府数据	通过开放政府数据网站发布数据集
		信息可及性	开放数据门户
		问责制	实现方式多元化如公民作为政府的监察者问责主体多样化如对私营组织和公民个人问责
参与性	参与式/网络化管理	行政咨询/协商	在线咨询、网络辩论
		政策制定	面向共同生产的程序
协作性	协同管理	共享式合作	政府—公民—企业合作伙伴关系（PPP）
		组织内部合作	政府内部不同机构间合作促进资源共享（G2G）
		组织外部合作	政府与外部主体（私营组织、公民）间合作促进资源互补（G2B/G2C）
		线上合作/线下协同	促进线上和线下社区的公众意见和政策反馈
数字化	大数据管理	基于知识的智慧治理	将政府内部知识流与外部信息流融合
		大数据驱动科学管理	大数据制定公共政策并预测犯罪促进预警机制的建设

(一) 合作管理的透明性

透明度是合作管理的重要支柱，它的一个基本要素是确保非政府主体可以获取政府信息，核心目的是加强非政府主体对政府机构的问责，而透明度的有效性则是非政府主体与政府共同创造公共价值的关键驱动力。首先，透明度有助于非政府主体及时获得"全面、相关、高质量和可靠的政府信息"。一方面，获取政府信息有助于非政府主体了解政府的工作流程，增强非政府主体对政府行为的理解，提升非政府主体对政府的信任；另一方面，政府信息对于提升非政府主体的参与社会管理的能力至关重要，可以使非政府主体及时全面地了解和掌握政府信息进而有助于非政府主体参与政府决策，并提出科学的政策建议。其次，政府维护的信息是一项政府与公民共同享有的"国家资产"，政府应主动采取与法律相一致的适当行为以公众能够迅速发现和使用的形式公布政府信息。这就要求政府机构应积极运用新技术，搭建网络化的信息平台，提升政府透明度。最后，行政部门和机构应该征求公众意见，以确定公众所需求的最重要的信息，以满足公众对政府信息的需求。可以说，信息、透明度和问责之间有着密切的关系，而开放政府将三者结合在一起，通过赋予公民更大的和有效的发言权，提升政府的公信力。

(二) 合作管理的参与性

非政府主体对社会管理的参与不仅是政府现代化建设的关键环节，也是合作管理的重要组成部分，还是合作管理的一个显著特征。合作管理所强调的参与的一些维度与开放政府数据信息有所重叠，如将非政府主体的参与视为监视和记录各国政府行动的活动，这种形式的参与取决于非政府主体访问政府数据信息的能力。另外，合作管理认为，政府之外的其他行动主体的参与还有助于提升政府效率，提高政府的决策质量。当前，政府管理所需要的数据信息和知识在社会中以碎片化的状态广泛存在，政府若想制定科学合理的公共政策必须全面地掌握这些分散的知识和数据信息。在面对复杂的公共治理难题时，社会公众也可以像政府内部的技术专家一样了解情况，甚至比技术专家还全面地了解某一项公共事务的具体信息，因为他们更加容易和频繁地处理与自己相关的问题。合作管理通过构建"政府—社会"双向开放的参与机制，为非政府主体提供更多参与政府决策制定的机会，让社会公众和外部专家更好地为政府提供他们的专业知识和信息，将"公众关注的问题、需求和价值观纳入政府决策过程"，实现了政府与外部专家和社会公众的共谋，形成了基于集体智慧的决策模式。可见，当传统的被排除在外的声音被包括进来时，合作管理以包容性的理念帮助他们克服不利的地位，将被排除在政治和经济进程之外的非政府主体能够重新纳入政府管理过程中，合作管理将行政机构决策过程民主化，使公共政策过程中包含多种非政府主体的声音。

（三）合作管理的协作性

与透明度和参与度不同，合作管理所讲的协作与传统民主政治理论没有直接的关联。尽管有很多观点认为协作是"民主参与的一种表现形式"，是其他主体参与政府政策制定的行为，但是，合作管理中协作的外延和形式则与传统的参与和协商不同。首先，合作管理中的协作不仅指参与政府政策的制定，更侧重于具有专业知识的个人或组织与政府决策者一起共同创造能够实施的政策，这个政策的提出不是由政府单方面提出的，而是由政府和其他行动主体共同提出、制定和执行的。其次，合作管理中的协作更重要的是指政府通过构建 G2C、G2B 和 G2G 交织而成的治理网络以解决不能被单一组织解决的问题。而后者即协作网络的构建则是合作管理协作性的显著特征。因而，在智慧社会中，政府应该创新政府管理工具，增添政府与非政府主体之间的协作渠道，通过向虚拟网络空间的延伸构建基于"现实—虚拟"的二维互动协作的模式，构建一个多元主体协作的社会生态系统。与此同时，行政部门和机构还应征求公众意见，以评估和提高合作水平，并确定合作的新机会。总之，合作管理认为通过协作呼吁不同的社会主体共同合作，帮助政府跨越政府边界，形成可渗透的"联网"结构，从宏观层面建立公共治理的社会资本，使社会各个主体发挥在国家治理体系中的"附加值"，以解决复杂的、单一主体无法解决的公共问题。

（四）合作管理的数字化

智能技术的快速发展使公民获得了前所未有的政府信息和新的参与方式，通过信息技术推动政府的透明度建设，这些通信技术工具日益被视为开放政府的重要机制。与此相伴而生的"公民技术"（Civic Technology）日益成为透明、参与、协作三大特征之外的外部驱动力量，"公民技术"在社会中不断运用所产生的各种技术应用可以用于服务提供、公民参与和数据分析，从而为公民提供更多的参与渠道，为政府决策制定提供信息。虽然许多人认为公民技术主要指的是信息和通信技术（ICT），但它也代表了信息技术在公共治理中的社会安排，使公民能够通过公民技术项目安排公共服务，并且与政府进行沟通，通过在广泛和不断增长的在线应用和数据基础上建立的公民实践参与政府的各种治理行为。日渐发达的公民技术带来的结果不仅仅是供应商和消费者的服务和交易关系，也为公民参与提供了更多的工具和机会，使政府可以通过公民科技项目与社会联系起来。而合作管理正是依托于公民技术进行组织创新，通过培育公民技术生态系统，生产各种各样的公民技术项目，在向公民提供信息的同时，创造了公民有意义的参与，并改善了政府的工作方式，提升政府行政效率，更有效地满足社会公众的需求。

第二节　合作管理的要素及其生成

一　合作管理的主体

根据 ANT 思想，智慧社会中的政府主体与非政府主体的合作管理是由人类行动者与非人类行动者通过智能技术平台相互连接、彼此建构形成的异质行动者网络。这个合作管理网络中的人类行动者主要有政府、技术主体、社会公众等。非人类行动者主要包括合作管理政策制度、合作管理理念、合作管理工具、合作管理方式等。

　　在智慧社会中，根据政府与非政府主体在合作管理过程中的阶段、位置和作用的不同可以将人类行动者分为核心行动者、主要行动者和共同行动者。其中核心行动者处于合作管理网络的关键位置，它主要通过与主要行动者的结盟来实现合作管理的目标及合作管理技术和工具的开发与生产；共同行动者是合作管理中为了实现某一目标而与核心行动者或主要行动者联结在一起的主体。这三类行动者在政府主体与非政府主体合作管理的不同阶段形成不同的组合并相互作用，使合作管理网络不断优化和发展。政府行动者（中央政府、地方政府、基层政府）是合作管理网络中的核心行动者，对合作管理网络的形成和发展具有不可替代的作用。作为国家行政权力的载体和行为主体的政府，是合作管理得以形成的制度供给者和政策制定者。企业作为核心行动者进入合作管理网络的目标源自自身的利益需求，但是，一旦进入合作管理网络中，它们原有的行为方式和角色便会受到限制并进行转化。另外，智慧社会中合作管理网络的形成离不开社会公众的参与，如果说，政府主体与非政府主体合作所形成的管理网络是一个躯体的话，那么社会公众便是合作管理网络中的"血液"，对合作管理的运行和发展具有重要的推动作用，社会公众成为合作管理网络中的主要行动者。中介机构主要是在将核心行动者的产出传播到社会公众过程中起着推广、宣传、教育的组织机构。如传播机构，在进行基本传播职责的同时，通过对智能技术的普及增强社会公众对智能技术的使用能力，这些组织的特性决定了其成为合作管理网络中的共同行动者。而非人类行动者包括物质与意识两种类型。其中物质类型的行动者主要指技术硬件、技术软件、资金等。其中技术是核心，这里所指的技术既包含硬技术也包含软技术，是构成智慧社会的基础，也是政府进行合作管理的所依托的工具；意识类型的行动者主要是合作管理中的社会公众需求、管理理念和机制、政策制度等。

　　鉴于职责所在，中央政府与地方政府是合作管理的决策者、指导者与主导者,是合作管理行动网络中的核心行动者,在合作管理网络的形成与发展中具有征召与动员的作用。其中,中央政府是合作管理的发起者,为地方政府与基层政府与非政府主体进行合作管理提供政策上的支持和发布动员令,中央政府各组成部门作为合作管理具体行动的决策者和指导者,具体部署和安排地方政府和基层政府实施合作管理,地方政府及其组成部门是合作管理行动的主导者。地方政府拥有决策权力、政策资源、资金保障等,在这一层面上推出的制度可以扩展到全国成为一种全局性的制度规则。基层政府承接上级政府的指令,起着上传下达的作用,负责具体执行相关的政策制度。企业行动者在智能技术驱动下开发新市场,通过产品创新升级为社会公众提供更优质的服务,并且依托智能技术将原由政府提供的公共物品转为企业提供(如共享单车),并通过新的市场机制(如网约车)驱动着政府主体与其合作。社会公众是智能技术产品的直接使用者。而智能技术产品生产之后,想要被社会公众使用还需要经过中介机构对智能技术产品进行推广传播,在推广过程中,传播组织对社会公众的宣传,被社会公众所熟知。这些人类主体共同推进合作管理网络的运行。在非人类主体领域,智能技术作为合作管理网络中的重要主体承载着合作管理的工具与平台,为政府与非政府主体提供了合作的平台,智能技术只有被使用和掌握才能更好地保障合作管理的有效运行。同时,智能技术的产生为政府与其他主体的沟通提供了新的方式,也为政府提供公共物品提供了新的形式,社会主体可以通过智能技术所构建的平台可以参与社会管理。资金和人才是维系合作管理技术和工具正常运转的动力。另外,意识类型中的政府需求、企业需求、社会公众需求是各个主体使用智能技术产品的意愿,也是各个主体进行合作管理的动力和助推器。政策制度则包括政府制定的规划、通知、指标、奖惩办法等。这是各个主体合作管理的依据,是上级政府部门对消极政府部门的规章约束,是下级政府部门对上级政府部门负责的依据,是企业主体执行政策、追求利益的动力。这些非人类行动者通过铭写

(inscription，也指语句、记录等）而具有了合作管理的利益内涵。将这些非人行动者纳入合作管理网络中是推动政府主体与非政府主体合作管理的题中应有之义。

二 合作管理的利益联盟

政府主体与非政府主体的功能定位和利益整合对于二者合作管理网络的构建起着决定性的作用，功能定位的混乱极易导致合作管理网络中存在结构上的空白，进而使得合作管理网络无法良好地运行，而利益整合的失效则容易导致政府主体与非政府主体间在合作管理网络中的行动趋向相冲突，进而导致合作管理的失败。因而，合作管理的形成和发展的过程本质上就是合作管理网络中不同主体间相互制衡、共同行动的过程。各个主体的功能角色与利益整合直接影响着合作管理的成效。虽然，政府主体与非政府主体在合作管理网络中因功能定位不同极易产生利益上的冲突，但是，各个主体可以通过不断地协调实现"共赢"进而保障整个合作管理网络的平稳运行。可以说，政府主体与非政府主体在合作管理网络中处于一种平等的协作关系，两者通过在合作管理网络中构建利益联盟满足各方的利益诉求，并在此基础上创造更大的公共价值。在利益联盟中，人类主体间的协调主要是基于共同利益的协商，非人类主体间的协调则决定着合作管理网络的发展。由于在政府主体与非政府主体的合作管理网络中存在两类核心行动者，这两类核心行动者都可以作为合作管理的发起人，而由不同的发起主体所形成的合作管理网络也呈现出两类合作管理网络，即政府主导的合作管理利益联盟和企业主导的合作管理利益联盟，如图 8-1 所示。

政府主导的合作管理网络，是指政府作为合作管理网络中的核心行动者面对合作管理网络中存在众多的异质行动者、多方利益等多维关系，政府运用行政手段，改革完善合作管理政策、理念，征召和动员有能力、技术、资源的行动者形成利益联盟。在政府主导的利益联盟中，政府作为合作管理网络的发起人通过构建智能技术

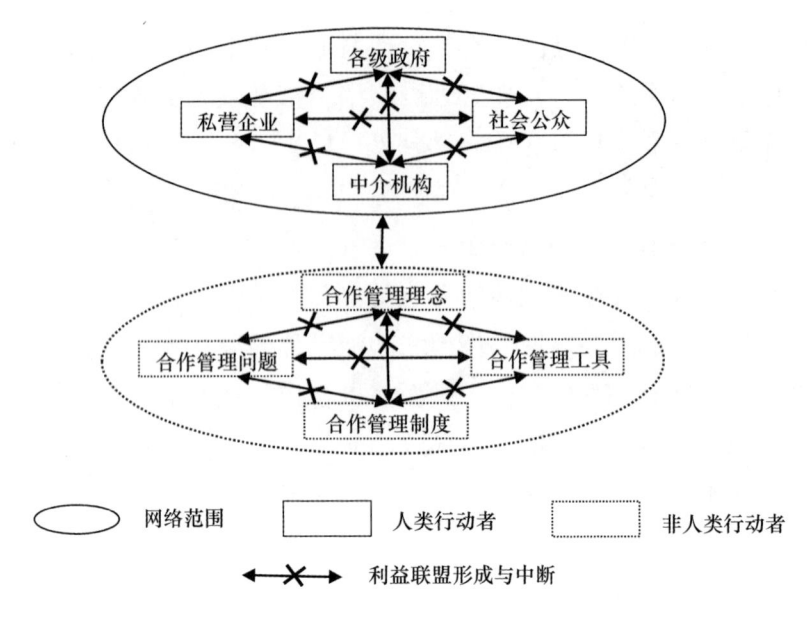

图 8-1 合作管理的异质行动者网络及利益联盟

平台，吸纳行政体系外部的优势资源以推动政府管理能力的提升。企业这一核心行动者在这一网络中作为与公众一样的主要行动者，通过政府构建的智能技术平台参与政府管理，行使自身的社会管理权利。而根据行动者网络的广义对等性原则，各个行动者只有在地位平等的基础上才能进行有效合作，但在由政府主导的合作管理网络中，企业、社会公众等社会主体处于弱势地位，且在政府部门内部存在"条块利益"的冲突，正是这种不平等的对话机制和部门内部的权力分化和利益冲突，使得政府主体内部及其与非政府主体的行动者很难结成利益联盟。中介机构作为共同行动者在这一网络中发挥着智能技术产品推广和传播的功能，向社会主体传播如何通过智能技术平台获取服务和进行社会管理。

企业主导的合作管理网络，是指企业作为合作管理网络中的核心行动者面对合作管理网络中的众多异质行动者，通过运用市场手段，开拓新市场，创新产品形式，通过构建价值链征召和动员有能力、技术、资源的行动者参与其中，并通过为社会提供更优质的服务将社会公众吸纳进来而形成的利益联盟。在企业主导的利益联盟中，企业作为合作管理的发起人其主要目标是通过开发新市场，产品创新，构建价值链的方式吸纳外部优势资源，然而，在这一网络中，由于新空间的开发起始于企业，政府制定的原有政策制度方面存在空洞并不能对新空间进行有效的管理，而企业作为新空间的创造者，对这一空间的管理有着主导性，但是，政府作为政策法规的制定者也具有对新空间的管理权力，故必须与企业进行合作，从企业那里获取新市场的具体运行规则，以制定适合新市场发展的政策法规，以更好地推动新市场的发展，而在这一过程中，政府这一核心行动者开始转变为主要行动者。另外，在企业主导的合作管理网络中，企业所进行的产品创新的目的是为社会和公众提供更好的产品和服务，虽说企业的目的是获取利润，但在这一点上与政府公共价值的创造目标一致，二者可以通过构建价值链实现市场价值的扩展并向公共价值转化，进而推动社会的发展。

三 合作管理的生成

合作管理的有效运行不仅要关注政府主体与非政府主体所构成的基于合作而成的行动者网络，在这个网络中，各个主体的异质化程度较高，利益需求多样化，难免在合作过程中产生冲突，虽然可以通过利益整合减弱冲突所带来的负面影响，但是，我们应该更为关注的是这些多元主体利益整合的动因是什么。以及他们通过什么样的机制在合作管理网络中形成利益联盟。

本书尝试用行动者网络理论对智能技术驱动下政府主体与非政府主体合作管理过程中的利益整合的动力进行分析，并在此基础上对合作管理的生成动力进行探讨。政府与非政府主体的联盟过程便是合作管理过程的转译。而合作管理的转译过程则包含合作管理网络中的核心行动者对合作管理过程中关键问题的呈现（Problematization），核心行动者对其他行动者利益的赋予（interessment），其他行动者的被征召（Enrollment），以及核心行动者是否可以通过动员（Mobilization）成为合作管理网络中利益联盟的代言人并在此基础上对异议（Dissidence）进行处理等环节，如图 8-2 所示。然而，需要注意的是，合作管理网络中利益联盟的形成还依赖于各个行动者之间所存在的共同的强制通行点（Obligatory Passage Point, OPP）。

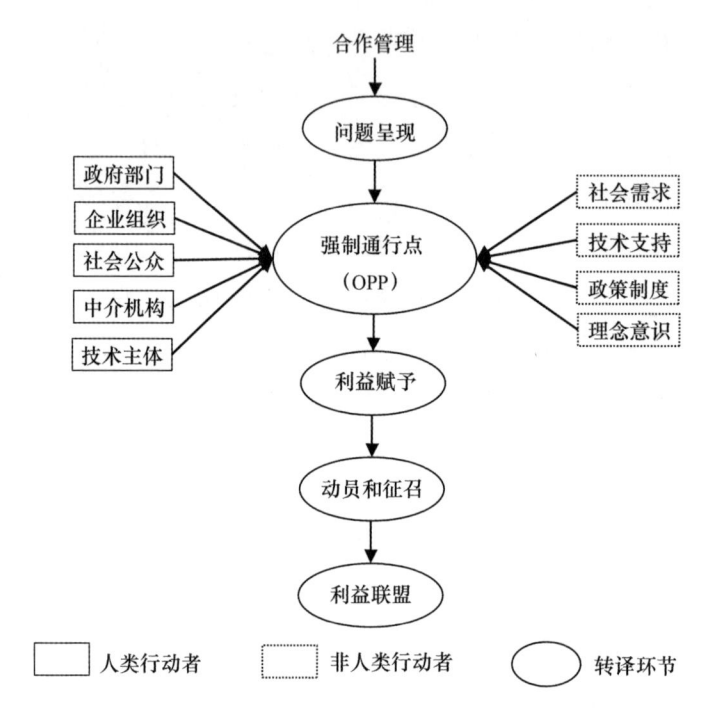

图 8-2 合作管理的异质行动者网络及利益联盟示意图

（一）问题呈现

问题呈现是行动者网络构建的第一阶段，是指核心行动者将与自身利益需求一致的其他行动者关注的对象问题化，并设立一个强制通行点（Obligatory Passage Point，OPP），使各行动者在通过该点后均能实现其利益最大化，从而结成相互依赖的网络联盟。智能技术驱动下的政府与非政府主体的合作管理网络中的问题呈现是指核心行动者确定与其自身利益需求相一致的其他相关行动者的地位和利益，并设立一个强制通行点（OPP），以使自身成为网络必不可少的部分。在这个阶段，核心行动者基于运用智能技术进行创新发展的基本理念，设立与自身利益相结合的智能技术创新目标，并明确实现这一目标需要解决的关键问题，即强制通行点，以促使其他行动者围绕关键问题及自身的利益诉求形成政府与非政府的合作管理网络。由于核心行动者的不同在政府主导的合作管理网络和企业主导的合作管理网络中所面临的问题存在差异。首先，在政府主导的合作管理网络中，政府为了适应智慧社会的需求，提升自身的管理能力以更好地对智慧社会进行管理，需要运用智能技术弥补自身管理能力的不足。而政府运用智能技术创新生产的技术产品需要得到自身及其他主体的使用才能创造价值。因而，在这政府主导的合作管理网络中，智能技术产品的生产和采用成为这一网络中的强制通行点。其次，在企业主导的合作管理网络中，智慧社会的形成为企业提供了更多的市场机遇，在智能技术的驱动下，企业作为市场主体开始开拓新的市场，并不断地向公共服务领域延伸，形成了诸如共享单车、网络约车等共享经济形态。这些经济形态对于调动社会闲置资源有着重要的作用，在为企业带来利润的同时，以共享的方式创造公共价值，实现市场价值向公共价值的转变。而市场价值的创造和公共价值的生成成为该网络的强制通行点。

（二）利益赋予

利益赋予是合作管理行动者网络联盟形成的第二阶段，这一阶段是合作管理网络中的核心行动者用来吸引和稳定其他行动者的手段，主要通过各种策略强化各个行动者在合作管理网络中的角色，目的是让其他行动者被征召而成为合作管理网络中的成员。在政府主导的合作管理网络中，政府通过运用智能技术搭建合作管理的技术平台，并通过智能技术创新政府业务流程，通过智能技术重新赋权于非政府主体，将非政府主体吸纳到社会管理中，开始由被管理者转向管理者。同时给予市场和社会更大的自治空间，使他们可以有效地管理自身所处的空间。加之，在智慧社会中，政府自身不具备开发智能技术和生产智能技术产品的能力，因而必须与技术主体进行合作，创造更多的智能技术产品以满足智慧社会的需求。在企业主导的合作管理网络中，企业和技术主体成为智慧社会中政府主体与非政府主体合作管理的核心行动者，他们通过智能技术创造新的产品和服务开发新的市场，运用市场机制为社会公众提供更好的产品和服务，而在这一过程中，更多的社会公众以市场主体的身份进入企业所开拓的新市场中，在这里每一个进入的社会公众都需要按照企业的原则行事。在企业为主导的合作管理网络中，政府不再是核心行动者，而成为主要行动者仅对企业的行为进行监管，而不干预企业的市场行为。在利益赋予的阶段中，政府主导的合作管理网络更多的是采用赋权的形式确立非核心行动者的功能及角色定位，而企业主导的合作管理网络中更多的是采用市场机制对非核心行动者的功能和角色进行确定。

（三）动员和征召

政府与非政府主体的合作过程中的动员与征召是智慧社会中的合作管理网络形成的第三阶段，是指非核心行动者接受核心行动者为他们设定的角色及规定的利益。在合作管理网络中每一个行动者都被赋予互相可以接受的任务。通过征召，每一个行动者被赋予可以接受的任务并成为合作管理网络中的成员。在政府主导的合作管理网络中，政府作为主要行动者，其自身并不能创造智能技术产品，需要委托其他技术主体按照其意愿进行智能技术产品生产，即以市场机制与技术主体签订合同进行智能技术产品的创造。而后，政府采用大众舆论、宣传教育、典型推介、利益诱导、组织控制等方式对政府内、外部主体进行动员（余敏江，2014）。首先，对政府内部不同的政府部门进行动员，这种机构内动员有助于政府内部不同的职能部门进行智能技术产品的使用和功能宣传，并使各个部门从思想意识上吸纳智能技术产品所包含的新理念。其次，对政府外部主体进行动员，对其他行动者行为的某种诱导或操纵，动员其他主体使用智能技术产品，并且赋予其他主体智能技术产品中所蕴含的功能和角色，以获取、集中、配置资源来实现智慧社会管理中所面临的特定目标、任务。在企业主导的合作管理网络中，企业作为智能技术产品的开发者，主要是通过市场的机制对拥有技术创新的主体进行征召，对智能技术进行开发利用。而后，企业采用产品推广的方式，动员社会公众使用其智能技术产品。在这个网络中，社会公众的角色为顾客，政府的角色为监管者。动员的完成，将合作管理网络中的核心行动者上升为合作管理网络的代言人，并对网络中的其他行动者行使着网络权力，以维护合作管理网络的稳定运行。因而，在政府主导的合作管理网络中，政府对整个合作管理网络有着绝对的主导权，对各个行动者的功能角色进行判断和定位；在企业主导的合作管理网络中，企业对整个合作管理网络有着管理权，政府对管理网络有着监督权，也就是说，企业在这里面对市场规则的制定、市场运行的方式等有绝对的主导权，而政府仅仅是为市场的有序发展提供政策制度保障。

（四）合作管理过程中的异议

异议是指在政府与非政府主体合作管理网络过程中，各个异质行动者对合作管理需要解决的关键问题存在争执，是智慧社会合作管理网络形成、发展和稳定的障碍。智慧社会合作管理寻求不同行动者利益整合的机制，必须排除各个行动者的异议，通过平等协商达成合作。可见，在智慧社会中，政府主体与非政府主体的合作管理的形成是人类行动者和非人类行动者构成的异质行动者网络的构建过程，在这个过程中，不同利益取向的行动者对智慧社会管理产生影响。智慧社会管理的目标是要构建强大的异质性行动者网络来实现，合作管理的转译过程是构建智慧社会中多元主体合作管理的微观机制，只有通过对智慧社会中多元主体合作管理中问题的转译才能将各类行动者组合在一起，这反映了合作管理行动者之间的相互作用。智慧社会中多元主体的合作管理正是通过不断地将管理问题转译，调动一切可以利用的资源，而实现智慧社会管理的目的。

第三节 合作管理的模式

智慧社会中，政府主体与非政府主体通过问题呈现、利益赋予、征召和动员等环节，最终形成多元主体的合作管理网络，这个网络的核心理念是开放、参与、协作，目标是通过异质行动者的合作创新公共价值生成方式，有效地、可持续地为社会提供服务。合作管理作为政府与非政府主体合作共治的一种社会管理形态，有着独特的管理模式，主要包含"开放式""众包式"和"双门式"等。

一 开放式

在智慧社会中，智慧社会管理所需要的资源或参与主体既可来源于政府内部的各个职能部门，也可来源于政府外部其他主体（如私营部门、社会组织、公民等），尽管政府应该更好地调动自己的资源和人才，但在任何组织之外（包括政府在内），都有比内部更有价值的人才，就像企业将外部的主体看作企业创新主体的一部分，政府认为每个人或组织都有可能具有创造公共价值的资源，政府的边界变得越来越模糊，且可以渗透。政府内部的管理资源在智慧社会管理的整个过程中通过数据流动、人员流动和政策传播扩散到政府外部，即使有些对于政府价值不大的数据信息，也可以在政府外部产生巨大的价值，并通过与外部主体的衔接创造出更优质的社会公共产品。而政府外部的管理资源，政府通过智能技术所创造的"吸纳平台"不断地将外部主体、资源吸纳到行政系统中，不断丰富政府的资源管理池。在智慧社会管理过程中开始形成一种开放式的资源共享格局。在这里，政府部门转变为一个由智能技术支撑的开放协作平台，这个协作平台意味着一个开放的环境和治理生态系统，它有清晰的框架、指导方针、资源和支持，它邀请所有的参与者合作产生公共价值和进行智慧社会管理。这些参与者包括公司、中小型企业、社会组织、社区、团体和个人，以及黑客、设计师等。在这个平台中，政府以赋权的形式将社会公众吸纳到政府体系中，并对社会公众的角色进行再定位，使其参与到智慧社会管理中，此时，被吸纳的行动者通过制度化再造取代了以前政府的管理角色，政府的角色则转变为促进者、仲裁者、协调者和监管者，为其他人的活动提供服务和支持。可以说，开放式的合作管理意味着有价值的公共治理资源可以从政府的外部和内部同时获得，其社会管理的路径可以从政府内部开展，也可以从政府外部进行。开放式的合作管理开始依托其开放式的管理结构将外部资源的作用上升到政府内部资源同等重要的地位。在政府部门外部逐渐开始形成一个包含政府在内的"协同共同体"，即政府与企业，民间社会和公民之间积极地交流思想、信息和产品，创造和改进政府的公共服务模式，提升政府的管理能力。概括而言，开放式的合作管理是包含政府在内的多个行动主体在合作管理过程中，通过营造开放的管理生态，同时利用内部和外部相互补充的治理资源提升政府公共治理能力的一种开放式的管理结构，如图8-3所示。

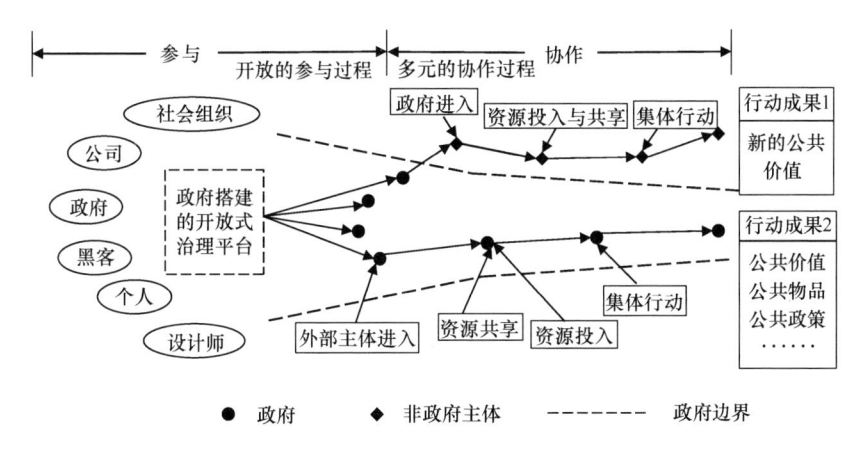

图8-3 开放式合作管理示意图

二 众包式

众包（Crowdsourcing）最早出现在商业管理领域，是指企业将原本由员工所要承担的工作，以自愿的形式通过外包转给非特定且众多的人或群体执行，而承接这项工作任务的承接者，通常是"志愿者"，即具备完成该项工作的业余爱好者，其接受企业制定工作的目的是利用空闲时间满足自身的爱好需求，企业只需要为其负担很少的费用，甚至无须付费。众包模式的产生为企业的发展提供了新的动力来源，也为企业节省成本和提升创新能力提供了新的平台。与此同时，众包模式也开始从商业领域向政府管理蔓延，开始形成向政府部门渗透的跨界发展，而众包模式向政府部门的渗透则为政府创新提供了新的思路，政府开始将难以解决的社会问题和公共服务以开放的形式外包给大众群体，这不仅节省了政府的行政成本，也带动了社会的活力，更推动了政府管理的创新。虽然众包概念起源于商业领域，但众包模式所包含的广泛性、开源性、自主性、动态性的理念为互联网时代的政府治理现代化提供了可能。众包式的合作管理将网络社区中的用户作为政府管理潜在的虚拟劳动力，通过对积极参与网络社区用户的在线活动的管理，将虚拟空间中公众或组织的潜在生产力和创造力挖掘出来，从而充分运用公众的才能和集体智慧寻求创造性的解决方案，实现政府的开放创新，实现政府公共管理的目标。因此，众包式合作管理的成功离不开智能技术的支持、网络大众的积极参与以及有效的众包运作流程，如图 8-4 所示。它与以往传统的政府治理模式的不同之处在于以下四点。一是，广泛性。传统的政府管理模式强调政府内部专家的高度专业化建议，管理的主要参与者是政府机构内部人员；而众包采用动态的合作形式，以互联网或社交媒体为媒介，将分散在社会各个角落的公众专家吸纳到政府公共治理体系中，而这个吸纳的过程便是政府治理知识扩充的过程和外部知识流向政府动态流动的过程，这有助于政府解决智慧社会中面临的复杂的管理问题。二是，

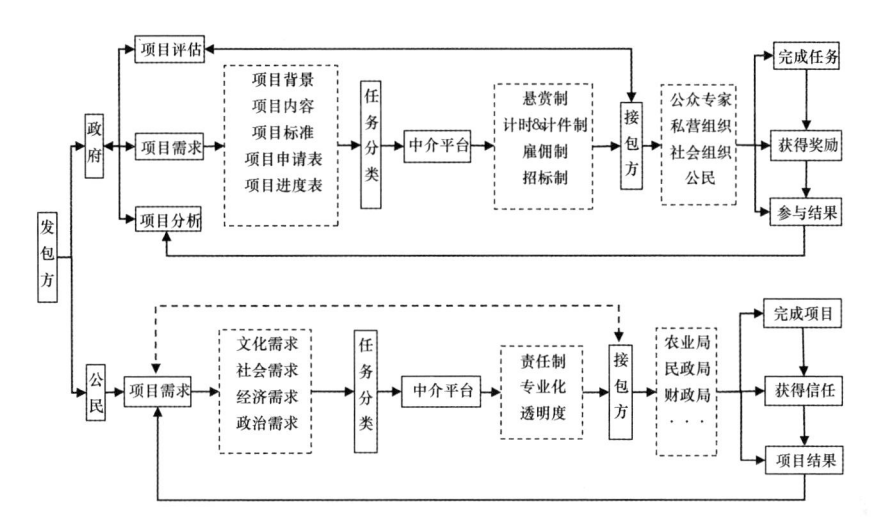

图 8-4　众包式合作管理示意图

开源性。政府可以通过互联网平台实现向社会多元主体公开发布项目需求；公民也可以通过互联网平台向政府机构公开发布个人需求，这就意味着开放政府众包式治理为公众和政府提供了一种新的沟通和参与方式——开源方式。这种方式以开放式创新的形式推动政府实现现代化转型，还为公民积极地参与政府治理提供了新的渠道。三是，自主性。在众包式合作管理中，社会主体可以自主化参与，根据自己的兴趣选择政府发布的众包问题，不受特定雇主的约束。四是，动态性。众包式合作管理拓展了社会主体参与政府治理的广度和深度，公民在政府治理体系中也不再是静态的"问答者"，而成为动态的"参与者"。众包式合作管理所采取的这种大规模分布式管理模式利用网络技术将不同主体聚集在一起，有助于促进不同群体间的沟通和交流，使每个被吸纳进来的个体都兼具贡献者、传播者和使用者等多重身份，每个参与者都可以在治理平台上公开展示自己的解决方案，形成公众专家，同时，参与者之间也可以就政府的众包问题展开互动，制造集体智慧，实现公共问题的动态化管理格局，公众通过网络化协作，将社会分散的知识汇聚在一起有助于满足政府的信息需求和治理的时效性。将政府传统管理下"一对一"的模式转变成了"一对多""多对多"的模式。

三 双门式

智慧社会不仅是一个由各种智能技术和智能设备构成的社会形态，也是一个由数据信息组成的社会。在智慧社会中，数据信息成为政府管理重要的资源，政府主体与非政府主体所生产、收集、传播的大量信息，以易于访问的格式实现数据信息在二者间的共享，将会创新社会公共服务形式，提升公共服务质量。因而，实现政府主体与非政府主体间的数据合作成为智慧社会合作管理的关键。基于此，智慧社会中政府主体与非政府主体合作管理应该是一个从社会内外部环境中获取信息，在透明空间（决策系统）中建立决策，并产生和输出决策或政策的一种"双门式治理"模式，如图8-5所示。即智慧社会中政府主体与非政府主体的合作管理包含"后门"和"前门"两个部分。

首先，从"前门"来看，政府和公众拥有共同的目标，即分享信息。信息是作为公共产品，政府和公民都有相同的权利和义务去分享和获取信息。从这个角度来说，信息成为维护和关心公共利益的产品。在这个意义上，共同所有者的概念成为一个合作的任务。即从政府的角度来看，公民和政府是所有公共信息的部分所有者、开发人员和管理者。因而，政府与其他行动主体的合作变得更有意义，更有利于建立政府与公民的互动关系。政府分享和接收信息的方式与公民的这种合作方式是一样的。在这里，技术发挥着核心作用，决策系统成为促进这种协作的媒介，公民可以控制信息，检索任何数据或文件，查阅文件，提出问题，并处理与政府官员相同的信息。从这个角度来看，"看门人"只是ITC接口，用来加强公民信息控制和统治地位的数据库。公民与政府共享数据的治理模式成为开放政府的一种治理形态。

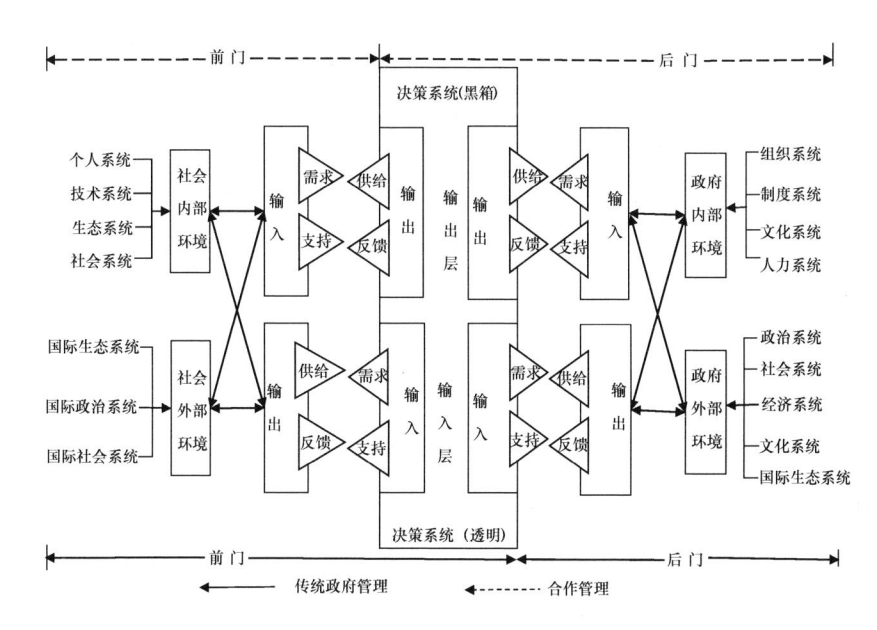

图 8-5　双门式合作管理示意图

其次，从"后门"来看，政府控制信息流动，决定公众消费信息的种类、质量和类型。

政府的核心事项是通过保持信息安全维护社会稳定，所以，政府必须掌控信息流。另外，政府可以在数据库问题、政策制定等方面促进多方参与协作，并通过协作搜集政府以外的数据信息，这样政府就不仅是信息生产者，而且还垄断了信息的生产、分配和存储，决策系统成为政府控制信息和搜集信息的工具。然而，政府为了做出更好的决策和公共政策，则必须与公民、公共专家和其他行动主体共享信息的生产、分配和存储，以便产生更有价值的信息。这就意味着政府必须打开"后门"，以一种快速或缓慢的方式，向外界提供高质量的信息，但是，这扇门不能全部打开。

最后，在两扇门中间存在着决策系统，即政府公共决策的标准、选择的路径和决策过程。这个决策系统在不同的政府形态下呈现出不同的特征。一是，在传统政府公共管理中，决策系统是一个黑箱，即呈现非透明化和信息受限的特征，政府的决策标准、选择路径和决策过程隐藏其中，这一时期的决策系统在"后门"中，成为政府垄断信息的工具，政策解决方案并没有受到公民监督，政府外部的主体不了解政府的决策程序。二是，在合作管理中，决策系统是一个"玻璃箱"，即呈现透明化和信息共享的特征，政府的决策标准、选择路径和决策过程显性化，这一时期的决策系统在"前门"中，成为政府和其他行动主体共享数据信息的平台，社会其他行动主体都可以通过"玻璃箱"了解政府的行为和价值观念，并且积极地参与到政府政策制定过程中。可以说，"黑箱"是传统政府向开放政府转型的最后一个阶段。开放政府改革不是一次执行所有阶段，或按照随机顺序执行的过程，而是按照提高数据透明度、提高开放参与度、加强开放协作、实现无处不在的参与螺旋式上升的过程。其中，提高数据透明度是实施后期阶段的必要前提条件和推动因素。同样，如果已经提高了开放参与度，机构可以加强开放协作，更有效地实现无处不在的参与（郑志龙，2003）。而无处不在的参与便是传统政府打开"黑箱"进入开放政府"玻璃箱"的驱动力，也是开放政府的最终目标。

第四节　合作管理的必要性和可行性

"合作管理"已然成为智能技术驱动下政府管理的发展方向，既产生许多成功的经验，又形成了系统的理论体系，已成为各个国家政府改革的基本趋势。"合作管理"理论为我们在传统的官僚制公共行政模式和主流的新公共管理模式之外提供了一种政府改革的新视角，它的精髓在于组织结构和管理体制的内外开放和资源共享，以及相应的政府职能转变和组织文化塑造。这对于我国的政府改革，尤其对当前的行政管理体制改革的进路具有重要的作用。

一 合作管理的必要性

（一）推动合作管理是应对智慧社会管理困境的现实选择

当前，互联网、大数据、人工智能等智能技术已然成为人们生活中不可缺少的组成因素，而在智能技术的驱动下，网络虚拟空间和现实物理空间的融合日渐加深，并在现实物理空间中创造出诸多的智能体，新的社会空间的不断拓展和新的社会主体的不断生成，驱动着人们从信息社会向智慧社会转型发展。智慧社会的来临，政府对智慧社会的管理成为政府需要面对的首要问题，而由于智慧社会的技术特性，政府必须对智慧社会中的技术进行理解和把握，与传统社会管理相比较，智慧社会管理更多地需要政府进行"技术管理"，即通过对智能技术的吸纳与创新提升政府管理能力的过程。然而，由于智能技术的创造与生成大多由政府外部的技术主体负责，这就推动着政府与技术主体间的合作。而政府对智能技术吸纳后的智能技术产品的产出，使社会公众成为政府智能技术产品的运用者，并且政府以这类产品为依托将社会公众吸纳到政府管理体系中，这就形成了政府与社会公众的合作。另外，在网络虚拟空间中，政府若以强制性的法律规制进行管理，则极易导致其与平等、自由等网络文化的冲突，且政府在网络虚拟空间中的话语权与其他主体相比较而言还处于弱势，政府若想要更好地对网络虚拟空间进行管理则需要与网络虚拟空间中的"权力（影响力）主体"如意见领袖等"合谋"。而面对着新的社会主体（各类机器人、无人驾驶汽车等）的出现，对传统的政府管理理念、方法及法律法规提出新的问题，而要对这些社会主体进行管理便需要政府与这些主体的创造者进行合作，从源头开始对这类主体进行管理并对参与者进行责任划分。可见，合作管理已成为政府对智慧社会管理的现实选择。

（二）推动合作管理是满足新的经济形态发展的客观需要

在智能技术的驱动下，诸如网络经济、分享经济等新的经济形态逐渐诞生，这些新的经济形态的产生，一方面是智能技术不断与"三产"融合的结果，另一方面是运用智能技术满足人们社会多样化需求的产物。新的经济形态的产生，必然对政府对这些新的经济形态的管理提出挑战。目前，政府很多的政策法规无法适应这些新的经济形态的发展，可以说，这些新的经济形态的产生早于政府相关法律法规的制定，这不利于政府的监管，但是，我们从中也看出了有利的一面，即政府的缺位为新的经济形态提供了广阔的发展空间，而在这个由政府缺位的发展空间中，新的经济形态为了良好地运行和发展，经济主体之间开始进行沟通和交流，并在不断的实践过程中形成了一套符合经济体自身的经济运行规则，这种经济体规则的形成是在政府缺位和市场补位的背景下形成的，但是，对于政府而言，面对着新的经济形态，则需要政府的监管，这就产生了经济主体间"共谋"而成的"行规"与政府"自谋"而成的法规间的冲突，这就推动着政府与企业间进行合作管理，了解新的经济形态发展过程中的各种问题，弥补政府作为管理者知识的不足，制定科学的法律框架，以更好地为新的经济形态的发展提供保障，并建立一个跨主体的管理机制，提高企业主体在新的经济形态发展中的自治能力，使新的经济形态的管理更加多元化，实现政府对新的经济形态从微观管理向宏观管理转变，由政府直接管理向企业间接管理转变，以推动新的经济形态的快速发展。可见，合作管理已成为新的经济形态发展的客观需要。

（三）推动合作管理是促进政府管理和服务创新的有效路径

合作管理表示政府管理结构开始由"封闭"走向"开放"，构建"开放"的政府管理结构对于促进政府管理和服务创新有着积极的影响。首先，有助于培育开放的行政文化。长期以来，我国政府对社会的管理活动多是通过政府各个职能机构来实现的，"单位"成为政府行政的一个实际主体，从而使得我国国家或政府实行的政府行政让位给了单位行政，并在此基础上形成一种"单位行政文化"。然而，智能技术所具有的去中心化、开源性等特质开始对政府行政文化产生深刻的影响,政府以开放的姿态,将非政府主体吸纳到政府管理体系中,推动了政府管理方式的转变,而这种开放的合作管理模式成为智能技术驱动下政府管理现代化的共识。另外,合作管理在促进政府管理现代化转型的基础上,对政府传统的公共服务提供方式也产生了再造,政府依托智能技术打造众多的智能技术平台,通过这些平台社会公众可以获得直接的、便捷的公共服务。而在智能技术的驱动下,政府可以依靠智能技术平台吸纳社会优势资源,通过网络众包的形式创新公共服务的生成方式,通过"共同生产"的方式实现政府公共服务创造的现代化转型。可以说,智能技术驱动下,社会力量越来越多地参与到政府管理和公共服务的创造和提供过程中,通过合作管理的方式实现了社会力量的附加值。

二 合作管理的可行性

(一) 政府理念更新为合作管理提供基础

理念是人们在长期的实践思考过程中总结出来的思想观念和价值追求的总称。政府理念是人们在一定时期内对政府作用、功能、角色的基本看法。政府理念的核心问题是要回答人们需要什么样的政府。政府理念的形成深受其所处的时代背景的影响,即在不同的社会经济环境下,人们对政府的功能定位及角色扮演会产生不同的结果,并且受所处时代中的社会文化的影响。因而,随着社会经济的发展,人们的思想观念也产生了变化,政府理念也跟着发生了相应的改变。随着人类社会从农业社会、工业社会向信息社会的转变,在农业社会,人们将统治者看作"家长",认为政府拥有家长一样的权力对社会公众进行教育和看管,政府拥有着无限责任与权力,人们将"国"与"家"相融合,国家内部的管理遵循着"家庭伦理"范式的管理逻辑。而随着工业革命的诞生,生产力得到快速提升,生产关系产生改变,"父权式"的管理模式开始向管理职能分化的管理模式转变,特别是市场经济的出现,人们认为政府的权力不是无限的,而是应该有边界的。而信息革命的到来,使信息技术通过向社会赋权,社会主体的权利开始日益加强,在国家管理中的作用日益凸显,在整个国家管理体系中,开始强调政府与非政府主体间的沟通和协调,重视二者对社会的共同管理。现阶段,人们逐渐将政府看作一个"服务者",将自身看作整个国家管理系统的中心,强调社会自治与政府管理的统筹,强调政府的服务而非划桨与掌舵,推崇政府的服务精神,重视政府与社会主体的对话交流与合作共治。政府理念由政府专治向政社共治的转变为合作管理的形成和推进奠定基础。

(二) 政府职能转变为合作管理提供支撑

智能技术在促进政府管理现代化、民主化、公开化等方面起着十分重要的作用,基于智能技术的合作管理对政府管理的程序、结构都产生了巨大的冲击,智能技术促进政府的反应能力、沟通能力,提高了政府的决策质量和水平。因而,智能技术驱动下的合作管理的实现必须与政府职能转变相结合。智能技术驱动下的合作管理与政府职能相结合主要体现在:应用智能技术推动政府构建网络化的管理组织结构,改变政府的服务流程,建立服务型政府,并在智能技术的驱动下形成无缝隙政府,为政府在任何时间和地点对社会的管理进行全覆盖。当前,政府职能社会化成为政府转变职能的主要路径,即改变政府传统的大包大揽的做法,将原来由政府管理的诸多事务,通过向社会转移或者委托代理的方式由社会主体(企业、社会组织、群众组织等)负责管理,以提高政府的工作效率和管理能力。可见,政府职能社会化是相对于政府包揽一切的政府职能形式,反映的是政府与社会主体之间在社会事务管理方面的关联,体现的是将非政府主体吸纳为社会公共事务的管理主体。而智能技术的形成为政府与非政府主体间的合作提供了平台,也为非政府主体参与社会公共事务的管理和公共服务的提供构建了新的渠道,这为政府与非政府主体间的合作沟通交流提供了保障。可见,在智能技术的驱动下,一方面,加快了政府职能的转变;另一方面，政府智能的转变则为政府与非政府主体间的合作提供了支撑。

（三）政府工具创新为合作管理提供动力

政府工具是指将政府的管理目标或政策目标转换成具体行动，进而实现最终的管理目标和政策目标的手段和机制。政府工具包含的内容十分丰富，既包含制度性的工具，也包含技术性的工具，还包含权威性的工具。政府在面对不同的管理问题和管理情境的时候，会选择不同的管理工具以做应对。随着以互联网为代表的信息技术的不断普及，新的社会问题和社会现象呈现在政府面前，这些新的技术成为政府进行社会管理提升政府形象的主要工具和手段，政府开始不断将这些技术工具吸纳到政府管理过程中，并将这种技术工具转换成政府的管理工具对社会进行管理。可见，社会环境的变化推动着政府管理工具不断创新，以适应政府的管理需求。而政府在吸纳智能技术时并不简单地将智能技术作为政府管理的技术工具，而且也将其看作一种制度性工具，即不仅使用智能技术的技术属性，而且还将其所蕴含的社会属性制度化，并将这些制度化的工具运用于政府管理中创新政府管理模式，而智能技术所包含的开源、自由、服务等社会属性也推动着政府管理理念的创新。智能技术的嵌入推动着政府管理在技术工具拓展的基础上进行管理模式的再造。而基于智能技术的合作管理正是在政府不断地吸纳智能技术创新政府管理工具的基础上所构建的社会管理模式。

参考文献

［1］扎克·林奇：《第四次革命》，科学出版社 2011 年版。

［2］李洪雷：《论互联网的规制体制——在政府规制与自我规制之间》，《环球法律评论》2014 年第 36 卷第 1 期。

［3］朱浩：《互联网时代的政府治理》，《领导科学》2016 年第 5 期。

［4］沈岿：《互联网经济的政府监管原则和方式创新》，《国家行政学院学报》2016 年第 2 期。

［5］王国华、骆毅：《论互联网时代社会治理的转型》，《江汉论坛》2015 年第 7 期。

［6］李良荣：《"新世界"舆论法则：掌握传播主导权》，《中国社会科学报》2015 年 1 月 21 日第 B01 版。

［7］孟庆国、李晓方：《变革与转型："互联网+"地方政府治理》，《中国党政干部论坛》2015 年第 6 期。

［8］马润凡：《试析互联网对我国公民社会政策参与的正向效应——兼论政府回应跟进的对策》，《郑州大学学报》（哲学社会科学版）2012 年第 45 卷第 4 期。

［9］陈新：《互联网时代政府回应能力建设研究——基于现代国家治理的视角》，《中国行政管理》2015 年第 12 期。

［10］梁新华、王张华：《"互联网+"背景下政府回应力的四维透视》，《湘潭大学学报》（哲学社会科学版）2017 年第 41 卷第 3 期。

［11］李洁、杨木生：《"互联网+"下的网络空间治理研究》，《出版广角》2016年第23期。

［12］龚维斌：《互联网发展对我国政府决策的影响》，《中国行政管理》2008年第10期。

［13］朱仁显、樊山峰：《"互联网+"背景下政府回应问题研究》，《长白学刊》2017年第6期。

［14］尹少成：《"互联网+"与政府监管转型：机遇、挑战与对策》，《法学杂志》2016年第37卷第6期。

［15］褚松燕：《互联网时代的政府公信力建设》，《国家行政学院学报》2011年第5期。

［16］李春花：《政府社会治理呼唤互联网思维》，《人民论坛》2017年第26期。

［17］Eric Brousseau and Meryem Marzouki, "Internet Governance: Old Issues, New Framings, Uncertain Implications", in Eric Brousseau, Meryem Marzouki and Cécile Méadel, eds., *Governance, Regulation and Powers on the Internet*, Cambridge: Cambridge University Press, 2013.

［18］Working Group on Internet Governance. Report from the Working Group on Internet Governance, 2005, http://www.itu-int/wsis/docs2/pc3/off5.pdf.

［19］蔡文之：《国外网络社会研究的新突破——观点评述及对中国的借鉴》，《社会科学》2007年第11期。

［20］蔡翠红：《国家—市场—社会互动中网络空间的全球治理》，《世界经济与政治》2013年第9期。

［21］邹军：《全球互联网治理：未来趋势与中国议题》，《新闻与传播研究》2016年第23卷第S1期。

［22］孙宇：《互联网治理的模型、话语及其争论》，《中国行政管理》2017年第5期。

［23］岳爱武、苑芳江：《从权威管理到共同治理：中国互联

网管理体制的演变及趋向——学习习近平关于互联网治理思想的重要论述》,《行政论坛》2017年第24卷第5期。

[24] 童楠楠、郭明军、孙东:《西方国家互联网治理的经验与误区》,《电子政务》2016年第3期。

[25] 郑志平:《美国互联网治理机制及启示》,《理论视野》2016年第3期。

[26] 孔凡敏、杨乃:《移动互联网时代政府公共信息服务方式展望》,《中国地质大学学报》(社会科学版)2013年第S1期。

[27] 黄祖兵:《新媒体:政府与民众有效互动的新渠道》,《新闻战线》2015年第7期。

[28] 柯伟、张劲松:《"互联网+手机"的快捷传播对政府决策的影响》,《华东师范大学学报》(哲学社会科学版)2017年第3期。

[29] 李卫东:《移动互联网时代的政府组织传播模式构建》,《企业经济》2011年第30卷第10期。

[30] 蔡雯、翁之颢:《新闻传播人才需求在新媒体环境中的变化及其启示——基于传统媒体2013—2014年新媒体岗位招聘信息的研究》,《现代传播》(中国传媒大学学报)2014年第36卷第6期。

[31] 王朝举:《新媒体对政府治理的正能量探析》,《领导科学》2013年第23期。

[32] 谭汪洋:《新媒体环境下政府官员的媒体沟通艺术》,《当代传播》2014年第4期。

[33] 顾杰:《着力提高政府官员与新媒体打交道的能力》,《中国行政管理》2010年第4期。

[34] 孙会岩:《突发事件背景下政府与新媒体关系:一个文献综述》,《社会科学论坛》2014年第8期。

[35] 庞亮、吴星晨:《新媒体环境下的危机应对与政府新闻执政力建设》,《中国广播电视学刊》2014年第7期。

［36］方雪琴：《新媒体背景下政府危机传播的新策略》，《中州学刊》2009 年第 5 期。

［37］李杰锋：《新媒体环境下我国政府公共话语空间的建构》，《新闻战线》2015 年第 14 期。

［38］任莺：《新媒体环境下政府公共关系的创新》，《新闻界》2013 年第 5 期。

［39］彭移风、宋学锋：《新媒体时代的政府信息管理》，《中国出版》2008 年第 1 期。

［40］涂子沛：《大数据》，广西师范大学出版社 2015 年版。

［41］于施洋：《大数据背景下创新政府互联网治理》，《光明日报》2013 年 3 月 23 日第 6 版。

［42］郭建锦、郭建平：《大数据背景下的国家治理能力建设研究》，《中国行政管理》2015 年第 6 期。

［43］周博文、张再生：《大数据背景下社会治理体系的价值建构》，《天津大学学报》（社会科学版）2017 年第 19 卷第 4 期。

［44］耿亚东：《大数据对传统政府治理模式的影响》，《青海社会科学》2016 年第 6 期。

［45］陈菲：《大数据时代背景下的国家安全治理》，《国际观察》2016 年第 3 期。

［46］陈道银：《风险社会的公共安全治理》，《学术论坛》2007 年第 4 期。

［47］黄欣荣：《大数据时代的精准诈骗及其治理》，《新疆师范大学学报》（哲学社会科学版）2017 年第 38 卷第 4 期。

［48］唐皇凤、陶建武：《大数据时代的中国国家治理能力建设》，《探索与争鸣》2014 年第 10 期。

［49］肖成俊、许玉镇：《大数据时代个人信息泄露及其多中心治理》，《内蒙古社会科学》（汉文版）2017 年第 38 卷第 2 期。

［50］王向民：《大数据时代的国家治理转型》，《探索与争鸣》2014 年第 10 期。

[51] 宋立楠、王岳龙：《大数据时代社会治理的路径——基于社会冲突视角》，《中国党政干部论坛》2016 年第 8 期。

[52] 陈潭：《大数据驱动社会治理的创新转向》，《行政论坛》2016 年第 23 卷第 6 期。

[53] 付安玲、张耀灿：《大数据助力网络意识形态治理及提升路径》，《马克思主义研究》2016 年第 5 期。

[54] 郑元景：《论大数据与国家意识形态治理方略》，《宁夏社会科学》2016 年第 4 期。

[55] 肖唤元、秦龙：《论大数据与意识形态治理》，《社会主义研究》2016 年第 2 期。

[56] 郭少青：《基于大数据治理对气候变化背景下城市可持续发展的对策研究》，《西南民族大学学报》（人文社科版）2018 年第 39 卷第 3 期。

[57] 明仲、王强：《大数据助力智慧城市科学治理》，《深圳大学学报》（人文社会科学版）2013 年第 30 卷第 4 期。

[58] 石亚洲：《大数据时代民族事务治理创新研究》，《中央民族大学学报》（哲学社会科学版）2015 年第 42 卷第 6 期。

[59] 松泽：《基层社会治理要善用大数据》，《人民日报》2016 年 11 月 11 日第 5 版。

[60] 王华华：《大数据时代农村党组织的社会治理能力研究——信息裂变与合作共治》，《理论与改革》2017 年第 5 期。

[61] 沈本秋：《大数据与全球治理模式的创新、挑战以及出路》，《国际观察》2016 年第 3 期。

[62] 张海波：《大数据与信访治理》，《南京社会科学》2017 年第 10 期。

[63] 季飞、杨康：《大数据驱动下的反贫困治理模式创新研究》，《中国行政管理》2017 年第 5 期。

[64] 李超平、伍慧春：《新的制高点：政府行政管理信息化》，《浙江学刊》2002 年第 6 期。

[65] 杨莉：《政务信息化与政府职能转变的实证分析》，《商业时代》2008 年第 1 期。

[66] 冀峰：《政府信息化与政府管理创新》，《情报杂志》2006 年第 10 期。

[67] 吴新博：《政府信息化问题与对策》，《情报理论与实践》2005 年第 6 期。

[68] 郑志龙：《政府信息化的功能分析》，《中国行政管理》2003 年第 10 期。

[69] 杨莉：《政务信息化与政府职能的转变》，《科技管理研究》2008 年第 4 期。

[70] 侯宝柱：《政务信息化融合度研究》，《情报杂志》2011 年第 30 卷第 S2 期。

[71] 教军章：《政府信息化对行政组织变革的 6 大影响》，《中国行政管理》2003 年第 3 期。

[72] 陶文昭：《政府信息化的组织合作》，《人文杂志》2003 年第 4 期。

[73] 唐斌：《政府信息化过程中的"柠檬"问题与抵消机制研究》，《科技管理研究》2009 年第 29 卷第 11 期。

[74] 孙硕：《优化信息化管理机制　促进政府能力建设》，《中国行政管理》2013 年第 4 期。

[75] 姚乐野：《英美两国政府信息化建设的进程及其特点述评》，《西南民族学院学报》（哲学社会科学版）2002 年第 5 期。

[76] 郭少友：《美国政府信息化建设及对我国的启示》，《情报杂志》2003 年第 5 期。

[77] 杨绍兰：《美国信息政策对其信息化发展历程的影响》，《现代情报》2005 年第 2 期。

[78] 麦侨生：《印度政府信息政策对其信息化建设的影响》，《情报科学》2008 年第 2 期。

[79] 方爱乡：《日本政府信息化的现状与政策》，《当代亚太》

2003 年第 9 期。

［80］简·E. 芳汀：《构建虚拟政府》，邵国松译，中国人民大学出版社 2004 年版。

［81］牛华：《"虚拟政府"对公共服务能力提升的影响分析》，《生产力研究》2007 年第 16 期。

［82］贾旭东、郝刚：《基于经典扎根理论的虚拟政府概念界定及组织模型构建》，《中国工业经济》2013 年第 8 期。

［83］刘祖云：《超越"虚拟的美丽"——"虚拟政府"引论》，《社会科学研究》2010 年第 4 期。

［84］纪丽萍：《价值理性视角下的电子政府与网络政府》，《南京政治学院学报》2007 年第 4 期。

［85］孟洁、张傲：《政府问政"私器"？社会信息"公器"？——对政务微博功能的思考》，《青年记者》2012 年第 23 期。

［86］瞿旭晟：《政务微博的管理风险及运营策略》，《新闻大学》2011 年第 2 期。

［87］施锦凤：《政务微信服务质量评估模型构建研究》，硕士学位论文，华东理工大学，2015 年。

［88］曹政、王宁、杨学成：《基于层次分析法和模糊综合评判的政务微信影响力评估研究》，《电子政务》2016 年第 7 期。

［89］王玥：《政务微信的功能定位和传播策略》，硕士学位论文，吉林大学，2016 年。

［90］李宗富、张向先：《政务微信信息生态链的构成要素、形成机理、结构与类型》，《情报理论与实践》2016 年第 8 期。

［91］段尧清、程宁静、肖博：《基于政务微信公众号的易得性信息特征研究》，《情报科学》2016 年第 7 期。

［92］谢一奇：《我国政府应对网络新媒体意见领袖的方式变革及评析》，《当代青年研究》2016 年第 5 期。

［93］Welch E. W. , Pandey S. K. E. , "Government and Bureaucracy Toward a Better Understanding of Intranet Implementation and Its

Effect on Red Tape", *Journal of Public Administration Research and Theory*, Vol. 17, No. 3, 2007.

[94] Reddick C. G., "The Adoption of Centralized Customer Service Systems: A Survey of Local Governments", *Government Information Quarterly*, Vol. 26, No. 1, 2009.

[95] Lim J. H., Tang S. Y., Urban E., "Government Initiatives and Environmental Decision Performance in Korea", *Journal of Public Administration Research and Theory*, Vol. 18, No. 1, 2008.

[96] Reddick C. G., "Empirical Models of E – Government Growth in Local Governments", *E – Service Journal*, Vol. 3, No. 2, 2004.

[97] Jun K. N., Weare C., "Institutional Motivations in the Adoption of Innovations: The Case of E – Government", *Journal of Public Administration Research and Theory*, Vol. 21, No. 3, 2011.

[98] Welch E. W., Pandey S. K., "E – government and Bureaucracy toward a Better Understanding of Intranet Implementation and Its Effect on Red Tape", *Journal of Public Administration Research and Theory*, Vol. 17, No. 3, 2007.

[99] Norris D. F., Moon M. J., "Advancing E – Government at the Grassroots: Tortoise or Hare?", *Public Administration Review*, Vol. 65, No. 1, 2005.

[100] Coursey D., Norris D. F., "Models of E – Government: Are they Correct? An Empirical Assessment", *Public Administration Review*, Vol. 68, No. 3, 2008.

[101] Ahn M. J., Bretschneider S., "Politics of E – Government: E – Government and the Political Control of Bureaucracy", *Public Administration Review*, Vol. 71, No. 3, 2011.

[102] Ma L., "The Diffusion of Government Micro – blogging: Evidence from Chinese Municipal Police Bureaus", *Public Management*

Review, Vol. 15, No. 2, 2013.

[103] Li M. H., Feeney M. K., "Adoption of Electronic Technologies in Local U. S. Governments: Distinguishing Between E – Services and Communication Technologies", *American Review of Public Administration*, Vol. 44, No. 1, 2014.

[104] 蒋骁、季绍波:《用户对政府门户网站的采纳——基于服务层次的比较研究》,《图书情报工作》2011 年第 55 卷第 11 期。

[105] 陈晓春、赵珊珊、赵钊、孙伟新:《基于 D&M 和 TAM 模型的电子政务公民采纳研究》,《情报杂志》2016 年第 35 卷第 12 期。

[106] Horst M., Kuttschreuter M., Gutteling J. M., "Perceived Usefulness, Personal Experiences, Risk Perception and Trust as Determinants of Adoption of E – Government Services in The Netherlands", *Computers in Human Behavior*, Vol. 23, No. 4, 2007.

[107] Alsaghier H., Ford M., Nguyen A., et al., "A Conceptual Model of Citizens' Trust in E – Government", *Proceedings of the 4th International Conference on E – Government*, 2008.

[108] Belanger F., Hiller J., Smith W. J., "Trustworthiness in Electronic Commerce: The Role of Privacy, Security, and Site Attributes", *Journal of Strategic Information Systems*, Vol. 11, No. 3, 2002.

[109] 蒋骁、仲秋雁、季绍波:《电子政务公众采纳的信任因素研究》,《情报杂志》2010 年第 29 卷第 1 期。

[110] 夏保国、常亚平:《政务微信的沟通机制研究——基于技术接受模型的视角》,《国家行政学院学报》2014 年第 3 期。

[111] 李海涛、宋琳琳:《技术接受视角下的政府门户网站公众满意度分析》,《情报杂志》2012 年第 31 卷第 3 期。

[112] 曹培培、赵宇翔、徐一新:《基于 TAM 模型的政府网站使用行为实证研究》,《现代图书情报技术》2008 年第 2 期。

[113] 谢起慧、彭宗超:《基于 TAM 的政务微博与政务微信危

机沟通机制比较研究》,《情报杂志》2017 年第 36 卷第 5 期。

［114］蒋骁、仲秋雁、季绍波:《基于过程的电子政务公众采纳研究框架》,《情报杂志》2010 年第 29 卷第 3 期。

［115］靳藩:《神经计算智能基础》,西南交通大学出版社 2000 年版。

［116］张永民:《解析智慧技术与智慧城市》,《中国信息界》2010 年第 11 期。

［117］李仁刚:《基于智慧技术的历史建筑密集区公共安全防御体系研究》,硕士学位论文,天津大学,2014 年。

［118］贾平凡:《中国迈向智慧社会》,《人民日报海外版》2017 年 11 月 30 日第 11 版。

［119］赵刚:《从"智慧型经济"到智慧社会》,《学习时报》2017 年 11 月 8 日第 7 版。

［120］汪玉凯:《智慧社会与国家治理现代化》,《中共天津市委党校学报》2018 年第 2 期。

［121］刘畅:《"第二人生"与虚拟自我》,《甘肃社会科学》2008 年第 2 期。

［122］赵惜群、蒋娟:《网络文化与中华民族共有精神家园的建设》,《东疆学刊》2011 年第 28 卷第 2 期。

［123］侯岩:《网络虚拟自我与人格新探》,《河南师范大学学报》(哲学社会科学版)2013 年第 40 卷第 4 期。

［124］徐琳琳、王前:《网络中的虚拟自我新探》,《自然辩证法研究》2011 年第 27 卷第 2 期。

［125］刘国永:《现实人与虚拟人的对话——网络时代教育主体的交往方式》,《南京师大学报》(社会科学版)2001 年第 5 期。

［126］马忠君:《虚拟社群中虚拟自我的建构与呈现》,《现代传播》(中国传媒大学学报)2011 年第 6 期。

［127］Nils J. Nilsson:《人工智能》,机械工业出版社 2000 年版。

[128] 赵龙文、侯义斌：《智能软件：由面向对象到面向 A-gent》，《计算机工程与应用》2001 年第 5 期。

[129] Prashant Gupta：《一文读懂智能体》，《机器人产业》2017 年第 6 期。

[130] 郦全民：《软智能体的认识论蕴涵》，《哲学研究》2002 年第 8 期。

[131] M. Wooldridge, N. R. Jennings, D. Kinny, "Methodology for Agent – oriented Analysis and Design", *Autonomous Agents and Multi – Agent Systems*, Vol. 3, No. 3, 1999.

[132] 何哲：《通向人工智能时代》，《电子政务》2016 年第 12 期。

[133] 陶然：《重构世界》，经济科学出版社 1998 年版。

[134] 孙小礼：《数字地球与数字中国》，《科学学研究》2000 年第 18 卷第 4 期。

[135] 李德仁、龚健雅、邵振峰：《从数字地球到智慧地球》，《武汉大学学报》（信息科学版）2010 年第 35 卷第 2 期。

[136] 吴勇毅：《IBM"智慧地球"是救世主还是乌托邦？》，《通信信息报》2009 年 3 月 11 日第 B13 版。

[137] 许晔、孟弘、程家瑜、郭铁成：《IBM"智慧地球"战略与我国的对策》，《中国科技论坛》2010 年第 4 期。

[138] IBM：《智慧地球赢在中国》（2017 年 7 月 24 日），2018 年 11 月 6 日，http://www-900.ibm.com。

[139] 郑立明：《关于建设智慧城市的战略思考》，《现代管理科学》2011 年第 8 期。

[140] 姬志刚：《计算机、网络与信息社会》，《科技咨询导报》2006 年第 20 期。

[141] 曾令辉：《网络虚拟社会的形成及其本质探究》，《学校党建与思想教育》2009 年第 10 期。

[142] 孙其博、刘杰、黎羴、范春晓、孙娟娟：《物联网：概

念、架构与关键技术研究综述》,《北京邮电大学学报》2010 年第 33 卷第 3 期。

［143］Al – Fuqaha A. , Guizani M. , Mohammadi M. , Aledhari M. , Ayyash M. , "Internet of things: A Survey on Enabling Technologies, Protocols, and Applications", *IEEE Communications Surveys & Tutorials*, Vol. 17, No. 4, 2015.

［144］张宇:《从互联网到物联网:虚拟社会向感知社会的嬗变》,《贵州社会科学》2013 年第 2 期。

［145］童天湘:《智能技术创造未来社会》,《杭州师范学院学报》(社会科学版)2003 年第 6 期。

［146］童天湘:《论智能革命——高技术发展的社会影响》,《中国社会科学》1988 年第 6 期。

［147］INFSO D. 4 Networked Enterprise & RFID INFSO G. 2 Micro & Nanosystems, in: Co – operation with the Working Group RFID of the ETP EPOSS. Internet of Things in 2020, 2017 – 07 – 24, https://max. book118. com/html/2016/0302/36709754. shtm.

［148］D. Giusto, A. Iera, G. Morabito, L. Atzori (eds.), The Internet of Things, Springer, 2010.

［149］M. Nitti, R. Girau, L. Atzori, "Trustworthiness Management in the Social Internet of Things", *IEEE Educational Activities Department*, Vol. 26, No. 5, 2014.

［150］James Manyika, Michael Chui, Brad Brown, Jacques Bughin, Richard Dobbs, Charles Roxburgh, and Angela Hung Byers. Big Data: The Next Frontier for Innovation, Competition, and Productivity, 2011, https://www. mckinsey. com/business – functions/digital – mckinsey/our – insights/big – data – the – next – frontier – for – innovation.

［151］牛正光:《大数据对政府治理现代化的影响研究》,博士学位论文,中国农业大学,2017 年。

[152] 蒙克：《"云"中漫步——解密云计算》，《网络世界》2008年6月16日第12版。

[153] IBM云计算中心：《"智慧的地球"———IBM云计算2.0》，2017年10月10日，http：//www‐31.ibm.com/ibm/cn/cloud/pdf/IBM_ next_ another_ new.pdf。

[154] P. Mell, T. Grance, "The NIST Definition of Cloud Computing", *National Institute of Standards and Technology*, Vol. 53, No. 6, 2009.

[155] 刘剑波、马春光：《云计算及其技术进步对于组织结构的影响》，《现代管理科学》2012年第2期。

[156] 黄红：《云计算的比较研究——云计算价值链利益分析》，《图书情报工作》2010年第54卷第S1期。

[157] 陈钟：《从人工智能本质看未来的发展》，《探索与争鸣》2017年第10期。

[158] 刘毅：《人工智能的历史与未来》，《科技管理研究》2004年第6期。

[159]《人工智能》（2017年11月19日），2017年10月10日，http：//baike.baidu.com/subview/2949/5816869.htm。

[160] 何怀宏：《何以为人　人将何为——人工智能的未来挑战》，《探索与争鸣》2017年第10期。

[161] Milner, H. V., "The Digital Divide the role of Political Institutions in Technology Diffusion", *Comparative Political Studies*, No. 2, 2006.

[162] W. R. 艾什比：《控制论导论》，张理京译，科学出版社1965年版。

[163] 赵玉鹏、刘则渊：《情感、机器、认知——斯洛曼的人工智能哲学思想探析》，《自然辩证法通讯》2009年第31卷第2期。

[164] 钟义信：《人工智能："热闹"背后的"门道"》，《科

技导报》2016 年第 34 卷第 7 期。

［165］赵辉:《基于 MAS 的作战指挥模型的通信技术实现》,《微电子学与计算机》2007 年第 24 卷第 11 期。

［166］段伟文:《控制的危机与人工智能的未来情境》,《探索与争鸣》2017 年第 10 期。

［167］赵婧:《透明性与城市政府治理》,《山西师大学报》(社会科学版) 2012 年第 39 卷第 S2 期。

［168］杨勇诚:《泛在时代政府社会管理范式转换论析》,《学术论坛》2012 年第 35 卷第 10 期。

［169］袁银传:《论农民意识现代化转化的具体道路》,《毛泽东邓小平理论研究》2002 年第 3 期。

［170］Picard, Rosalind, *Affective Computing. Cambridge*, MA: MIT Press, 1997.

［171］曼纽尔·卡斯特:《网络社会的崛起》,夏铸九等译,社会科学文献出版社 2003 年版。

［172］马歇尔·麦克卢汉:《理解媒介——论人的延伸》,何道宽译,商务印书馆 2000 年版。

［173］费军、贾慧真:《智慧政府视角下政务 APP 提供公共服务平台路径选择》,《电子政务》2015 年第 9 期。

［174］E. 舒尔曼:《科技文明与人类未来》,东方出版社 1997 年版。

［175］Moor, J. H., "Why We Need better Ethics for Emerging Technologies", *Ethics and Information Technology*, No. 3, 2005.

［176］B. C. Stahl, J. Timmermans, C. Flick., Ethics of Emerging Information and Communication Technologies, Science and Public Policy 2016.

［177］邱仁宗、黄雯、翟晓梅:《大数据技术的伦理问题》,《科学与社会》2014 年第 4 卷第 1 期。

［178］王东浩:《人工智能体引发的道德冲突和困境初探》,

《伦理学研究》2014年第2期。

[179] 马克·波斯特：《信息方式》，商务印书馆2000年版。

[180] 马克·波斯特：《第二媒介时代》，南京大学出版社2001年版。

[181] 喻国明：《社会话语能量的释放需要"安全阀"——从"全景监狱"到"共景监狱"的社会场域的转换说起》，《新闻与写作》2009年第9期。

[182] 覃征等：《网络应用心理学》，科学出版社2007年版。

[183] 张新华：《信息学研究的现状和趋势》，《国外社会科学前沿》1997年。沈图明、朱敏彦：《国外社会科学前沿》，上海社会科学出版社1997年版。

[184] 丹尼尔·贝尔：《后工业社会的来临》，商务印书馆1984年版。

[185] 阿尔文·托夫勒：《第三次浪潮》，中信出版社2006年版。

[186] C. A. 格雷戈里：《礼物与商品》，云南大学出版社2001年版。

[187] 马丁·威茨曼：《分享经济》，中国经济出版社1986年版。

[188] 张孝德、牟维勇：《分享经济：一场人类生活方式的革命》，《人民论坛·学术前沿》2015年第12期。

[189] 李炳炎、徐雷：《共享发展理念与中国特色社会主义分享经济理论》，《学习论坛》2017年第33卷第6期。

[190] 姜奇平：《如何推进分享经济》，《互联网周刊》2015年第22期。

[191] 王帝钧：《断裂与重构：网络社会分享经济的机遇与挑战》，《黑龙江社会科学》2017年第5期。

[192] 马广奇、陈静：《基于互联网的共享经济：理念、实践与出路》，《电子政务》2017年第3期。

[193] 苏跃辉、孙文娜:《科学认识和积极培育共享经济》,《人民日报》2017年4月24日。

[194] D. Allen, C. Berg., The Sharing Economy: How Over - Regulation Could Destroy an Economic Revolution, 2014, https://www.parliament.vic.gov.au/images/stories/committees/SCEI/Ride_Sourcing/Submissions/Submission_145_-_Institute_of_Public_Affairs_Attachment_1.pdf.

[195] 郑联盛:《共享经济:本质、机制、模式与风险》,《国际经济评论》2017年第6期。

[196] Porter, Michael E. and Mark R. Kramer, "The Big Idea: Creating Shared Value", *Harvard Business Review*, No. 1, 2011.

[197] Kristofer E., "Regulating the Sharing Economy", *Internet Policy Review*, Vol. 5, No. 2, 2016.

[198]《中国共享经济发展报告》,2018年3月10日,http://www.doc88.com/p-1438448886751.html。

[199]《中国分享经济发展报告》,2017年12月10日,http://www.sic.gov.cn/archiver/SIC/UpFile/Files/Htmleditor/201703/20170302125144221.pdf。

[200]《网络预约出租汽车经营服务管理暂行办法》,2017年12月10日,http://www.miit.gov.cn/n1146295/n1146557/n1146624/c5218603/content.html。

[201] 葛江霞:《私家车拼车算不算黑车?拼车仍需政策化》,《社会与公益》2015年第4期。

[202] 顾大松:《"专车"立法刍议》,《行政法学研究》2016年第2期。

[203] 张效羽:《互联网分享经济对行政法规制的挑战与应对》,《环球法律评论》2016年第38卷第5期。

[204] Rochet J. C., Tirole J., "Platform Competition in Two Sided Markets", *Journal of the European Economic Association*, Vol. 1,

No. 4, 2003.

［205］Kaiser U., Wright J., "Price Structure in Two – sided Markets: Evidence from the Magazine Industry", *International Journal of Industrial Organization*, Vol. 24, No. 1, 2006.

［206］Rochet J. C., Tirole J., "Two – sided Markets: A Progress Report", *The Rand Journal of Economics*, No. 3, 2006.

［207］Farrell J., Katz M., L., "Innovation, Rent Extraction, and Integration in Systems Markets", *The Journal of Industrial Economics*, No. 4, 2000.

［208］Boudreau K. J., Hagiu A., *Platform Rules: Multisided Platforms as Regulators*, Cheltenham: UK: Edward Elgar Publishing, 2009.

［209］刘国光:《政府和市场关系的核心是资源配置问题》,《毛泽东邓小平理论研究》2015年第11期。

［210］曹文宏:《建国以来政府与市场关系：基于政治和经济的二维解读》,《东南学术》2014年第6期。

［211］《中共中央关于全面深化改革若干重大问题的决定》,2017年12月10日, http://www.360doc.com/content/18/0222/08/35464952_731369665.shtml。

［212］Paul A. Samuelson, "The Pure Theory of Public Expenditure", *Review of Economics and Statistics*, No. 36, 1954.

［213］文森特·奥斯特罗姆、埃莉诺·奥斯特罗姆:《公益物品与公共选择》, http://www.jflycn.net/dscn/file.php?id=2057。

［214］郭少新:《地方公共物品的私人供给分析》,《生产力研究》2004年第9期。

［215］迈克尔·麦金尼斯:《多中心体制与地方公共经济》,生活·读书·新知三联书店2000年版。

［216］《2016北京市公共自行车建设运行情况》, http://www.bjjtw.gov.cn/xxgk/zxgkxx/201703/t20170330_175121.html。

[217] McWilliams A., Siegel D., "Corporate Social Responsibility: A Theory of the Firm Perspective", *Academy of Management Review*, No. 1, 2001.

[218] Dodd, E. M., "For Who Mare Corporate Managers Trustees?", *Harvard Business Review*, No. 7, 1932.

[219] Bowen, H. R., *Social Responsibility of Businessman*, New York: Harper, 1953.

[220] A. B. Carroll, "Corporate Social Responsibility Evolution of a Definitional Construct", *Business and Society*, No. 3, 1999.

[221] Donald Mackenzie and Judy Wajcman, *The Social Shaping of Technology*, Open University Press, 1985.

[222] 邢怀滨:《社会建构论的技术界定与政策含义》,《科学技术与辩证法》2004年第4期。

[223] 阴训法:《论技术主体的社会建构》,《自然辩证法研究》2005年第7期。

[224] Bijker W. E., Hughes T. P., Pinch T. J., *The Social Construction of Technological Systems*, Cambridge, Mass: The MIT Press, 1987.

[225] 肖峰:《论技术的社会实现》,《自然辩证法研究》2002年第2期。

[226] 牟焕森:《存在"马克思主义的技术决定论"吗?》,《自然辩证法研究》2000年第9期。

[227] Knight Foundation, Assessing Civic Tech: Case Studies and Resources for Tracking Outcomes, 2015, http://knightfoundation.org/media/uploads/publication_pdfs/NI_Knight_CivicTechAssessment_Mar2015.pdf.

[228] 梁莹、张军:《官僚制的精神与我国行政组织体制的理性化重塑》,《行政与法》2003年第8期。

[229] 苏国勋:《理性化及其限制——韦伯思想引论》,上海

人民出版社 1988 年版。

［230］孔凡敏、吴湘玲:《官僚制行政：理论溯源、经验反思与现实适用性》,《南昌大学学报》（人文社会科学版）2015 年第 46 卷第 4 期。

［231］《韦伯作品集——支配社会学》,广西师范大学出版社 2004 年版。

［232］张康之:《寻找公共行政的伦理视角》,中国人民大学出版社 2002 年版。

［233］祝灵君:《从"打破"官僚制到超越官僚制——当代中国执政党建设的另一种逻辑分析》,《马克思主义与现实》2010 年第 5 期。

［234］彭新武:《从官僚制到后官僚制——当代公共组织范式的嬗变》,《哲学研究》2010 年第 5 期。

［235］彼得布劳·马歇尔梅耶:《现代社会中的科层制》,学林出版社 2001 年版。

［236］黄宏伟、束顺民:《官僚制：危机与超越》,《扬州大学学报》（人文社会科学版）2004 年第 2 期。

［237］臧乃康:《电子政府对官僚制的创新与超越》,《长白学刊》2004 年第 4 期。

［238］张成福:《电子化政府：发展及其前景》,《中国人民大学学报》2000 年第 3 期。

［239］张锐昕:《电子政府概念的演进：从虚拟政府到智慧政府》,《上海行政学院学报》2016 年第 17 卷第 6 期。

［240］杨伍栓:《略论价值与管理价值》,《北京行政学院学报》2004 年第 4 期。

［241］余敏江:《论公共管理价值生成的宪政基础》,《理论与改革》2004 年第 6 期。

［242］张成福:《公共管理学》,中国人民大学出版社 2001 年版。

[243] Green, Richard T. and Hubbel, Lawrence, "On Governance and Reinventing Government Refounding Democratic Public Administration", in Wamsley, Gary L. and Wolf, James F., eds., Sage Publications 1996.

[244] 丁煌：《西方行政学说史》，武汉大学出版社 1999 年版。

[245] 罗伯特·B. 登哈特：《公共组织理论》（第三版），中国人民大学出版社 2003 年版。

[246] 罗伯特·B. 丹哈特、珍妮特·V. 丹哈特、刘俊生：《新公共服务：服务而非掌舵》，《中国行政管理》2002 年第 10 期。

[247] 朱春奎、李燕：《政府 2.0、开放式政府与服务型政府建设》，《上海行政学院学报》2014 年第 15 卷第 3 期。

[248] 亚里士多德：《政治学》，商务印书馆 1965 年版。

[249] 加布里埃尔·A. 阿尔蒙德、G. 宾厄姆·小鲍威尔：《比较政治：一种发展观点》，小布朗公司 1966 年版。

[250] 加布里埃尔·A. 阿尔蒙德等：《比较政治学：体系、过程和政策》，上海译文出版社 1987 年版。

[251] 黄毅峰：《再论政府能力及其提升的路径选择》，《社会科学》2011 年第 1 期。

[252] 汪永成：《经济全球化进程中政府能力的供求变化及平衡战略》，《武汉大学学报》（哲学社会科学版）2002 年第 2 期。

[253] 欧文·E. 休斯：《公共管理导论》，中国人民大学出版社 2001 年版，第 99 页。

[254]《马克思恩格斯选集》（第 1 卷），人民出版社 1995 年版。

[255] 钟明：《电子政府：现代公共服务型政府的实现途径》，《中国软科学》2003 年第 9 期。

[256] 房质文：《政府机关办公自动化刍议》，《吉林大学社会科学学报》1996 年第 3 期。

[257] 佟岩、谈华：《浅析管理信息系统对现代政府的影响与要求》，《行政与法》2002 年第 3 期。

[258] 郑跃平、Hindy L. Schachter:《电子政务到数字治理的转型：政治、行政与全球化——评 Digital Governance: New Technologies for Improving Public Service and Participation》,《公共行政评论》2014 年第 7 卷第 1 期。

[259] 孟祥宏:《基于语义 Web 服务的电子政务数据集成研究》,《图书馆理论与实践》2009 年第 1 期。

[260] 曾一、袁纲、张元平、肖敏、张利武、牟剑:《基于 Web 服务的电子政务数据交换中心的设计和实现》,《计算机科学》2007 年第 11 期。

[261] Vaquero L., Rodero-Marino L., Caceres J., et al., "A break in the clouds: Towards a cloud definition", *Sigcomm Computer Communication Review*, No. 1, 2009.

[262] 李乔、郑啸:《云计算研究现状综述》,《计算机科学》2011 年第 38 卷第 4 期。

[263] 孙振嘉、辛立艳、毕强:《基于云计算的政府危机决策信息管理机制研究》,《图书情报工作》2012 年第 56 卷第 17 期。

[264] The White House. Federal Cloud Computing Strategy, 2017-12-10, https://www.whitehouse.gov/sites/default/files/omb/assets/egov_docs/federal-cloud-computing-strategy.pdf.

[265] NIST. US Government Cloud Computing Technology Roadmap, Volume I., 2017-12-10, http://www.nist.gov/itl/cloud/upload/SP_500_293_volumeI-2.pdf.

[266] US General Services Administration, Cloud IT Services, 2017-12-10, http://www.gsa.gov/portal/content/190333.

[267] ENISA, Priorities for Research on Current and Emerging Network Trends, 2010.

[268] European Commission. Digital Agenda for Europe 2020, 2017-12-10, http://ec.europa.eu/digitalagenda/en/digital-agenda-europe-2020-strategy.

[269] Wikipedia., UK Government G – Cloud, 2017 – 12 – 10, https：//en. wikipedia. org/wiki/UK_ Government_ G – Cloud.

[270] UK Government, UK Government Strategy, 2017 – 12 – 10, https：//www. gov. uk/government/uploads/system/uploads/attachment_ data/file/266214/government – cloud – strategy_ 0. pdf.

[271] 胡小明：《让电子政务更有效益》，《互联网周刊》2002年第33期。

[272] Federico Etro. The Economics of Cloud Computing, 2011, http：//www. chinacloud. cn/upload/2012 – 05/12050307542670. pdf.

[273] Khan, F., Zhang, B., Khan, S., Chen, S., "Technological Leap Frogging E – government Through Cloud Computing", *IEEE International Conference on Broadband Network & Multimedia Technology*, 2011.

[274] Kettl, D. F., *The Transformation of Government. public Administration for Twenty – First Century America*, Baltimore, MD：The John Hopkins University Press, 2002.

[275] 王山：《大数据时代中国政府治理能力建设与公共治理创新》，《求实》2017年第1期。

[276] 胡税根、王汇宇：《智慧政府治理的概念、性质与功能分析》，《厦门大学学报》（哲学社会科学版）2017年第3期。

[277] 赵玎、陈贵梧：《从电子政务到智慧政务：范式转变、关键问题及政府应对策略》，《情报杂志》2013年第32卷第1期。

[278] Baum, C., Di Maio, A., Gartner's Four phases of E – government Model, 2000, http：//gartner3. gartnerweb. com/public/static/hotc/00094235. html.

[279] 智慧的政府：《智慧的城市解决方案——电子政务》，2017年12月10日，http：//www. ibm. com/smarter planet/cn/zh/government/next steps/index. html? re = sph.

[280] Mc Guire, M., "Collaborative Public Management：As-

sessing What We Know and How We Know it", *Public Administration Review*, No. 66, 2006.

［281］Rogers E. M. , *Diffusion of Innovations*, New York: Free Press, 2003.

［282］Walker R. M. , "Innovation Type and Diffusion: An Empirical Analysis of Local Government", *Public Administration*, No. 2, 2006.

［283］俞可平:《论政府创新的若干基本问题》,《文史哲》2005年第4期。

［284］陈永杰、曹伟:《从政府创新到政府创新管理: 一个分析框架》,《中国行政管理》2016年第2期。

［285］Alan A. Altshuler, Robert D. Behn, *Innovation in American government: Challenges, Opportunities, And Dilemmas*, Washington D. C. : Brookings Institution Press, 2007.

［286］张岚、曹伟:《地方政府创新扩散的困境及其超越: 基于制度变迁的视角》,《中共福建省委党校学报》2016年第1期。

［287］Braun, Dietmar and Gilardi, Fabrizio, "Taking 'Galton's Problem' Seriously Towards a Theory of Policy Diffusion", *Journal of Theoretical Politics*, No. 3, 2006.

［288］李述一、陶远华:《"中间技术"及"二元经济"》,《科技进步与对策》1986年第1期。

［289］陈阿江:《技术傻化的社会学阐述》,《南京师大学报》(社会科学版)2003年第4期。

［290］苏振锋、范旭:《浅析先进适用技术——兼论适用技术的历史发展》,《科研管理》1998年第5期。

［291］吴新叶:《网络监督下的公共压力: 形成机制与利用策略》,《理论与改革》2011年第2期。

［292］马斌:《技术变革与制度创新: 转变政府职能的路径选择》,《湖南大学学报》(社会科学版)2011年第25卷第5期。

［293］李和中、陈芳:《基于云计算信息架构的云政府服务》,《中国行政管理》2012 年第 3 期。

［294］翟云:《政府职能转变视角下"互联网+政务服务"优化路径探讨》,《国家行政学院学报》2017 年第 6 期。

［295］阮庆文:《政府治理工具的运用与社会管理及其创新》,《厦门特区党校学报》2011 年第 4 期。

［296］戴维·奥斯本、特德·盖布勒:《改革政府:企业精神如何改革着公营部门》,上海译文出版社 1996 年版。

［297］刘园园:《美国黑客用网络"攻击"汽车》,《科技日报》2015 年 7 月 23 日第 001 版。

［298］陈茜、裘红妹:《全国智能交通系统示范城市建设示例》,《城市交通》2008 年第 6 卷第 1 期。

［299］谭福有:《标准和标准化的概念》,《信息技术与标准化》2005 年第 3 期。

［300］Hastie R., "Problems for Judgment and Decision-making", *Annual Review of Psychology*, No. 52, 2001.

［301］李春成:《大数据时代的公共决策展望》,《社会科学报》2016 年 5 月 19 日第 3 版。

［302］许耀桐:《改革和完善政府决策机制研究》,《理论探讨》2008 年第 3 期。

［303］P. T. Hart, U. Rosenthal, M. T. Charles, "Coping With Crises: the Management of Disasters, Riots and Terrorism", *Administrative Science Quarterly*, No. 3, 1991.

［304］卢智增:《从公共危机视角看政府信息公开的时代价值》,《理论月刊》2010 年第 1 期。

［305］王战平、黄谷来:《Web2.0 时代网上公共危机诱因分析》,《情报科学》2011 年第 29 卷第 10 期。

［306］《兰州市"4·11"局部自来水苯超标事件发生后的 12 小时》,2017 年 12 月 10 日,http://news.163.com/14/0415/09/9P

S5VN1S00014Q4P. html。

［307］安东尼·吉登斯:《现代性的后果》,田禾译,译林出版社 2000 年版。

［308］徐治立:《技术风险伦理基本问题探讨》,《科学技术哲学研究》2012 年第 29 卷第 5 期。

［309］莱文森:《数字麦克卢汉》,社会科学文献出版社 2001 年版。

［310］高岩:《网络语言的应用现状分析与研究》,《辽宁工业大学学报》(社会科学版) 2013 年第 15 卷第 5 期。

［311］王国华、张勇波、王雅蕾等:《微博意见领袖的类型特征与内容指向研究》,《电子政务》2014 年第 8 期。

［312］臧乃康:《电子政府对官僚制的创新与超越》,《长白学刊》2004 年第 4 期。

［313］杨嵘均:《论网络虚拟空间的组织结构及其对官僚制层级结构的影响与治理》,《教学与研究》2015 年第 11 期。

［314］加里斯·摩根:《驾御变革的浪潮:开发动荡时代的管理潜能》,中国人民大学出版社 2002 年版。

［315］尹文嘉:《后新公共管理的超越与限度》,博士学位论文,上海交通大学,2012 年。

［316］Boston J., Eichbaum C., *State Sector Reform and Renewal in New Zealand: Lessons for Governance. Paper – Presented at the Conference on Repositioning of Public Governance – Global Experiences and Changllenges*, Taipei: [s. n.], 2005.

［317］Nam, T., "Suggesting Frameworks of Citizen – sourcing Via Government 2.0", *Government Information Quarterly*, Vol. 29, No. 1, 2012.

［318］Meijer, A. J., "Networked Coproduction of Public Services in Virtual Communities: From a Government – centric to a Community Approach to Public Service support", *Public Administration Review*,

Vol. 71, No. 4, 2011.

［319］Chun, S. A., & Cho, J. -S., "E-participation and Transparent Policy Decision Making", *Information Polity*, Vol. 17, No. 2, 2012.

［320］L. Ruhanen, N. Scott, B. Ritchie, A. Tkaczynski., "Governance: a review and synthesis of the literature", *Tourism Review*, No. 4, 2010.

［321］俞可平:《治理和善治引论》,《马克思主义与现实》1999年第5期。

［322］Victor Bekkers, Geske Dijkstra, Arthur Edwards, and Menno Fenger, *Governance and the Democratic Deficit Assessing the Democratic Legitimacy of Governance Practices*, Ashgate Publishing Limited, 2007.

［323］R. A. W. Rhodes, "The New Governance: Governing Without Government", *Political studies*, Vol. 44, No. 4, 1996.

［324］余敏江:《政府动员型城镇化政策的困境与反思》,《社会科学研究》2014年第2期。

后　　记

　　智能技术推动人类社会从信息社会进入智慧社会。智慧社会是政府治理转型的历史背景和动力来源。在智慧社会，我国政府治理模式还没有定型，还在形成之中。虽然如此，在智能技术驱动下的政府治理创新有一些共性的基本要素和基本方向：一是在思维层面，适应智慧社会发展需要，政府治理必须在理念上树立用户需求导向、服务等观念，讲求回应性、有效性；二是在组织层面，政府治理必须是平台型治理结构；三是在技术层面，智能技术日益成为新的政府治理工具，并在此基础形成多样的治理方式。本书在某种程度上为智慧社会中的政府治理创新提供借鉴，但是还有一些问题没有解决，特别是实证研究上还很欠缺。这也为今后的研究留下了很大的空间。

　　本书从最初的设计到最后的定稿，总共用了四年时间。时至今日，智能技术驱动下的政府治理创新研究依然为当下热点。本书的选题得益于恩师的指导，在此深谢我的导师奉公教授。在撰写本书过程中，奉老师倾注了大量的心血和精力，没有奉老师的悉心指导和鞭策，就没有本书的完成。先生治学严谨，博学多才，是我一生的学习典范。

　　本书前后经过几次大的修改。每一次修改，都是对我专业能力的提升。感谢熊春文教授、李建军教授、刘启明教授在学习和撰写论文过程中提供了很多的建议和参考。还要感谢中央民族大学的李俊清教授给予我悉心指导，老师们都对本书的完成给我很大帮助。

还要感谢我的同学、我的家人、我的朋友。对良师益友的感激之情无以言表。我深知，唯有在以后的学术生涯中砥砺前行，才能不负期许！

王　山

2020年6月